AF166800

Theorie und Praxis der Diskursforschung

Reihe herausgegeben von
R. Keller, Augsburg, Deutschland

Seit Mitte der 1990er Jahre hat sich im deutschsprachigen Raum in den Sozial- und Geisteswissenschaften eine lebendige, vielfach interdisziplinär arbeitende empirische Diskurs- und Dispositivforschung entwickelt. Vor diesem Hintergrund zielt die vorliegende Reihe durch die Veröffentlichung von Studien, Theorie- und Diskussionsbeiträgen auf eine weitere Profilierung und Präsentation der Diskursforschung in ihrer gesamten Breite. Das schließt insbesondere unterschiedliche Formen sozialwissenschaftlicher Diskursforschung und Diskursperspektiven angrenzender Disziplinen sowie interdisziplinäre Arbeiten und Debatten ein. Die einzelnen Bände beschäftigen sich mit theoretischen und methodologischen Grundlagen, methodischen Umsetzungen und empirischen Ergebnissen der Diskurs- und Dispositivforschung. Zudem kommt deren Verhältnis zu anderen Theorieprogrammen und Vorgehensweisen in den Blick. Veröffentlicht werden empirische Studien, theoretisch oder methodologisch ausgerichtete Monographien sowie Diskussionsbände zu spezifischen Themen.

Reihe herausgegeben von
Reiner Keller
Universität Augsburg

Weitere Bände in der Reihe http://www.springer.com/series/12279

Maya Halatcheva-Trapp

Elternschaft im Wechselspiel von Deutungsmustern und Diskurs

Ein wissenssoziologischer Blick auf die Trennungs- und Scheidungsberatung

 Springer VS

Maya Halatcheva-Trapp
Dortmund, Deutschland

Dissertation Ludwig-Maximilians-Universität München, 2016

Theorie und Praxis der Diskursforschung
ISBN 978-3-658-22574-2   ISBN 978-3-658-22575-9   (eBook)
https://doi.org/10.1007/978-3-658-22575-9

Die Deutsche Nationalbibliothek verzeichnet diese Publikation in der Deutschen National-
bibliografie; detaillierte bibliografische Daten sind im Internet über http://dnb.d-nb.de abrufbar.

Gedruckt auf säurefreiem und chlorfrei gebleichtem Papier

Springer VS ist ein Imprint der eingetragenen Gesellschaft Springer Fachmedien Wiesbaden GmbH
und ist ein Teil von Springer Nature
Die Anschrift der Gesellschaft ist: Abraham-Lincoln-Str. 46, 65189 Wiesbaden, Germany

Meinen Eltern

Inhalt

Einleitung

„Wir sprechen von Familien, als ob wir alle wüssten, was Familien sind", schreibt der britische Psychiater und Psychotherapeut Ronald D. Laing (1974: 13) und plädiert dafür, die ‚Definition der Situation'[1] ernst zu nehmen, wenn Familie zum Gegenstand professionaler Bearbeitung gemacht wird. Mit diesem Prinzip werden sowohl die subjektiven Definitionen von Familien erfasst als auch diejenigen, die im spezialisierten Wissensvorrat von Professionellen vorhanden sind und deren Interventionen steuern. Worauf Laing aufmerksam macht, ist die Vielfalt der Perspektiven einerseits und die inhärente Unschärfe von Familie (Marshall u. a. 1993) andererseits. Familie ist Objekt stetiger gesellschaftlicher Deutungs- und Aushandlungsprozesse, die auf kulturellen, religiösen, politischen und wirtschaftlichen Arenen geführt werden und von Macht und Herrschaft durchdrungen sind (Lüscher 2003: 539). Zugleich gilt Familie als Ort der Privatheit und Autonomie. Diskursanalytische Zugänge setzen an diese simultane Einbettung von Familie in Privatheit und Öffentlichkeit an und verstehen gesellschaftspolitische Ordnungsvorstellungen als „programmatische Umschreibungen des Zusammenlebens" (ebd.: 540). Demnach kann Familie, wie sie im Alltag gelebt wird, nicht ohne ihre moralische und politische Bewertung gedacht werden. Die Historikerin Stephanie Coontz (1992: 146) bezeichnet die autonome Kernfamilie als Mythos und sieht sie vielmehr als Kreation diverser Kräfte, die außerhalb des familialen Privatraums liegen. Für eine epochenspezifische Personifizierung dieser Kräfte stehen zum Beispiel der Priester in der Neuzeit, der Dichter in der Romantik und der Psychotherapeut in der Spätmoderne (Tänzler 1997: 126).

Diesen soziologischen und familienhistorischen Überlegungen folgend befasst sich die vorliegende Studie mit der diskursiven Konstruktion von Elternschaft in der Trennungs- und Scheidungsberatung. Elternschaft wird als ein geschichtlich

---

1   Vgl. das sogenannte Thomas-Theorem: „If people define situations as real, they are real in their consequences." (Thomas/Thomas 1928: 572)

© Springer Fachmedien Wiesbaden GmbH, ein Teil von Springer Nature 2018
M. Halatcheva-Trapp, *Elternschaft im Wechselspiel von Deutungsmustern und Diskurs*, Theorie und Praxis der Diskursforschung,
https://doi.org/10.1007/978-3-658-22575-9_1

vorgeformtes, wandelbares und normativ aufgeladenes Konstrukt analysiert, als symbolische Ordnung, die stets durch Interpretation hergestellt wird und zugleich für Interpretation bereitsteht (Soeffner 2000: 153). Elternschaft unterliegt – so die Annahme – einem „Deutungs-, Erläuterungs- und Redezwang" (ebd.: 27). Die Studie fragt danach, welche Muster der Interpretation im Feld der Beratung als handlungsleitend gelten, wie sie inhaltlich strukturiert sind und mittels welcher diskursiven Strategien sie erzeugt werden. Ziel ist es, Versionen des Wissens um Elternschaft zu rekonstruieren, die im Diskurs der Trennungs- und Scheidungs- beratung empirisch entfaltet werden. Beratung wird hier als ein diskursiv struk- turiertes professionales Feld betrachtet, in dem – wie es Jacques Donzelot (1980: 15), Soziologe und Schüler von Foucault, formuliert – „die Erkennbarkeit der Familie begründet" wird. Die Trennungs- und Scheidungsberatung ist eingebettet in den Kontext einer hochgradig institutionalisierten Kinder- und Jugendhilfe, die den professionalen Zugang zu Familien zwischen „Elternrecht und Kindeswohl" (Bauer/Wiezorek 2007) legitimiert. Mit der Untersuchung von Beratung als dis- kursivem Feld ist die zweite forschungsleitende Annahme der Studie formuliert. Der Diskursbegriff, mit dem hier gearbeitet wird, entstammt dem Theorie- und Forschungsprogramm der Wissenssoziologischen Diskursanalyse (Keller 2008). Dieses Programm verknüpft theoretische und methodologische Prämissen der sozialkonstruktivistischen Wissenssoziologie von Peter L. Berger und Thomas Luckmann (1980), der Diskurstheorie Michel Foucaults sowie des Interpretativen Paradigmas. Diskurse werden definiert als ein „Komplex von Aussagenereignissen und darin eingelassenen Praktiken, die über einen rekonstruierbaren Strukturzu- sammenhang miteinander verbunden sind und spezifische Wissensordnungen der Realität prozessieren." (Keller 2008: 235) Als kollektive, historisch hervorgebrachte und situierte Aussagepraktiken lassen sich Diskurse etwa im Hinblick auf ihre Regeln und Ressourcen und auf Strukturmuster der Produktion und Reproduktion von Bedeutungen untersuchen. Ein Beispiel für letzteres sind Deutungsmuster. Das Theorie- und Forschungsprogramm der Wissenssoziologischen Diskursanalyse (WDA) postuliert ein Wechselverhältnis von Deutungsmustern und Diskursen. Daran knüpft die dritte forschungsleitende Annahme dieser Studie an und lenkt den Analysefokus auf Deutungsmuster, die den beraterischen Diskurs um Elternschaft inhaltlich strukturieren. Sozio-historischer Hintergrund dieser Fragestellung ist die Neuregelung des gemeinsamen Sorgerechts im Zuge der Kindschaftsrechtsreform im Jahr 1998. Diese Reform definiert den Rahmen des beraterischen Handelns und wird unmittelbar relevant für Elternschaft als Objekt professionaler Bearbeitung. Mit den genannten forschungsleitenden Annahmen – erstens von Elternschaft als symbolischer Ordnung, zweitens von Beratung als diskursivem Feld und drittens von einer Wechselwirkung von Deutungsmustern und Diskurs – arbeitet die Stu-

die an der Schnittstelle von Familien- und Wissenssoziologie und versteht sich als
Plädoyer für die Stärkung von interpretativen und kulturtheoretisch inspirierten
Analysen von Familie.[2]
    Das Buch ist wie folgt aufgebaut. *Kapitel 1* stellt den sozio-historischen Kontext
der Studie vor. Der Schwerpunkt liegt auf die Neuregelung des gemeinsamen Sorgerechts im Zuge der Kindschaftsrechtsreform im Jahr 1998 und ihre Auswirkungen
auf die professionale Praxis der Trennungs- und Scheidungsberatung. Die darauffolgenden drei Kapitel stecken den theoretisch-methodologischen Rahmen der Studie
ab. *Kapitel 2* zeichnet die Konturen einer interpretativen Familiensoziologie und
systematisiert soziologische Zugänge, die Familie als symbolische Ordnung fassen.
Diese Perspektive kommt zum Ausdruck in der Theoretisierung und Erforschung
von Familienleitbildern, Familienrhetorik und Diskursen um Elternschaft, Familie
und Paarbeziehung. Die Arbeiten zu beraterisch-therapeutischen Diskursen bilden
den Forschungsstand dieser Studie und werden daher ausführlicher präsentiert.
Kapitel 3 theoretisiert das Verhältnis von Wissen, Profession und Diskurs am
Beispiel der Familienberatung. Zu diesem Zweck werden interpretative Konzepte
von Expertenwissen, professionalem Handeln und Diskurs zusammengeführt und
die diskursive Beschaffenheit professionalisierter Felder expliziert. *Kapitel 4* gibt
Einblicke in die wissenssoziologische Diskussion über Deutungsmuster seit Anfang
der 1970er Jahre. Diese Diskussion wird inhaltlich nach drei Hauptthemen darge-
stellt: erstens Deutungsmuster und Alltagserfahrung, zweitens Deutungsmuster als
Formkategorie des Wissens und drittens Deutungsmuster im Diskurs. Im Anschluss
wird das Vorhaben dieser Studie theoretisch-methodologisch verortet und erläutert.
Der Fokus liegt auf die gegenstandsspezifische Entwicklung einer Heuristik, die
Deutungsmusteranalyse und Grounded Theory Methodologie (GTM) verbindet.
Im *Kapitel 5* wird die Fragestellung hergeleitet und ausformuliert. Dabei wird
insbesondere die methodologische Schwerpunktsetzung der Arbeit verdeutlicht.
Die darauffolgenden zwei Kapitel befassen sich mit Methodologie und Methode
der Studie. Im *Kapitel 6* wird eine Argumentation entwickelt, warum Experten-
interviews als Dokumente eines Spezialdiskurses analysiert werden können. Das
Kapitel beschreibt den Entstehungskontext des Datenmaterials, bespricht die Interviewsituation als Ort der Diskurs(re)produktion und reflektiert die Re-Analyse der
Interviews. Im *Kapitel 7* wird die Auswertung der Daten im Stil der GTM erläutert

---

2   Das Dissertationsprojekt wurde finanziell unterstützt mit einem sechsmonatigen
    Stipendium für Gastwissenschaftler*innen des Deutschen Jugendinstituts e. V. sowie
    einem zweijährigen Promotionsstipendium der Landeskonferenz der Frauen- und
    Gleichstellungsbeauftragten an bayerischen Hochschulen für angewandte Wissenschaften
    (LAKOF).

und begründet, warum die herausgearbeiteten Schlüsselkategorien als diskursei-
gene Deutungsmuster zu verstehen sind. *Kapitel 8* präsentiert die Ergebnisse der
Auswertung – die Deutungsmuster *Partnerschaftlichkeit* und *Sorge.* Sie sind die
Regulative, die den beraterischen Diskurs um Elternschaft inhaltlich strukturieren.
Im *Kapitel 9* werden theoretisch-methodologische Annahmen der Studie, Ergebnisse
des Forschungsstandes und diskurseigene Deutungsmuster zusammengeführt.
Die Befunde erfahren hier eine weitere soziologische Abstraktion, die in zwei
Themen mündet: erstens die Paarzentrierung des beraterischen Diskurses um
Elternschaft und zweitens die Bedeutung von Geschlecht für die Wechselwirkung
von Deutungsmustern und Diskurs. Diese Themen werden wissenssoziologisch
und geschlechtertheoretisch diskutiert. *Kapitel 10* schließt das Buch ab.

Die Kindschaftsrechtsreform 1998

1

Den sozio-historischen Kontext der Studie bildet die Einführung des gemeinsamen Sorgerechts nach Trennung und Scheidung im Zuge der Kindschaftsrechtsreform im Jahr 1998. Diese Reform wird hier als historische Zäsur verstanden, weil sie neue Anforderungen an die Beratungspraxis heranträgt. Im Folgenden wird das gemeinsame Sorgerecht nach der Kindschaftsrechtsreform (1.1) und die daraus resultierenden Änderungen für die Trennungs- und Scheidungsberatung (1.2) vorgestellt.

1.1 Die Neuregelung des gemeinsamen Sorgerechts

Das Gesetz zur Reform des deutschen Kindschaftsrechts trat am 01.07.1998 in Kraft. Die Neuregelung erfasst das Recht der elterlichen Sorge, das Umgangsrecht, das Abstammungsrecht, das Adoptionsrecht, das Namensrecht, das Verfahrensrecht sowie das Kindesunterhaltsrecht. Das Kindschaftsrecht ist nicht in einem eigenständigen Gesetz gebündelt. Teile davon sind schwerpunktmäßig im Familienrecht des Bürgerlichen Gesetzbuchs (BGB) enthalten, weitere Teile sind im Achten Sozialgesetzbuch (SGB VIII), in der Zivilprozessordnung (ZPO) sowie im Gesetz über die Angelegenheiten der freiwilligen Gerichtsbarkeit (FGG) zu finden (Wiesner 1998: 5).

Für die vorliegende Studie sind die Neuregelungen im Sorge- und Umgangsrecht relevant. Die gemeinsame Sorge gehört zu den kontrovers diskutierten Themen der Kindschaftsrechtsreform, denn die Änderungen haben konkrete alltagspraktische Auswirkungen auf das Leben der Eltern und der Kinder nach einer Trennung oder Scheidung (Liebthal 2004: 20 f.). Mit der Reform wurde der so genannte Zwangsverbund, d. h. die Verknüpfung von Scheidungs- und Sorgerechtsverfahren aufgelöst. Diese Auflösung erlaubt Eltern in Trennung und Scheidung, das gemeinsame Sorgerecht auch ohne gerichtliche Intervention weiterzuführen. Die Möglichkeit zur

Fortführung der gemeinsamen Sorge war zwar seit dem Jahr 1982 mit Entscheidung des Bundesverfassungsgerichts gegeben. Faktisch wurde sie jedoch kaum umgesetzt und erst im Zuge der Kindschaftsrechtsreform im Jahr 1998 gesetzlich verankert (Schwab 2002: 188 f.).

Die Reform gilt als eine „Modernisierung des Kindschaftsrechts" (ebd.: 181), die sowohl als Reaktion auf den Wandel von Lebenswirklichkeiten wie auch als rechtliches Instrument zur Veränderung von Wirklichkeit verstanden wird. Die Modernisierung im Sinne einer staatlichen Deregulierung in Scheidungs- und Sorgerechtssachen zielt zum einen auf Stärkung der Entscheidungsautonomie der Eltern ab, zum anderen auf Verbesserung der Rechtsposition des Kindes (Liebthal 2004: 37). Das Kind als Rechtssubjekt und dessen Wohl rücken damit ins Zentrum des familienpolitischen Handelns. Für die Ausgestaltung familiärer Nachtrennungsbeziehungen im Sinne des Kindeswohls wird die „Bedeutung des Zusammenwirkens und der Einigung der Eltern" (Deutscher Bundestag 1997: 81) hervorgehoben. Das Kindeswohl gilt im Fall von Trennung und Scheidung als zentrale Referenz des elterlichen, beraterischen und richterlichen Handelns. Durch das gemeinsame Sorgerecht soll dem Kind ein Fortbestehen des Kontakts zu *beiden* Eltern ermöglicht werden. Zugleich geht der Gesetzgeber davon aus, dass *beide* Eltern ihre Verantwortung für ihr gemeinsames Kind auch nach der Trennung teilen werden:

> „Mit diesem Wechsel der juristischen Konzeption hoffte man [...], dass die gemeinsame Verantwortung beide Eltern weiterhin an das Kind binden wird. Dahinter steht die Idealvorstellung, dass es für das Wohl des Kindes am besten (wenn nicht sogar unabdingbar) ist, wenn es durch beide Eltern erzogen wird und beide Eltern als Bezugspersonen behält." (Schwab 2002: 190)

Die gemeinsame Sorge kann in der Regel nicht in derselben Form ausgestaltet werden wie dies vor der Trennung der Fall war. Durch die elterliche Trennung gilt der persönliche Kontakt zwischen Eltern und Kind als „naturgemäß begrenzt" (Liebthal 2004: 41). Die alltagspraktischen Implikationen des gemeinsamen Sorgerechts sehen vor, dass nach Trennung der Eltern das Kind hauptsächlich bei einem Elternteil lebt (Kostka 2004: 10 f.). Dieser Elternteil verfügt über das Aufenthaltsbestimmungsrecht. Der Kontakt zum anderen Elternteil gestaltet sich in Form vom sogenannten Umgang. Das bedeutet, dass sich Kind und Elternteil in bestimmten zeitlichen Abständen treffen: „Die Begegnungen von Vater bzw. Mutter und Kind im Rahmen des Umgangsrechts finden typischerweise außerhalb der alltäglichen Lebensvollzüge des Kinds statt." (Schwab 2002: 188) Das Umgangsrecht ist primär ein subjektives Recht des Kindes auf Umgang mit beiden Eltern. Die Eltern hingegen sind „zum Umgang mit dem Kind ‚verpflichtet und berechtigt'." (Hinz 2014:

271) Angesichts der getrennten Wohnorte wird die Ausübung einer gemeinsamen elterlichen Verantwortung in zwei Bereiche geteilt: zum einen Angelegenheiten des täglichen Lebens, zum anderen Angelegenheiten von erheblicher Bedeutung. Erstere dürfen vom Elternteil allein entschieden werden, bei dem das Kind seinen gewöhnlichen Lebensmittelpunkt hat. Sie haben keine schwer widerrufbaren Folgen auf das Leben des Kindes. Zweitere bedürfen der gemeinsamen Entscheidung beider Eltern. Zu den Angelegenheiten von erheblicher Bedeutung zählen Entscheidungen über die Wahl von Kindergarten, Schule oder Ausbildungsplatz, Fragen der Religion, gesundheitlich bzw. medizinisch relevante Entscheidungen oder Reisen ins Ausland (Schwab 2002: 193; Liebthal 2004: 41 f.).

Das alleinige Sorgerecht nach Trennung und Scheidung ist jedoch auch nach der Kindschaftsrechtsreform möglich. Das ist der Fall, wenn die Eltern sich darüber einig sind, dass das Sorgerecht nur einem Elternteil übertragen werden soll. Fehlt diese Übereinstimmung, muss die Aufhebung der gemeinsamen Sorge durch einen Elternteil vor Gericht beantragt werden. Die Erfolgschancen sind gering und nur in extremen Ausnahmefällen möglich, wie etwa bei Kindeswohlgefährdung nach § 1666 BGB (Schwab 2002: 190).

1.2   Der Auftrag der Beratung

Die staatliche Deregulierung im Bereich des gemeinsamen Sorgerechts nach Trennung und Scheidung bringt einen *„Paradigmenwechsel von der justiziellen Intervention zur sozialpädagogischen Prävention"* (Schimke 2003: 146, Hervorheb. im Original). Familien in dieser Statuspassage erhalten einen Rechtsanspruch auf Beratungsangebote der Kinder- und Jugendhilfe (§17 SGB VIII). Fachkräfte der Beratung sollen die Familien bei der Aushandlung einer – im Sinne des Kindeswohls[3] – bestmöglichen Sorge- und Umgangsregelung unterstützen. Der Rechtsanspruch löst die frühere ‚Soll'-Leistung der Beratung ab. Sowohl die Beratung in Fragen der Partnerschaft, Trennung und Scheidung als auch die Unterstützung der Eltern bei der Entwicklung eines einvernehmlichen Sorgemodells ist für die Kinder- und Jugendhilfe verpflichtend (Schimke 1998: 57; Kostka 2004: 11). Beratung gilt von nun an als alternatives Modell zur richterlichen Entscheidung und als Form familienorientierter Problemlösung, die Vorrang vor juristischen Verfahren hat. Mit

---

3   Zur definitorischen Problematik des Begriffs ‚Kindeswohl' vgl. Dettenborn (2007), die Beiträge in Flick/Sutterlüty (2017) sowie aus Perspektive einer feministischen Rechtswissenschaft Fineman (1991).

Donzelot (1980: 110) bietet sich aus soziologischer Sicht die kritische Anmerkung an: „Die Ersetzung der Justiz durch Erziehung lässt sich ebenso als Ausweitung der Justiz, als Verfeinerung ihrer Verfahren und als unendliche Verzweigung ihrer Macht lesen."

Die formale Organisation der Trennungs- und Scheidungsberatung wird zum einen im Paragraf § 17 KJHG geregelt. Das Gericht ist verpflichtet, die Scheidungssache sowie Namen und Adressen der Familien mit minderjährigen Kindern dem Jugendamt mitzuteilen. Das Jugendamt informiert daraufhin die Eltern über ihren Rechtsanspruch auf Beratung. Zum anderen hält auch der Paragraf § 52 FGG die Aufklärungspflicht des Gerichts fest. Das Gericht soll möglichst früh alle Beteiligten anhören und dabei konkret auf vorhandene Möglichkeiten der Beratung hinweisen. Das gerichtliche Verfahren wird ausgesetzt, wenn die Familien sich für die Inanspruchnahme der Beratung bereit erklären. Die autonome Konfliktregelung zwischen den Eltern hat Vorrang vor der gerichtlichen (Barabas/Erler 2002: 197).

Die Kindschaftsrechtsreform etabliert einen neuen professionalen Handlungsbereich in der Kinder- und Jugendhilfe, dem eine eigene beraterische Kompetenz und die Verantwortung für Familien in Trennung und Scheidung übertragen wird (ebd.: 196). Die Beratung soll die Eltern befähigen, zwischen Partnerproblematik und Elternverantwortung zu unterscheiden und auf die Bedürfnisse der Kinder zu achten. Zudem soll sie den Kindern den Kontakt zu beiden Eltern ermöglichen (ebd.; Schimke 2003: 147). Die Kindschaftsrechtsreform steckt somit den Rahmen des beraterischen Handelns ab und wird unmittelbar relevant für Elternschaft als Objekt professionaler Bearbeitung. Beratung im Kontext von Trennung und Scheidung gestaltet und normiert zugleich Familienverhältnisse und dies mit besonderer Aufmerksamkeit für das Kind.

Elternschaft als symbolische Ordnung 2

Mit dem Verständnis von Elternschaft als symbolischer Ordnung verortet sich diese Studie in eine interpretative Familiensoziologie, deren Grundstein mit der symbolisch-interaktionistischen Familienforschung der Chicago Schule gelegt wurde (vgl. Burgess 1926; Thomas/Thomas 1928; Waller 1938). Der Symbolische Interaktionismus gilt als richtungsweisend, weil er das Verständnis von Familie als ein dynamisches und sozio-historisch situiertes Phänomen einführte und dessen empirische und interpretative Erforschung prägte (vgl. LaRossa/Reitzes 1993; Klein/ White 1996; Ingoldsby u. a. 2004). Familie wird hier als ein Handlungszusammenhang verstanden, als eine Gruppe miteinander interagierender Individuen, die in ebendieser Interaktion personale Identität ausbilden und zugleich Familienidentität gestalten. Im Zentrum der Theoretisierung und der empirischen Analyse steht der Eigensinn von Familie und damit die Überzeugung, dass sie eine „durch Symbole, Bedeutungen und soziale Regeln konstruierte Wirklichkeit ist" (Bösel 1980: 111). Diese prozessuale Perspektive ermöglicht eine Reihe von Forschungsfragen, die Familienleben in dessen mannigfaltigen Versionen ausleuchten, zum Beispiel Fragen nach der Kommunikation von Intimität, nach der Aushandlung und Inszenierung von Familienrollen, nach dem Verhältnis von Familie zu Kategorien wie Alter, Geschlecht, Raum und Zeit oder nach der Konstruktion von Familie als einer symbolischen Wirklichkeit mit (idealtypisch betrachtet) geteilten Werten, Imaginationen und Normen (LaRossa/Reitzes 1993: 136). Der Symbolische Interaktionismus legt den Fokus überwiegend auf den familialen Mikrokosmos, nimmt aber auch dessen Einbettung in institutionell-organisatorische Settings in den Blick. Familienleben ereignet sich stets innerhalb von kulturellen Strukturierungen, von situativen, institutionellen und historischen Kontexten (ebd.: 151 ff.). Symbolsysteme sind variabel, und so variieren auch die von ihnen hervorgebrachten Phänomene – wie auch Familie mit all ihren Rollenrepertoires, Interaktionsmustern

© Springer Fachmedien Wiesbaden GmbH, ein Teil von Springer Nature 2018
M. Halatcheva-Trapp, *Elternschaft im Wechselspiel von Deutungsmustern und Diskurs*, Theorie und Praxis der Diskursforschung,
https://doi.org/10.1007/978-3-658-22575-9_3

und ‚Motivvokabularen'[4] (Stryker 1974: 66). Die symbolisch-interaktionistischen Akzente auf Prozesse der Konstituierung überwinden die „methodologische Fiktion" (ebd.: 49) von Familie als isoliertem sozialen Gefüge, legen die Verbindung zwischen Biographie und Geschichte offen und betonen die Notwendigkeit, die Erforschung und Theoretisierung von Familie sozio-historisch zu kontextuieren (LaRossa/Reitzes 1993: 138).

Die Perspektive auf Familie als symbolische Ordnung wird auch in der phänomenologischen Wissenssoziologie prominent vertreten. Peter L. Berger und Hansfried Kellner entwerfen in der Abhandlung „Die Ehe und die Konstruktion der Wirklichkeit" (1965) den Idealtypus einer sozialen Beziehung, der sie einen privilegierten – nomosstiftenden – Status zuteilen (ebd.: 222). Die Ehe entfalte einen schützenden Sinnhorizont, eine eigene objektivierte Ordnung, deren Regeln sich im fortdauernden Gespräch zwischen den Partner*innen herausbilden. Individuelle Wirklichkeitskonstruktionen werden dabei gegenseitig und übereinstimmend modifiziert, Zeithorizonte umgedeutet und in ein paarbiographisches Kontinuum integriert, neue Bilder vom eigenen und vom Selbst des anderen hervorgebracht (ebd.: 226 ff.).[5] Die nomosstiftenden Vorgänge der Konstituierung von Ehe und Familie verorten Berger und Kellner nicht ausschließlich mikrosoziologisch. Diese Vorgänge werden zudem als Effekt und zugleich Stabilisator einer vorherrschenden „familialistischen Ideologie" (ebd.: 232) aufgefasst. Kulturell geteilte Erwartungen, fixiert in den Idealen der romantischen Liebe und der Selbstverwirklichung, finden in der Familie einen legitimen Ort der Realisierung (ebd.: 223). Auch das Thema Scheidung wird im theoretischen Entwurf von Berger und Kellner erwähnt und als Indikator für die gesellschaftliche Bedeutsamkeit der Ehe, für deren Komplexität und dem subjektiven Wunsch nach „einer völlig zufriedenstellenden Übereinstimmung" (ebd.: 234) zwischen den Partner*innen gedeutet. Diese phänomenologische Konzeption vom Aufbau einer ehelichen Wirklichkeit lässt sich auf die Konstruktion einer ehelichen Trennung übertragen, wie Stryker (1974) unter Berufung auf die symbolisch-interaktionistische Analyse von Willard Waller (1938) darstellt. Die Trennung wird als Ergebnis einer schrittweisen Distanzierung zwischen den Part-

---

4   Das Konzept der „Motivvokabulare" stammt von Gerth und Mills (1973). Das Verständnis von Geschichtlichkeit und institutioneller Verankerung der Motivvokabulare macht dieses Konzept fruchtbar für eine Erforschung von Familie auf der Ebene von professionalem Wissen und Diskursen.

5   Empirisch über Wirklichkeitskonstruktionen von (ehelichen) Paaren im Alltag vgl. Kaufmann (1994), mit Fokus auf mediatisierte Kommunikation vgl. Linke (2010). Die vergemeinschaftende Bedeutung des Gesprächs, erweitert auf Familien, untersucht Keppler (1994, 1997). Kritisch über den abendländischen „Mythos vom ‚Konsens durch Diskursivierung'" in Familien äußert sich Schneider (1994: 203, Hervorheb. im Original).

ner*innen beschrieben, die „sukzessive Neudefinitionen der ehelichen Beziehungen in Richtung auf größere Entfremdung und Instabilität" (Stryker 1974: 61) hervorrufe. Es werden Situationsänderungen antizipiert und diese Antizipation ändert die Situation, infolge dessen neue Gewohnheiten und neue Ziele ausgebildet werden.

In der Tradition von Berger und Kellner sind vereinzelt programmatische Schritte unternommen worden, die Phänomenologie in die familiensoziologische Theoriebildung zu integrieren (vgl. McLain/Weigert 1979; Bösel 1980) und methodisch zu verankern (vgl. Hildenbrand 1983; Hildenbrand/Jahn 1988). Neuere konzeptionelle Erweiterungen zielen darauf ab, die Bedeutung von nicht sprachlicher Interaktion und der Dyade als einer besonderen Form sozialer Beziehungen theoretisch einzubinden (vgl. Hohenester 2000). Ferner werden in der interpretativen Familiensoziologie mit den Ansätzen „Doing Family" (Jurczyk u. a. 2014) und „Displaying Families" (Finch 2007) praxeologische Perspektiven entwickelt, die das alltägliche Tun der Familienmitglieder, die Verschränkung der individuellen Lebensführungen, die Konstruktion von Familienidentitäten und die Performanz nach außen (im Sinne einer Darstellung als Familie) sowie nach innen (im Sinne einer Vergewisserung) analysieren.

Zusammengefasst betonen die skizzierten interpretativen Zugänge die Dynamik und den Eigensinn von Familie. Sie interessieren sich primär für „die alltägliche Dramatik des Familiengeschehens" (Bösel 1980: 66) und die intersubjektive Konstituierung von Familie aus der Erfahrung und Intention ihrer Mitglieder. Nicht *die* Familie als monolithische Institution ist hier der soziologische Gegenstand, sondern *Bedeutungen von Familie* und ihre Kontingenz: „family can be seen as a way of attaching meaning to interpersonal relations and, of course, detaching it, too." (Gubrium/Holstein 1993: 654)

Während der mikrosoziologische Fokus auf das Handeln der Einzelnen und auf die subjektive Herstellung familialer Bedeutungszusammenhänge gerichtet ist, nehmen Diskurstheorien eine mesoanalytische Perspektive ein und fragen nach der kollektiven Produktion und Regulierung von Familienbedeutungen und deren Institutionalisierung. Die Koppelung von Diskurs und Familie lenkt die Aufmerksamkeit auf das Verhältnis von Wörtern, Bedeutungen und Materialitäten im und zum Familienleben, auf institutionalisierte Sprechweisen über Familie, auf Arenen, Organisation und Verlauf von gesellschaftlichen Diskursen, kurz: auf Prozesse und Effekte der Konstituierung von Familie im öffentlichen und teilöffentlichen Reden und Schreiben. Wer beansprucht ‚wahres' Wissen um Familie? Welche Wissensvorräte werden zum Beispiel jeweils in politischen Debatten und pädagogischen Kontexten, in Gerichtsverhandlungen oder in Familienwissenschaften aktualisiert? Welche sozialen Phänomene werden als Familie adressiert und im Zuge dessen anerkannt, wie werden sie ermöglicht oder aber verhindert?

Die mikrosoziologische Leitfrage nach Subjektivität gewinnt wieder an Relevanz, wenn etwa danach gefragt wird, welche diskursiven Deutungsangebote subjektiv rezipiert und angeeignet oder eigensinnig abgelehnt werden, wie sie in individuelle Lebensentwürfe einfließen und die Organisation von Familienalltag prägen (Gubrium/Holstein 1993: 656 f.; McCarthy/Edwards 2011: 60). Denn Familie lässt sich einerseits als Effekt und andererseits als Produzent von Diskursen betrachten. Als Effekt gesellschaftlicher „Wissensordnungen und -politiken" (Keller 2008: 275) integriert Familie diverse Ideale, Leitbilder und Interpretationen von der alltagspraktischen und emotionalen Ausgestaltung persönlicher Beziehungen. Zugleich werden die Ideale, Leitbilder und Interpretationen in der Lebenspraxis von Familien kontextspezifisch artikuliert, wodurch Familien sich aktiv an der Diskursproduktion beteiligen. Was also als Familie gilt, kann sich in verschiedenen Versionen und in diversen Redeweisen und Symboliken darstellen (Gubrium/Holstein 1993: 661 f.). Diskurstheoretische Zugänge interessieren sich für die diskursiven Mechanismen, die Familie als ein geschichtlich präformiertes, normativ aufgeladenes und wandelbares soziales Konstrukt erzeugen. Die Annahme der Historizität und Wandelbarkeit von symbolischen Ordnungen ist für diskurstheoretische Perspektiven zentral. Das Theorie- und Forschungsprogramm der WDA konzipiert symbolische Ordnungen als „historisch kontingente Fixierungen von Sinnstrukturen [...], die durch Diskurse, Praktiken und Dispositive hergestellt werden." (Keller 2008: 290) Welche Beschaffenheit und Dynamik symbolische Ordnungen aufweisen – ob sie einheitlich und widerspruchsfrei sind, ob sie gesamtgesellschaftlich oder in überschaubaren Kollektiven institutionalisiert sind, ob und wie sie hegemonial werden, welche Transformationen sie erfahren – all dies wird nicht vorausgesetzt, sondern ist empirisch herauszufinden. Durch Diskurse können symbolische Ordnungen ins Leben gerufen und beschleunigt werden, sie können herausgefordert und umgedeutet werden (ebd.: 290 ff.).[6]

Im Folgenden werden drei Konzepte vorgestellt, die Familie als symbolische Ordnung fassen: Leitbild (2.1), Familienrhetorik (2.2) und Diskurs (2.3). Die Auswahl spiegelt den Forschungsstand in der deutschsprachigen Familiensoziologie wieder. Die Darstellung systematisiert kulturorientierte – und wie im Falle von Familienrhetorik seltene – Zugänge zu Elternschaft und Familie.

---

6   Theoretische Ansätze über symbolische Ordnungen diskutieren beispielsweise Helle (1980), Magerski (2005) und Dimbath (2008).

2.1 Leitbilder von Familie

Leitbilder und Diskurse sind verwandte Begriffe, da beide auf Interpretations-
prozesse und kollektiv geteilte Sinnordnungen abzielen. Sie stehen in einem
Wechselverhältnis: Leitbilder von Familie sind mit einer Vielzahl von Diskursen
verwoben und werden zugleich diskursiv produziert, getragen, verfestigt und/oder
transformiert. Marianne Pieper (1994: 34) spricht „von einem diskursiv konser-
vierten Familienleitbild", welches den realen, empirisch vorfindbaren Formen vom
Familienleben fernbleibe. Sie betont den stabilisierenden Einfluss von Diskursen
auf Familienleitbilder und geht davon aus, dass letztere, einmal etabliert, sich nur
langsam verändern, um mit der gelebten Realität Schritt halten zu können. Klaus
Wahl (1997: 100) identifiziert zwei Typen sozio-historischer Momente, die einen
gesellschaftlichen „Ruf nach Leitbildern" in Gang setzen. Das sind zum einen
unübersichtliche, zum anderen emotional aufgeladene Entwicklungen, die auf
die ordnende und veranschaulichende Kraft von Leitbildern angewiesen sind. Die
Darstellung im Folgenden zeigt, wie Familienleitbilder empirisch und theoretisch
gefasst und welche Verbindungslinien zu Diskursanalysen gezeichnet werden.
Zunächst wird ein Überblick über die deutschsprachige Forschungslandschaft
seit den 1950er Jahren gegeben (2.1.1). Daraufhin werden konzeptionelle Arbeiten
präsentiert, die einen Beitrag zur Theoriebildung leisten (2.1.2).

2.1.1 Empirische Erforschung

Die Hinwendung zu Leitbildern wird in der Forschungspraxis dann bevorzugt,
wenn es darum geht, Familie als soziologischen Gegenstand auf einer kulturellen
Ebene zu fassen. Diese Perspektive entwickelte sich in den Anfängen der deutschen
Familiensoziologie der Nachkriegszeit, als Gerhard Wurzbacher (1954) seine viel
beachtete Metaanalyse über „Leitbilder gegenwärtigen deutschen Familienlebens"
vorlegte. In den nachfolgenden Jahrzehnten wird auf den Leitbildterminus zurückgegriffen, um etwa Widersprüche zwischen Leitbild und Realität von Familienleben
in der DDR (vgl. Helwig 1984), Leitbilder in der Jugendhilfe und Familienpolitik
(vgl. Hermanns/Hille 1987; Walter 1993; Behning 1996) sowie Leitbilder von
Weiblichkeit (vgl. Feldmann-Neubert 1991; Röser 1992; Horvath 2000) zu rekonstruieren. Insgesamt konzentriert sich die Leitbildforschung bis Ende der 1990er
Jahre auf öffentlich-institutionelle und massenmediale Kontexte und teilt implizit
den Fokus von Diskursanalysen.

Seit dem ausgehenden 20. Jahrhundert verzeichnet die familieninteressierte
Leitbildforschung eine Konjunktur und inhaltliche Ausdifferenzierung quer durch

verschiedene Fachdisziplinen. In den Sozialwissenschaften werden zum Beispiel medial vermittelte Mutterschaftsleitbilder im europäischen Vergleich (vgl. Dienel 2003) oder sozialpädagogische Familienbilder (vgl. Bauer/Wiezorek 2009; Bauer/ Weinhardt 2017) untersucht – um nur zwei der zahlreichen Schwerpunktsetzungen mit Blick auf die Ebene der kollektiv geteilten Wissensordnungen zu nennen. Gleichzeitig wächst auch das Interesse an der subjektiven Aneignung gesellschaftlicher Leitbilder von Familienleben und Elternschaft (vgl. etwa Rinken 2010; Dreßler 2017, 2018). Neben den interpretativen Forschungsdesigns werden vereinzelt auch standardisierte Untersuchungen durchgeführt. Hervorzuheben ist die detaillierte Studie über „Familienleitbilder in Deutschland" (Schneider u. a. 2015) des Bundesinstituts für Bevölkerungsforschung. Auf Basis einer repräsentativen Befragung von Menschen im Alter von 20-39 Jahren arbeitet die Forschungsgruppe eine breite Palette familiensoziologischer Themen aus der Leitbildperspektive heraus.

Zusammenfassend ist die empirische Erforschung von Familienleitbildern auf zwei analytischen Ebenen angesiedelt. Eine fokussiert öffentlich-institutionelle und massenmediale Kontexte und damit die kollektive Trägerschaft von Leitbildern. Dieser Strang unter den Leitbildstudien knüpft, meistens implizit, an Diskurse an und stellt die soziale Normativität von familien- und geschlechterbezogenen Leitbildern in den Vordergrund. Die zweite analytische Ebene ist diejenige der subjektiven Aneignung von Leitbildern. Der Fokus wird auf die Einzelnen und ihre Vorstellungen von Familie gerichtet, wie diese Vorstellungen im Alltag gelebt werden und welche Wünsche und Werte daran gekoppelt sind. Insgesamt ist die Leitbildforschung durch eine Fülle und Vielfalt der Gegenstände sowie der methodischen Zugänge gekennzeichnet. Grundlagentheoretische Rekurse auf einen Leitbildbegriff werden jedoch selten vorgenommen.[7] Im Verhältnis zur verbreiteten empirischen Arbeit über Familienleitbilder sind theoretische Überlegungen dazu selten anzutreffen. Der nächste Punkt stellt Abhandlungen vor, die Familienleitbilder theoretisch reflektieren und für eine systematische Verwendung des Leitbildbegriffs plädieren.

---

7   Im konzeptionell orientierten Herausgeberband von Geideck und Liebert (2003) werden
     sozialwissenschaftliche und linguistische Grundsatzdiskussionen geführt sowie Abgrenzungen des Leitbildbegriffs von verwandten Konzepten wie Deutungs-, Denk- und Orientierungsmustern, Metaphern und Sinnformeln vorgenommen. Über Leitbilder wird organisations- und wissenschaftssoziologisch nachgedacht, familiensoziologische Perspektiven sind im Band nicht vertreten.

2.1.2   Theoretische Konzeptualisierung

In den Anfängen der deutschsprachigen Familienleitbildforschung formuliert Gerhard Wurzbacher (1954: 81) eine erste Definition, die die Aktivität und die interpretative Leistung der Subjekte in der gesellschaftlichen Produktion von Leitbildern akzentuiert:

> „Wir wollen daher zur Bezeichnung dieser kulturellen Vorbilder den Begriff des ‚sozialen Leitbildes' verwenden, in der uns der Anteil des einzelnen mehr zum Ausdruck zu kommen scheint. Mit dem Begriff des ‚Bildes' glauben wir einmal die Tatsache unterstrichen zu haben, dass diese bestimmenden Eindrücke aus der sozialen Umwelt des einzelnen stammen, dass sie aber zum anderen erst durch seine Aufnahme und Sinndeutung zum ‚Bild' und durch seine Aktivität zum ‚Leitbild' werden."

Wurzbacher bezieht sich in seinen konzeptionellen Überlegungen u. a. auf den Weberschen Begriff des Idealtypus, um Gemeinsamkeiten und Unterschiede zwischen Leitbildern und Idealtypen herauszuarbeiten. Er kommt zu Schluss, dass Leitbilder einerseits einen idealtypischen Charakter haben, weil sie „durch den ordnenden und deutenden Verstand" (ebd.: 82) der Subjekte hervorgebracht werden. Andererseits unterscheiden sich Leitbilder von Idealtypen nach Grad an Bewusstheit und sozialer Wirksamkeit – beides sei bei Leitbildern variabel. Erst die Wirksamkeit mache Leitbilder soziologisch fassbar. Wie neue Leitbilder entstehen und vorhandene vergehen, lässt sich laut Wurzbacher (ebd.) an der „Wechselwirkung zwischen sozialem Leitbild und aufnehmender, auswählender und deutender, durch das eigene Beispiel mitgestaltender Aktivität des einzelnen" erklären.

Eine weitere begriffliche Präzisierung in der deutschsprachigen Familiensoziologie unternimmt Kurt Lüscher (1997a), der seiner Analyse familienpolitischer Leitbilder eine knappe begriffliche Diskussion voranstellt:

> „Leitbilder haben [...] – analytisch betrachtet – eine *empirische* und eine *normative* Dimension. Die erste bezieht sich auf Sachverhalte bzw. Tatsachen oder Fakten, die zweite auf deren Benennung in Verbindung mit einer positiven Bewertung (sieht man vom Fall ‚negativer' Leitbilder ab). Leitbilder sowie Leitbildelemente lassen sich in vielen Fällen als ‚Definitionen mit positiver Konnotation' bezeichnen." (ebd.: 383, Hervorheb. im Original)

Leitbildern wird ein verallgemeinernder und metaphorischer Charakter sowie eine zeitliche Dimension zugeschrieben, die auf gewünschte Zustände in der Zukunft verweist. Benannt werden vier Funktionen von Leitbildern: eine legitimatorische, eine normative, eine pragmatische und eine faktische. Alle vier Funktionen greifen ineinander und fügen sich zu an*leit*entende Handlungsmaximen zusammen (ebd.: 382 f.).

Lüscher folgend setzt Gudrun Cyprian (2003: 12 f.) Leitbilder mit Diskursen und Rhetorik in Verbindung und betrachtet sie als Bestandteile und gleichermaßen als Produkte des öffentlichen Redens und Schreibens über Familie. Die konzeptionelle Schärfung, die hier unternommen wird, fokussiert die analytische Abgrenzung zwischen ‚Familienbild' und ‚Familienleitbild':

> „Durch normative Überhöhungen werden Familienbilder zu Leitvorstellungen, die positiv bewertet, privat wie öffentlich prominent herausgestellt und durch Wiederholungen einprägsam gemacht werden. Sie fungieren als evaluative Kategorien, da sie in die Folien für die Bewertung der eigenen Familienrealität eingehen. In den ‚belehrenden' Vermittlungsprozessen von Leitbildern einflussreicher Deutungsagenturen wie der Kirchen, der Politik, dem Recht, der Literatur und anderen Kulturbereichen haben wir den Gegenpol zur imaginativen Funktion von Bildern" (ebd.: 12).

Diskurse transportieren Vorstellungen von ‚richtiger' und ‚falscher' Familie und sind dadurch an der Transformation von *Bildern* in *Leitbilder* beteiligt. Mit dieser Argumentation macht Cyprian auf die inhärente Dynamik von Familienleitbildern aufmerksam und expliziert die begriffliche Verschränkung von Diskurs und Leitbild.

Neuere und ausführliche konzeptionelle Auseinandersetzungen mit dem Leitbildbegriff leisten die diskursanalytische Arbeit von Katharina Giesel (2007) sowie die Studie von Sabine Diabaté und Detlev Lück (2014, vgl. auch Lück/Diabaté 2015). Letztere sind an der Operationalisierung des Leitbildbegriffs für standardisierte Messungen von generativem Verhalten interessiert. Alle genannten Autor*innen gehen einstimmig von der Beobachtung aus, dass eine inter- und innerdisziplinäre Verständigung über den Leitbildbegriff aussteht und seine Verwendung uneinheitlich und inflationär bleibt.

Katharina Giesel (2007) analysiert den sozialwissenschaftlichen Umgang mit sowie die Semantik des Terminus ‚Leitbild' für den Zeitraum des gesamten 20. Jahrhunderts. Sie geht wissenssoziologisch-diskursanalytisch vor:

> „Die Bedeutung des Phänomens wird in der gemeinsamen Beschäftigung mit Leitbildern, im Reden darüber und darauf bezogenen Handeln überhaupt erst konstituiert. Als wissenschaftliche Kategorie sind Leitbilder ein grundlegendes Element einer wissenschaftlichen Wissensordnung, von denen aus Wirklichkeit strukturiert und unter deren Gesichtspunkten sie erfasst und behandelt wird. Die Kategorie Leitbild ist Teil mehr oder weniger konsistenter theoretischer Modelle von Wirklichkeit." (ebd.: 15 f.)

Die Studie verfolgt die „Karriere des Leitbildbegriffs" (ebd.: 23) in deutschsprachigen Lexika, sozialwissenschaftlichen Wörterbüchern und Datenbanken. Die Analyse zeigt eine zunehmende Nutzung der Leitbildkategorie seit den 1950er Jahren mit anhaltendem Aufschwung in den 1990ern (ebd.: 33 f.). Weiterhin ergibt die Auswertung von deutschsprachigen sozialwissenschaftlichen Publikationen eine deutliche Orientierung an Normativität und gesellschaftlichen Rollenerwartungen bei der Verwendung des Leitbildbegriffs (ebd.: 52). Auf Grundlage der Gesamtergebnisse extrahiert Giesel eine sozialwissenschaftliche *„Minimaldefinition für Leitbilder"* (ebd.: 194, Hervorheb. im Original):

> „Leitbilder bündeln in aller Regel sozial geteilte (mentale oder verbalisierte) Vorstellungen von einer erwünschten bzw. wünschenswerten und prinzipiell erreichbaren Zukunft, die durch entsprechendes Handeln realisiert werden soll." (ebd.)

Giesel unterscheidet zwischen impliziten und expliziten Leitbildern und plädiert für die systematische Anwendung dieser Unterscheidung in Forschungsstudien (ebd.: 245 f.). Für die Konzeption von impliziten Leitbilder wird auf die Kategorie der kollektiven Orientierungsmuster zurückgegriffen. Betont wird deren interaktive Gebundenheit und stabilisierende Funktion im Hinblick auf künftige Handlungsentwürfe. Ähnlich wie in Debatten über den Deutungsmusterbegriff diskutiert Giesel (ebd.: 247) den sinnhaften Handlungsbezug und den Latenzgrad von impliziten Leitbildern. Je selbstverständlicher die Leitbilder, desto geringer ihre reflexive Verfügbarkeit und desto höher ihr Latenzgrad. Anders als die impliziten werden explizite Leitbilder dadurch bestimmt, dass sie ausdrücklich und konsensuell als wünschenswert gelten. Sie beanspruchen zwar einen Handlungsbezug, jedoch sind sie (noch) nicht verinnerlicht und damit nicht handlungsanleitend (ebd.: 249). Mit dem kleinsten gemeinsamen Nenner der Verwendungen des Leitbildbegriffs – die als realisierbar erachteten Zukunftsvorstellungen – versteht sich Giesels Forschungsprogramm als ein pragmatischer Ansatz der sozialwissenschaftlichen Zukunftsforschung (ebd.: 258 ff.).

Ebenso wie Giesel vermissen auch Sabine Diabaté und Detlev Lück (2014) ein einheitliches und theoretisch reflektiertes Leitbildkonzept. Ihr Ziel ist die Operationalisierung dieser Kategorie, um Leitbilder von Familie und privater Lebensführung in standardisierten und vergleichenden Studien messen zu können. Das Augenmerk wird auf die Konventionalisierung und prinzipielle Realisierbarkeit von Leitbildern gerichtet. Zudem wird, ähnlich wie von Lüscher (1997a), zwischen positiven und negativen Leitbildern differenziert:

> „Nach unserem Verständnis ist ein Leitbild ein Bündel aus kollektiv geteilten bildhaften Vorstellungen des „Normalen", das heißt von etwas Erstrebenswertem, sozial

Erwünschtem und/oder mutmaßlich weit Verbreitetem, also Selbstverständlichem. Leitbilder und Normalitätsvorstellungen sind grundsätzlich realisierbar und als Handlungsorientierung konzipiert. Komplementär zu den „positiven" Leitbildern im engeren Sinne (z. B. dem der „Guten Mutter") kann es „negative Leitbilder" geben (z. B. das der „Rabenmutter"), die als vermeidenswert und sozial unerwünscht wahrgenommen werden. Diese bieten indirekt ebenfalls eine Orientierungsmöglichkeit, indem man davon abweichen möchte." (Diabaté/Lück 2014: 56)

Drei dichotome Dimensionen der Leitbildkategorie werden erarbeitet, die erstens zwischen Struktur- und Prozessbezug, zweitens zwischen Kohärenz und Inkohärenz und drittens zwischen subjektiver und kollektiver Relevanz von Leitbildern unterscheiden. Mit dem *Strukturbezug* sind die Inhalte des Leitbildes im Sinne dessen gemeint, wie eine Familie normalerweise ist oder idealerweise zu sein hat. Der *Prozessbezug* bringt Zeitaspekte von Leitbildern zum Ausdruck und meint Vorstellungen vom richtigen Zeitpunkt von Lebensereignissen, wie etwa Geburt des ersten Kindes oder Abstand zwischen den Geburten. Mit der *Kohärenz* bzw. *Inkohärenz* wird die subjektive Internalisierung von Leitbildern angesprochen. Hier geht es um Kompatibilität bzw. Konkurrenz verinnerlichter Leitbilder sowie um ihre handlungspraktische Umsetzung. Leitbilder werden als dynamisch und wandelbar aufgefasst, wobei die Dynamik vom Subjekt ausgeht und auf die Produktion und Reproduktion kollektiver Leitbilder ausstrahlt. Die Untersuchung der *subjektiven Relevanz* von Familienleitbildern visiert die gesellschaftliche Mikroebene an. Die *kollektive Relevanz* wird auf der Makroebene untersucht, wo Interaktionen und Entscheidungsprozesse durch Leitbilder reguliert werden, die sich hier als kulturelle, milieuspezifische und/oder gesamtgesellschaftliche Phänomene analysieren lassen. Schließlich wird auf die immanente Unschärfe von Leitbildern eingegangen: Leitbilder können nie in gleicher Art und Weise kollektiv geteilt werden und sind soziologisch nur durch Interpretation zugänglich (ebd.: 57 ff.).

Zusammengefasst lässt sich über die theoretische Konzeptionalisierung von Familienleitbildern Folgendes festhalten: Leitbilder von Familie bündeln gesellschaftliche Konventionen von Familienleben, implizieren Vorstellungen von sozial Erwünschtem wie Unerwünschtem und leisten in beiden Fällen eine handlungspraktische und normativ gefestigte Orientierung. Ihre Vermittlung erfolgt durch die öffentliche Rede einflussreicher gesellschaftlicher Instanzen. Leitbilder sind zukunftsbezogen und werden als prinzipiell realisierbar erachtet. Sie weisen eine Mehrdimensionalität auf: Struktur- und Prozessbezüge, Kohärenz/Inkohärenz, subjektive und kollektive Relevanz. Zudem gelten sie als diffus und analytisch durch Interpretation zu erschließen. Theoretische Überlegungen über die Leitbildkategorie greifen auf die Konzepte ‚Idealtypus', ‚Metapher', ‚Diskurs', ‚Bild' und ‚Orientierungsmuster' zurück, die als verwandt betrachtet werden. Das Verhältnis von Leitbild und Diskurs wird mit Bezug auf den sozialen Wandel von Familie diskutiert.

2.2 Familienrhetorik

In die deutschsprachige Familiensoziologie wurde das Konzept der Familienrhetorik von der Forschungsgruppe um den Konstanzer Soziologen Kurt Lüscher eingeführt.[8] Der Aufsatz mit dem Titel „Familienrhetorik – Über die Schwierigkeit, Familie zu definieren" (Lüscher u. a. 1989) erscheint in der damals neu gegründeten „Zeitschrift für Familienforschung". Die Autor*innen diskutieren die Notwendigkeit einer angemessenen soziologischen Familiendefinition, denn: „Gerade der Begriff der Familie lässt sich real kaum von der die Familie betreffenden Rhetorik isolieren." (ebd.: 73). Soziologische Familienbegrifflichkeiten sind demnach in einen sozio-historischen Kontext und ins Verhältnis zu öffentlichen Diskursen, zur Position mitsprechender Familienwissenschaftler*innen, zu medialen, demoskopischen, familienpolitischen und kirchlichen Redeweisen zu setzen (Lüscher 1997b: 55 f.). Angesichts der Verflechtung von soziologischen Definitionen und öffentlichen Aussagen wird für einen adäquaten Begriff plädiert, der auch normative Konnotationen von Familie berücksichtigt:

> „Zu fragen ist also: Wie wird über Familien gesprochen, wenn es darum geht genau zu erfassen, was damit gemeint ist und gemeint sein soll, d. h. welche tatsächlichen oder erwünschten Erfahrungen die Menschen mit dem Begriff verbinden." (Lüscher u. a. 1989: 61)

Im Kontext dieser Überlegungen greifen Lüscher u. a. (1989) auf das Konzept der Familienrhetorik zurück – eine Anleihe von den US-amerikanischen Soziologen Jaber Gubrium und Robert Lynott (1985), die in ihrem Aufsatz „Family rhetoric as social order" ein eigenes analytisches Modell präsentieren. Entwickelt wurde dieses Modell in fortlaufender Forschung im Feld der professionalen Arbeit mit Angehörigen von Alzheimer-Patient*innen. Im Fokus steht „the reality-defining discourse that presents a sense of who or what is considered to be family and how this is so" (ebd.: 128). Es sind hauptsächlich Studien an der Schnittstelle von Familien- und Gesundheitssoziologie mit Interesse für familienbezogene Äußerungen von Expert*innen, worauf sich die Herausarbeitung des Konzepts der Familienr-

---

8   Prof. Dr. Kurt Lüscher leitete von 1989 bis zu seiner Emeritierung im Jahr 2000 den Forschungsschwerpunkt „Familie und Gesellschaft" an der Universität Konstanz.

hetorik stützt (vgl. etwa Holstein 1988). Daraus schlussfolgern Lüscher u. a. (1989: 66), „dass Familie als Erklärungsfaktor für Störungen aller Art auftaucht [...] und gleichzeitig als bedeutsamer Therapiefaktor gegen eben diese Störungen angesehen wird." In Anlehnung an die Ergebnisse dieser Studien und mit dem Vorhaben einer Schärfung des Familienbegriffs in der deutschsprachigen Soziologie legt Lüscher (1997b: 53) folgende Definition von Familienrhetorik vor:

> „Der Begriff der Familienrhetorik bezeichnet Texte, Bilder und Reden, denen das Bemühen zugrunde liegt, ‚die' Familie bzw. spezifische Formen von Familie (bzw. familiale Verhaltensweisen) in expliziter, bisweilen impliziter Weise öffentlich zu bewerten und sie als vorbildlich oder unerwünscht darzustellen."

Für Lüscher u. a. (1989: 62) stellt Familienrhetorik eine Heuristik dar, die soziologische Fragen nach der gesellschaftlichen Anerkennung von Familien sowie nach Herausbildung und Akkumulation familienbezogener Wissensvorräte zulässt. Die Autor*innen verankern ihre Perspektive explizit in eine wissenssoziologische und rekonstruktiv orientierte Familienforschung und betonen „die sprachliche und darüber hinaus die institutionelle Bedingtheit von Familien" (ebd.) sowie die Notwendigkeit einer Erfassung der „unterschiedlichen Ebenen der Erfahrung von Familie" (ebd.). Das Konzept der Familienrhetorik impliziert ausschließlich das öffentliche Reden und Schreiben über Familie. Als Ausnahme werden wissenschaftliche Texte angesehen, insofern ihnen kein normativer Auftrag zugrunde liegt. Auch Aussagen, die im Privaten produziert worden sind, wird kein rhetorischer Charakter zugeschrieben. Dennoch können sowohl wissenschaftliche als auch private Redeweisen durch Familienrhetorik beeinflusst werden (Lüscher 1997b: 51). Theoretische Parallelen zum Konzept der Familienrhetorik sieht Lüscher (2003: 540) im Familienbegriff Bourdieus, weil dieser das „Wechselspiel zwischen der Tatsächlichkeit von Familie und ihrer moralischen und politischen Bewertung" mitdenke.[9]

Empirische Arbeiten zur Familienrhetorik im Sinne von Lüscher u. a. (1989) sind rar. Die auffindbaren Studien stammen aus dem Konstanzer Forschungskreis selbst und befassen sich mit rhetorischen Mitteln von sozialwissenschaftlichen und familienpolitischen Publikationen (vgl. Lange u. a. 2000; Lüscher 2000). Weitere Themen bilden die Rhetorik von Kindheit (vgl. Lange 1996) und die Darstellung von Generationenverhältnissen in populären Sachbüchern (vgl. Bräuninger u. a. 1997). Mit Blick auf die Kinder- und Jugendhilfe plädieren Lange und Alt (2009: 32)

---

9   Die Grundsätze des Konzepts der Familienrhetorik werden auch in Lüscher (1995, 1997b) erläutert. Das Verständnis von Rhetorik ist den Arbeiten des Philosophen Hans Blumenberg entlehnt.

für einen kritischen Umgang mit familienrhetorisch entworfenen Krisenszenarien und die Reflexion professionaler Handlungsmaximen. Mit der Einführung von Familienrhetorik als definitorische und methodische Heuristik wird eine wissenschaftstheoretische Position bezogen, die Familie konstruktivistisch-pragmatisch begreift und sich der Aufgabe stellt, „die lebensweltlichen und systemtypischen Wirklichkeitskonstruktionen so zu rekonstruieren, dass deren Konstruktionsprinzipien, Vorannahmen und Implikationen auf methodisch ausgewiesene Weise einsichtig werden." (Lüscher u. a. 1989: 75)

2.3 Diskurse um Elternschaft, Familie und Paarbeziehung

Eine wissenssoziologisch-diskursanalytische Perspektive auf Elternschaft und Familie wird im deutschsprachigen Raum selten eingenommen. Die wenigen Arbeiten, die dies tun, analysieren familiensoziologische (vgl. Schneider 2002) und massenmediale Diskurse um Familie (vgl. Zimmermann 2010; Kiefl 2014), familienpolitische und institutionelle Diskurse um Kinderlosigkeit von Frauen (vgl. Correll 2010) sowie einen strafrechtlichen Diskurs um Mutterschaft (vgl. Tolasch 2016). Es gibt aber auch eine Reihe von Studien, die sich seit den 1980er Jahren beraterisch-therapeutischen Diskursen um Familie, Elternschaft und Paarbeziehung widmen (vgl. Ostner/Pieper 1980b; Pieper 1986; Schütze 1986; Mahlmann 1991; Giddens 1993; Illouz 2009; Scholz u. a. 2013). Da sie für die vorliegende Arbeit in thematischer und theoretisch-methodologischer Hinsicht relevant sind, werden diese Studien ausführlicher als die erstgenannten besprochen.

2.3.1 Familie in der wissenssoziologischen Diskursforschung

Werner Schneider (2002: 375) betrachtet mit Skepsis die „familiensoziologische Ordnung der Familie" und bezeichnet sie als das Ergebnis einer krisenzentrierten Beobachtung. Seit ihren Anfängen habe die Familiensoziologie in Deutschland die Leitsemantik einer ,Krise der Familie' diskursiv mitproduziert. Dieser verkürzte Zugriff auf den eigenen Gegenstand lasse keinen Freiraum für „Deutungen, Sinnsetzungen und mögliche Grenzziehungen zu Familie, Ehe und anderen Lebensformen und -welten." (ebd.: 377) Vielmehr belege die Fachgeschichte, dass die im bürgerlichen Familienmodell verankerte Gleichsetzung von Ehe und Familie übernommen und begrifflich fortgeschrieben werde. Diese Entwicklungen versteht Schneider als fachpolitische Diskurseffekte, die eine funktionale Unterordnung der Familie zu Staat und Gesellschaft hervorrufen (ebd.: 378 ff.).

Den perspektivischen Engpässen der „Familienkrisen-Wissenschaft" (ebd.: 377) begegnet Schneider mit dem Plädoyer für eine Soziologie des Privaten. Das Private wird als dialektische Erfahrung zwischen institutioneller Einbettung und subjektiver Rekonstruktion konzipiert (ebd.: 388). Analytisch geht die Soziologie des Privaten über mikroskopische Beschreibungen hinaus und lässt auch Fragen nach kulturellen Bedeutungen sowie nach dem Verhältnis von Institutionen und Formen intimer Beziehungen zu:

> „In der Verbindung eines wissenssoziologisch-kulturtheoretischen Zugriffs und einer diskurstheoretischen Perspektive auf das so verstandene Private in der fortschreitenden Moderne rücken vielmehr die Wechselwirkungen zwischen den jeweiligen (diskursiv erzeugten und als ‚wahr', als ‚gültig' vermittelten) institutionellen (Wissens-)Formen von Beziehungen und ihren (Wissens-)Inhalten als subjektiven (sic) Erfahrungen und interaktive (Re-)Konstruktionen von Wertbezügen ins Zentrum" (ebd.).

Um positivistischen Tendenzen in der Familiensoziologie zu entkommen, fordert Schneider mehr Selbstreflexivität und die Aufmerksamkeit für diskursive Präformierungen des Fachs. So ließe sich vermeiden, dass die Soziologie in ihrer Position als Wahrheitssprecherin Mythen von Familie erschafft oder verfestigt (ebd.: 389 f.).[10]

Wie Familie im Massenmedium des Fernsehens diskursiv hergestellt wird, untersuchen *Christine Zimmermann (2010)* und *Oliver Kiefl (2013, 2014)*. Beide Studien folgen einem wissenssoziologisch-diskursanalytischen Zugang und sind methodisch am Forschungsstil der Grounded Theory orientiert. Zimmermanns Ausgangspunkt sind die Debatten um die Legalisierung der gleichgeschlechtlichen Ehe in den USA. Die interpretative Analyse von Nachrichtensendungen zielt auf die Rekonstruktion von Argumentationszusammenhängen und diskursiv vorgeschriebenen Handlungsoptionen, die modellhaft in eine Phänomenstruktur des Diskurses integriert werden. Die Studie von Oliver Kiefl (2013: 135) konzentriert sich auf das Format des Reality-Fernsehens in Deutschland und analysiert Familiensendungen, die eine ‚authentische' Abbildung von Familienleben beanspruchen. In der Sendung „we are family" zum Beispiel gelinge die diskursive Entfaltung von Authentizität durch Bereitstellung von einem „*Erfahrungswissen Familienleben*" (ebd.: 156, Hervorheb. im Original). Kiefl versteht darunter „eine spezifische Wissensformation, als eine Gesamtheit von Regeln [...] über das Führen einer Familie." (ebd.: 157) Dieses reorganisierte Wissen sei rezeptartig auf die Entwicklung gemeinschaftli-

---

10 Zur Kritik an Schneiders Argumentation für eine Soziologie des Privaten vgl. Bertram (2002), Burkart (2002) und Matthias-Bleck (2002).

cher Kompetenzen der Problemlösung ausgerichtet und ziele letztendlich auf die mediale Stabilisierung der Familien ab.

Lena Corrells wissenssoziologische Forschung über Kinderlosigkeit (2009, 2010) setzt bei der Beobachtung an, dass der gesellschaftliche „Ruf nach Elternschaft nach wie vor ein Ruf nach Mutterschaft ist." (Correll 2009: 259) Ausgehend von der These einer komplexen Verflechtung zwischen institutionell-objektivierten und subjektiven Deutungen von Kinderlosigkeit wählt die Autorin ein multiperspektivisches methodisches Vorgehen. Gegenstand der empirischen Analyse sind zum einen das kollektive Wissen der öffentlichen Verwaltung und das familienpolitische Regierungswissen seit den Anfängen der BRD. Dem stellt Correll zum anderen Selbstthematisierungen kinderloser Frauen gegenüber, die sie in biographischen Interviews entfalten. Methodologisch wird die Verzahnung von institutionell-objektivierten und subjektiven Deutungen durch die Frage eingefangen, „welches Diskurswissen sich biographisch herleiten lässt und wie die Befragten dieses Wissen biographisch aufgreifen und reproduzieren bzw. umdeuten." (Correll 2010: 283) Auf Ebene der Familienpolitik bringen die Ergebnisse eine Hegemonie pronatalistischer Diskurse ans Licht, welche eine Gleichsetzung von Frau, Ehefrau und Mutter proklamieren und diese Gleichsetzung als dominantes Identitätsangebot für weibliche Subjektivierung unterbreiten (Correll 2009: 261). Welche subjektiven Antworten auf die „Anrufungen zur Mutterschaft" (Correll 2010) entwickelt werden, arbeitet die Studie anhand Fallrekonstruktionen biographischer Interviews mit kinderlosen Frauen heraus. Wie stark und ambivalent das subjektive durch das institutionell-objektivierte Wissen durchtränkt ist, macht die Autorin mit Rekurs auf den westdeutschen Muttermythos deutlich, den sie im biographischen Interviewmaterial als reproduziert, aber auch als modifiziert sieht:

> „Gleichzeitig besteht trotz der rhetorischen Modernisierung des Geschlechterverhältnisses der Muttermythos fort: Die gesteigerten Ansprüche an Elternschaft werden nicht gleichmäßig auf beide Eltern verteilt, sondern die Hauptverantwortung für das Kindeswohl, wie sie auch im Diskurs konstruiert wird, liegt nach wie vor bei der biologischen Mutter. Diese Anforderungen an Mutterschaft werden von den Befragten, die Elternschaft für sich nicht ausschließen, reproduziert." (ebd.: 270)

Der westdeutsche Muttermythos, der seinerseits auf dem Mythos der Zweigeschlechtlichkeit gründe, bleibe angesichts der dargestellten Verflechtung von institutionell-objektiviertem und subjektivem Wissen faktisch wirkmächtig, und dies über Prozesse sozialen Wandels hinaus (ebd.: 70 f.).

Die diskursanalytische Studie von *Eva Tolasch (2016)* untersucht Konstruktionen von Mutterschaft im Strafrecht. Als Datenmaterial dienen staatsanwaltschaftliche Akten von Kindestötungsfällen, herbeigeführt durch die Eltern. Tolasch reflektiert

Akten als eine eigene Textgattung, die Aussagen innerhalb eines spezifischen diskursiven Settings produziert und „das strafrechtlich verfolgte Mutterschafts- und
Geschlechterwissen" (ebd.: 90) der beteiligten Expert*innen, Zeug*innen und Be-
schuldigten dokumentiert. Die Auswertung richtet sich auf moralisierende Sprechweisen sowie kollektiv geteilte Selbstverständnisse über die ‚gute Mutter' als eine
diskursiv hervorgebrachte soziale Figur (ebd.: 13). Als Ergebnis der Aktenanalyse
arbeitet Tolasch eine Vielzahl von Aspekten ‚guter' Mutterschaft heraus, etwa die
Übernahme der Sorge für das Kind im Alltag, die Zurückstellung eigener Interessen
aus Rücksicht auf die kindlichen Bedürfnisse, die Fähigkeit, eine Partnerschaft zu
führen und die körperliche Nähe zum Kind (ebd.: 212 ff.). Über die strafrechtliche
Mutterschaftskonstruktion kommt die Autorin zum Schluss:

> „Diese Konstruktionen von Mutterschaft und Geschlecht sind durchkreuzt von
> Diskursen, die auf ein heteronormatives Verständnis von Familie als ehezentriert
> und bürgerlich verweisen, in der vor allem die Mutter exklusiv für das Kleinkind
> körperlich und zeitlich da sein sollte." (ebd.: 234)

Die Studie von Tolasch belegt eine „*flexibilisierte Restabilisierung* der Geschlechterordnung" (ebd.: 234, Hervorheb. im Original) im strafrechtlichen Diskurs. Insgesamt
wird Mutterschaft als eine „vergeschlechtlichte Sorgebeziehung" (ebd.: 43) bestätigt.

2.3.2 Beraterisch-therapeutische Diskurse: Stand der Forschung

> „Die therapeutische Sprache ist die bevorzugte Sprache,
> um über die Familie zu sprechen" (Illouz 2009: 181).

Das Kapitel stellt soziologische Studien vor, die sich mit beraterisch-therapeutischen
Diskursen um Elternschaft, Familie und Paarbeziehung befassen (vgl. Ostner/Pieper
1980b; Pieper 1986; Schütze 1986; Mahlmann 1991; Giddens 1993; Illouz 2009; Scholz
u. a. 2013). Nicht alle dieser Studien arbeiten mit dem Diskursbegriff und nicht alle
haben einen Spezialdiskurs im Blick, wie die Zusammensetzung ihrer Datenkorpora
zeigt. Als Datenmaterial werden sowohl familientherapeutische Fachwerke als auch
populärwissenschaftliche Ratgeber verwendet. Alle Studien teilen jedoch das Interesse für institutionalisiertes Wissen um Familien- und Geschlechterbeziehungen
als historisch vorgeformte und wandelbare kulturelle Konstrukte. Die Darstellung
im Folgenden beinhaltet daher Verweise auf geschichtswissenschaftliche Befunde,
die die soziologischen Analysen themenspezifisch ergänzen.

2.3.2.1 Anmerkung zu populärwissenschaftlichen Ratgebern

Worin besteht die Relevanz von diskursorientierter Ratgeberforschung für die Untersuchung eines Spezialdiskurses um Elternschaft? Die Analysen von Ratgeberliteratur geben Auskunft darüber, wie über Elternschaft, Familie und Paarbeziehung in einem institutionalisierten Zusammenhang geschrieben wird, welche Bedeutungen dabei objektiviert und als Typiken verfestigt werden. Ähnlich wie professionalisierte Redeweisen vermitteln auch populäre Ratgeber diskursiv gebündelte Interpretationen und Instruktionen. Durch die simultane Einbindung in öffentlichen und in Spezialdiskursen wirken sie an der (Re-)Produktion und Konventionalisierung von Familie und Geschlecht als sozial-historisch situierten Sinnordnungen mit.

Begründungen liefern die oben genannten Studien selbst, indem sie die Amalgamierungstendenzen von psychologisch-therapeutischem Fachwissen und populärpsychologischem Wissen thematisieren. Regina Mahlmann (1991: 326) belegt in ihrer Untersuchung von Eheratgebern seit dem 18. bis zum ausgehenden 20. Jahrhundert eine Verwissenschaftlichung der Ratgeberliteratur. Die Entwicklung vollziehe sich in zwei Schritten: Sie beginne zunächst in Form selektiver Rückgriffe auf wissenschaftliche Konzepte, um allmählich eine vollständige Psychologisierung zu erreichen. Eheratgeber werden dem öffentlichen Diskurs zugeordnet und als Intermedien verstanden, die psychologisches Fachwissen in den Alltag transportieren. Dieser Prozess beginnt laut Mahlmann (ebd.: 26) nicht erst mit dem Besuch bei Psycholog*innen, „sondern bereits mit dem intendierten oder unwillkürlichen Rekurs auf Psychologie, mit der bewussten oder nichtbewussten Nutzung psychologischer Reflexions-, Interpretations- und/oder Sprachmodi". Zudem sei die Lektüre eines Ratgebers vergleichbar mit dem persönlichen Fachgespräch mit Expert*innen, denn beiden – Ratgeberlektüre und Beratungsgespräch – gehe eine ähnliche Motivation voraus:

> „Eheratgeberdiskurse eignen sich als Anwendungsfall für die Psychologisierungsfrage u. a., weil davon auszugehen ist, dass die Gründe und Mechanismen, die den Gang zum Experten motivieren, sich zu denen, die in den Griff zum Experten münden, analog verhalten. Beide Male werden fachlich-kompetente Informationen nachgefragt, wird somit Kompetenz delegiert, weil sich das ‚Alltagssubjekt' als Laie definiert." (ebd.: 28)

Auch Sylka Scholz, Karl Lenz und Sabine Dreßler (2013) vertreten die Ansicht, dass populäre Ratgeber Medien eines Interdiskurses sind. In ihrer Studie werden Beziehungs- und Erziehungsartgeber als Teil des öffentlichen Diskurses und als Brücke zum Spezialdiskurs betrachtet:

„Das Konzept des Interdiskurses gibt die Möglichkeit, analytisch zu erfassen, wie Spezialwissen kulturell amalgamiert und transformiert wird; dies lässt sich insbesondere an Ratgebern untersuchen, die keinem Spezialdiskurs zuzuordnen sind. Gerade diesen populären Dokumenten kommt aus unserer Sicht die zentrale Funktion zu, kulturelle Legitimationsmuster über Ehe, Familie, Elternschaft zu vermitteln." (Scholz/Lenz 2013: 60)

Als „Dokumente eines diskursiven Feldes von Beratung" (Scholz 2013: 325) stellen Ratgeber Problemdefinitionen und Lösungsangebote bereit. Sie zeichnen sich durch eine pragmatische Art der Wissensvermittlung aus, die praxisnah und anwendungsorientiert ist (Scholz/Lenz 2013: 54 f.). Von einem Praxisbezug der Ratgeber geht ebenfalls Anthony Giddens (1993) aus. Neben therapeutischer Fach- berücksichtigt er auch Selbsthilfeliteratur, um sein Konzept der ‚reinen Beziehung' zu entfalten. Jedoch liefert Giddens eine andere Begründung, nämlich die doppelte Funktion von Fachwerken *und* populären Ratgebern, das gesellschaftliche Denken über das Private zugleich zu ermitteln und zu gestalten (ebd.: 75). Schließlich spricht Eva Illouz (2009: 29) von einer Verflüssigung der Grenzen zwischen psychologischem Spezialwissen und populärem Ratgeberwissen, die am Umgang mit therapeutischem Vokabular zu erkennen sei. Gemeint ist nicht die Komplexität der Aussagen, sondern die stilistischen Mittel, die von der Sprache der Psychologie auf die Sprache des Alltags und der Populärkultur übertragen werden. Mit ihren spezifischen Metaphern und Narrativen adressiere die „therapeutische Sprache" (ebd.: 181) das Selbst und bringe „einen gemeinsamen *emotionalen Stil*" (ebd.: 31, Hervorheb. im Original) hervor, welcher diese Wissensbereiche aneinanderfüge. Neben der rhetorischen Durchlässigkeit führt Illouz auch ein historisches Argument ein und erinnert an die Allianz zwischen Psychologie und Kulturindustrie, die bereits seit den Anfängen der Psychoanalyse in den USA aktiv betrieben worden sei[11] und einen „therapeutischen Diskurs" (ebd.: 10) konstituiere:

„Mithin ist der therapeutische Diskurs sowohl ein *formales* Wissenssystem, das durch klare disziplinäre Grenzen und Regeln der Textproduktion gekennzeichnet ist, in offiziellen Institutionen hervorgebracht und von professionellen Netzwerken, v. a.»Wissensproduzenten«, getragen wird, als auch ein *informelles*, amorphes und

---

11 Zur Verbreitung und Rezeption psychoanalytischer Theorien vor dem Hintergrund historischer und kultureller Zusammenhänge vgl. Mitchell (1985). Sie hält fest, dass die Popularisierung der Psychoanalyse in den USA viele Quellen hatte, „die bestimmt *nicht* freudianisch waren. Unbezweifelbar ist ferner, dass Amerika schon früh mit Popularisierungen förmlich überschwemmt wurde." (ebd.: 340, Hervorheb. im Original) Was sich Laien als ‚die Psychoanalyse' aneigneten, seien vielmehr unterschiedliche Versionen der psychoanalytischen Lehre gewesen (ebd.: 343). Zur kulturellen Bedeutung der Psychoanalyse vgl. zum Beispiel Zaretzky (2006).

diffuses kulturelles System, das sich in den alltäglichen kulturellen Praktiken und Selbstverständnissen der Menschen niederschlägt." (ebd.: 25, Hervorheb. im Original)

Auf dieser Argumentation beruht Illouz' Vorgehen, psychologische Fachliteratur und populärpsychologische Ratgeber als Datenmaterial zu integrieren.[12]

2.3.2.2 Die Studien im Einzelnen

Die Studie von *Barbara Pieper (1986)* und ihre Vorarbeit von *Ostner und Pieper (1980b)* greifen die Idee der familialen Beziehungsarbeit auf – eine Idee, die in der Frauenforschung der 1970er Jahren entwickelt und von der feministischen Familien- und Geschlechtersoziologie weitergetragen wurde.[13] Familie wird als ein „Arbeitsbereich besonderer Art" (Ostner/Pieper 1980b: 108; Pieper 1986: 7) analysiert. Er stelle die Familienmitglieder vor die Aufgabe, ihre individuellen Bedürfnisse gegenseitig zu erkennen, zu akzeptieren und situativ zu synchronisieren. Die Herstellung einer familialen „gemeinsamen Sache" (Pieper 1986: 6) bedürfe der Verständigung und Aushandlung, die als dynamische und vielschichtige Prozesse Familie zu einer konflikthaften Angelegenheit machten. Ausgehend von dieser spezifischen „Problemstruktur Familie" (Ostner/Pieper 1980b) wird psychotherapeutische Fachliteratur ins Visier genommen: „Was ‚diagnostizieren' diese Experten? Gibt es so etwas wie immer wiederkehrende typische Probleme und Problemkonstellationen in diesen ‚Klientel-Familien'?" (Pieper 1986: 152) Ziel der Analyse ist die inhaltliche Weiterentwicklung einer Theorie familialer Arbeit „auf dem methodischen ‚Umweg' über familientherapeutisches Material" (ebd.: 7). Das Datenmaterial der Studie besteht aus 26 familientherapeutischen Werken, erschienen im Zeitraum von 1969 bis 1983. Die Wahl der Datensorte begründet Pieper (ebd.: 69 ff.) zum einen mit der Zuständigkeit von Familientherapie für Konflikte und Konfliktbewältigungsstrategien. Zum anderen sieht sie eine Ähn-

---

12   Die Analyse von Eva Illouz (2009) konzentriert sich auf Entwicklungen in den USA. Mit Aufkommen und Popularisierung von psychotherapeutischem Wissen in Deutschland beschäftigt sich der Geschichtswissenschaftler Jens Elberfeld (2012). Für die Paartherapie etwa identifiziert er eine seit den 1920er Jahren wachsende Medialisierung, die sich an der breiten Rezeption populärer Beziehungs- und Sexualratgeber, an der Edition spezialisierter Zeitschriften wie „Die Ehe" und „Der Eheberater", an der Einführung von Radiosendungen mit Beziehungsberatung seit den 1950ern sowie von wöchentlichen Ratgeberkolumnen in Printmedien seit den 1970ern zeigt (ebd.: 88 ff., vgl. auch Elberfeld 2011).

13   Das feministisch geprägte Verständnis von Familie und familialen Geschehnissen als Arbeit ist in zahlreiche Publikationen eingeflossen, vgl. etwa Bock/Duden (1977), Ostner (1978), Beck-Gernsheim (1980), Ostner/Pieper (1980a), Rerrich (1988), Jurczyk/Rerrich (1993). Zur neueren Diskussion vgl. etwa Boris/Parrenas (2010) und König (2012).

lichkeit der Analyseperspektiven von Forscherin und Psychotherapeut*innen, denn beide betrachteten Familie als „eine Gruppe ganz besonderer Art" (ebd.: 70). Angenommen wird,

> „dass in den Problemen der Familien, die Berater konsultieren, gerade wegen der Intensität ihrer familiären Schwierigkeiten ‚wie unter einem Brennglas' die grundsätzlichen neuralgischen Punkte familialen Geschehens in unserer Gesellschaft konzentriert – oder doch zumindest mit thematisiert sind." (ebd.: 65)

Dem psychotherapeutischen Wissen über Familie schreibt Pieper (ebd.: 61) eine spezifische Beschaffenheit zu, weil es sowohl durch wissenschaftliche als auch durch Alltagstheorien geprägt sei. Beratung und Therapie werden in der Studie als Synonyme verwendet und als „pädagogische Einmischungen" (Ostner/Pieper 1980b: 116) in Familie bezeichnet.[14] Geschichtlich stellen die Autorinnen einen Wandel dieser Einmischungen fest: „Nicht mehr Disziplinierung, Beschneidung von Erfahrung, sondern zulassen, Zeitlassen heißt jetzt die Devise. Doch sie haben die alten Einmischungen nicht obsolet gemacht" (ebd.: 107). Die Fachexpertise sei vor allem als Ansprache an die Frauen ausgerichtet und kreise um Bilder von Weiblichkeit[15] und Kindheit (ebd.: 113). Neuere Ratschläge konzentrierten sich auf das Gelingen des gemeinsamen Lebens als Familie (ebd.: 167).

Obwohl ‚Diskurs' als Terminus nicht vorkommt, weisen Piepers Fragestellung und Methodik wissenssoziologisch-diskursanalytische Züge auf. Durchsicht der Fachliteratur, Zusammenstellung eines Datenkorpus aus ausgewählten und nach psychotherapeutischen Schulen gruppierten Werken, Entwurf eines Suchrasters mit Fokus auf Aussagen über familiale Probleme, Kontextuierung der Argumente, Zitatesammlung, Gruppierung immer wiederkehrender Befunde, Kategorienbildung und schließlich Systematisierung der Ergebnisse mit Blick auf die „typische Berater-Klientel-Familie" (Pieper 1986: 146) – dieses methodische Vorgehen liegt der Untersuchung zugrunde. Auch das Vokabular der Ergebnisdarstellung zeugt von einem (nicht explizierten) wissenssoziologischen Blick auf die Daten. Das Interesse richtet sich auf „Problemdefinitionen" und vorherrschende „Deutungen" in der Familientherapie, sie werden im Zeitverlauf verglichen und als ahistorisch bewertet (ebd.: 237). Als Kern der familientherapeutischen Expertise im untersuch-

---

14 Hingewiesen wird jedoch auf Unterschiede im Professionalisierungsprozess von Familientherapie und Familienberatung, aber auch auf Interdependenzen, wie etwa die Integration psychotherapeutischer Ansätze in die psychosoziale Beratung (Pieper 1986: 69).

15 Zur Regulierung von Weiblichkeit durch wissenschaftliche Expertise vgl. Klein (1975), Ehrenreich/English (1978) und Honegger (1991).

ten Zeitraum identifiziert Pieper die Vorstellung von Familie als Ort des Glücks und Rückzugs:

> „Die Therapeuten orientieren sich in Diagnose und therapeutischen Zielvorstellungen gerne an einem gesellschaftlichen Bild von Familie, das diese als ‚Inbegriff des Privaten‘, als im Grunde ‚glückliche Insel‘ darstellt, die von störenden äußeren Einflüssen freigehalten werden könnte." (ebd.: 162 f.)

Diese Hauptaussage des untersuchten psychotherapeutischen Diskurses wird aus Sicht einer feministischen Familiensoziologie kommentiert. Familie erscheint demnach als ein nicht lösbares „Spannungsverhältnis von Selbstbestimmung und Abhängigkeit" (ebd.: 168).

Yvonne Schützes (1986) historisch angelegte Studie zeichnet nach, wie sich Mutterliebe als ein kulturelles Deutungsmuster seit dem ausgehenden 18. Jahrhundert bis in die 1980er Jahre des 20. Jahrhunderts herausgebildet hat. Zu diesem Zweck werden pädagogische, medizinische und psychologische Ratgeber analysiert, erschienen in den USA, England, Frankreich und Deutschland, autobiographische Quellen sowie Stellungnahmen der bürgerlichen Frauenbewegung (ebd.: 7). Schütze arbeitet nicht mit dem Diskursbegriff, dennoch verwendet sie ein diskursanalytisches Vokabular. Unter die Lupe ihrer Untersuchung geraten „Argumentationsstrukturen", „Normativierungen", „disziplinorientierte Umgangsweisen", „Modelle", „Propagierungen", „normative Muster", die Mutter als „Figur", „Versionen" von Mutterliebe.

Die Verwissenschaftlichung der Mutter-Kind-Beziehung, die Schütze als eines ihrer zentralen Ergebnisse rekonstruiert, ist als ein zyklischer Prozess zu verstehen, in dem Mutterschaft und Weiblichkeit in den Fokus von (überwiegend männlicher) Fachexpertise geraten und von ihr ideologisch definiert werden.[16] Im Zeitverlauf erfahre dieser Prozess diverse „Rationalisierungsschübe" (ebd.: 147), beginnend mit einer Koalition von Medizin und Pädagogik und gefolgt von einer Psychologisierung nach dem Ersten Weltkrieg:

> „Auf die wissenschaftlich begründete Forderung Gefühle zu unterdrücken, folgt nun die wissenschaftlich begründete Forderung, spezifische Gefühle zu erzeigen und selbst das Unbewusste einer Affektkontrolle zu unterziehen, die bei weitem das übertrifft, was je der methodisch-rationalen Persönlichkeitsstruktur des Mannes abverlangt wurde. Die bedingungslose irrationale Hingabe an das Kind wird rational begründet, sie ist die notwendige Bedingung für das Gedeihen des Kindes. Damit

---

16 „Historische Epochen der Mutter" nennt die Literaturwissenschaftlerin Barbara Vinken (2007: 105) die Ideensetzungen und -verschiebungen in Bezug auf ‚wahre‘ Mütterlichkeit, woran etwa der Protestantismus sowie die Pädagogik von Rousseau und Pestalozzi beteiligt waren.

wird die Kategorie des ‚Verzichts‘, die seit dem 19. Jahrhundert das Wesen der Frau charakterisierte, erst richtig in ihre Rechte eingesetzt. Denn nun ist es nicht mehr die Natur der Frau, die ihre Individuierung verhindert, sondern die Natur des Kindes erfordert den Verzicht darauf." (ebd.: 148)

Als kulturelles Deutungsmuster schwanke Mutterliebe zwischen emotionalisierenden und disziplinierenden Interpretationen und werde zum Gegenstand widersprüchlicher Anforderungen, die Mutterschaft prinzipiell angreifbar machen und eine „Allianz von Mutterliebe und Schuld" (ebd.) konstituieren.[17] Zum Ende des untersuchten Zeitraums beobachtet Schütze eine Abschwächung dieser Allianz. Die Idee von ‚wahrer‘ Mutterliebe als exklusive Zuständigkeit von Frauen für ihre Kinder erfährt eine Relativierung, und die untersuchten Spezialdiskurse sprechen auch Väter als Bezugspersonen für die kindliche Erziehung an. Mit der Verwissenschaftlichung von Mutterliebe als ein geschichtlicher Prozess gehen laut Schütze (ebd.: 149) Umdeutungen von familialen Werten einher. Intimität und emotionale Zuwendung werden zu wichtigsten Merkmalen von Familie und zu normativen Kriterien für die Gestaltung von Eltern-Kind-Beziehungen. Gleichzeitig werde das Kindeswohl als Hauptargument von Expert*innen benutzt, um elterliches Handeln zu kontrollieren.

Neben pädagogischer, medizinischer und psychologischer Expertise analysiert Schütze (ebd.: 55 f.) auch den Beitrag der bürgerlichen Frauenbewegung zur Ausgestaltung des Deutungsmusters Mutterliebe. Sie stellt fest, dass Frauenrechtlerinnen ebenso wie Geschlechtertheoretiker auf das Argument einer natürlichen Mütterlichkeit zurückgreifen, wenn von Erwerbstätigkeit von Frauen die Rede ist. Anders sei jedoch die Akzentsetzung in der Argumentation. Für Geschlechtertheoretiker gehöre Mütterlichkeit, verstanden als Liebe zum Kind, zum Ehemann und zur Hausarbeit, so selbstverständlich zum Wesen der Frau, dass sie zwar besprochen, aber nicht als Hauptargument eingesetzt werde. Frauenrechtlerinnen argumentierten hingegen hauptsächlich mit dem Slogan „Weib sein heißt mütterlich sein" (ebd.: 55) und partizipierten dadurch an der gesellschaftlichen Einschreibung von Mutterliebe in die Persönlichkeitsstruktur von Frauen.[18]

Die Soziologin *Regina Mahlmann (1991)* untersucht Eheratgeber und fragt nach den diskursiven Mechanismen, die psychologisches Fachwissen popularisieren und ins Alltagsbewusstsein überführen. Ratgebern schreibt sie eine sozialisatorische Funktion zu, denn sie veränderten „Wahrnehmungs-, Deutungs- und Denkweisen"

---

17 Die Herstellung von einem Konnex zwischen Mutterliebe und Schuldgefühlen schreibt die französische Philosophin Elisabeth Badinter (1981: 188) Rousseau zu.

18 Vinken (2007: 177) diskutiert die Frauenbewegungen als „Politiken der Mütterlichkeit" und analysiert sie in Verbindung mit dem Liberalismus und Protestantismus.

(ebd.: 54) hinsichtlich alltäglicher Handlungsprobleme. Mahlmann geht davon aus, dass Eheratgeber ein „Regelwissen" (ebd.: 7) anbieten, welches auf gesellschaftliche Bedürfnisse antwortet – auf das Bedürfnis nach Ordnung und Orientierung einerseits, nach Experimentierfreude und Flucht aus der Routine andererseits. Der Diskursbegriff nimmt eine zentrale Stellung ein und wird in Abgrenzung von Foucault verwendet. Die Autorin versteht Diskurs als „einen thematisch und inhaltlich oder semantisch abgegrenzten Redezusammenhang [...], der öffentlich thematisiert wird." (ebd.: 55) Ins Zentrum ihrer Studie stellt Mahlmann Gegenstand und Inhalte des untersuchten Diskurses und nicht dessen Genealogie. Der Datenkorpus umfasst 29 deutschsprachige Ratgeber, erschienen in der Zeit vom 18. bis zum 20. Jahrhundert und ausgewählt nach Kriterien wie Popularität bzw. Auflagezahlen, Adressat*innen und Epochenspezifik (ebd.: 55 f.). Die empirische Analyse konzentriert sich auf die Thematisierung von ehelichen Konflikten und auf epochenspezifische Aussagen über Liebesbeziehungen, die mit dieser Thematisierung transportiert werden:

> „Wandlungen in den Aussagen und Ratschlägen, die es den Ehepartnern erleichtern sollen, Spannungen und Konflikte im Zusammenleben zu ‚bewältigen', können indes erst kristallisiert und fundiert werden, wenn herausgearbeitet ist, welche Geschlechteranschauung und welches Liebesverständnis jeweils vorherrschen. Sie als das der Ehe zugrunde liegende Programm markieren den Referenzrahmen für Strategieempfehlungen und bestimmen auch, was ‚Bewältigung' ehelicher Probleme je meint. In diesen Kontext fällt der Versuch, psychologische Spuren in den Diskursen ausfindig zu machen." (ebd.: 54)

Im Ergebnis rekonstruiert Mahlmann zwei Semantiken von Liebe und Ehe – eine bürgerliche und eine partnerschaftliche (ebd.: 287). Die bürgerliche Semantik dominiere in der Ratgeberliteratur bis zur Mitte des 20. Jahrhunderts und beruhe auf dem Verständnis von der Ehebeziehung als Freundschaft. Gemeint sei damit eine entsexualisierte, vernünftige, am Ideal der Geschlechterkomplementarität und an moralischen Tugenden orientierte Paarbeziehung (ebd.: 288 ff.). Konflikte werden in dieser Semantik als unvermeidbares Resultat ‚natürlicher' Unterschiede zwischen Mann und Frau antizipiert: „[...] auf der Folie kategorialer Wahrnehmung des Gatten und in der Ausrichtung auf objektive und stereotype Setzungen. Der Verweis dieser Setzungen operiert mit Moral" (ebd.: 290).

Anders als die bürgerliche sei die partnerschaftliche Semantik von Liebe und Ehe von der Geschlechterpolarisierung gelöst und benötige daher zur Legitimation „den Beistand psychologischen Wissens" (ebd.: 292). Die Herausbildung dieser Semantik verortet Mahlmann in den 1960er Jahren des 20. Jahrhunderts und betrachtet sie als Antwort auf gesellschaftliche Umbrüche, die tradierte Vorstellungen von Familie und Geschlecht umdeuten und „den Beteiligten intersubjektive Kompetenzen abverlangte, ohne deren Realisierung die Ehe scheitern musste." (ebd.: 296 f.) As wichtigste Anstöße dieser Transformation nennt die Autorin das Voranschreiten der Frauenemanzipation und die zunehmende Verbreitung psychologischen Wissens. Beide

> „[...] begründen eine neue Ethik, die den Blick auf das Ich zur Norm erhebt, und zwar in zweifacher Hinsicht. Zum einen wird Individuation zur Pflicht des Individuums gegen sich selbst und zum ,Wert an sich' gekürt, zum anderen wird die Entfaltung der Persönlichkeit als Bedingung der Möglichkeit einer glücklichen, das heißt einer beide beglückenden Ehe proklamiert." (ebd.: 297)

Die politischen und kulturellen Bestrebungen nach Geschlechtergleichheit im Sinne einer Enttraditionalisierung und das psychologisierte Sprechen über Liebe werden in Mahlmanns Analyse in einen Zusammenhang gebracht, der neue Handlungsspielräume für die Geschlechter eröffnet und Gleichberechtigung an Selbstentfaltung argumentativ koppelt. Konflikte erhalten in diesem diskursiven Kontext eine paradoxe „Umwertung" (ebd.: 306). In der Verbalisierung von Konflikten wird ihr Potential gesehen, eheliche Harmonie durch Aushandlung herzustellen. Der „Ausweg [...] der kommunikativen Regulierung" (ebd.: 329) verfestige sich zur zentralen Botschaft des Diskurses – als Korrektiv für die Gestaltung einer partnerschaftlichen Ehe, für die Entfaltung des Selbst und des persönlichen Glücks[19]. In der diskursiven Etablierung von sprachlicher Kommunikation als Medium einer erfolgreichen Beziehung gründet laut Mahlmann die Institutionalisierung der ,Psycho-Experte' als bedeutsame soziale Figur. Experten erlangten die Position von relevanten Dritten, die es (liebenden) Laien ermöglichten, über Beziehungsprobleme außerhalb der Beziehung zu reden. Damit werde zugleich die Vorstellung von einem lernfähigen Subjekt im Kontext von Liebe und Ehe etabliert (ebd.: 329).[20]

Zusammengefasst kommt Mahlmann zu dem Ergebnis, dass die untersuchten Eheratgeber ein ambivalentes und in psychologischer Sprache gekleidetes Wissen über Liebe und Paarbeziehung prozessieren. Die Ambivalenz wird in der Konzeption von ehelicher Stabilität als stetiger Aushandlung und Vereinbarung individueller Interessen und Wünsche der Partner*innen verortet. Dieser Befund deckt sich mit der Perspektive auf Familie als einen „Arbeitsbereich" (Ostner/Pieper 1980b; Pieper 1986) und dessen inhärente Anforderung nach gegenseitiger Aufmerksamkeit

---

19 Ausführlich über Glücksratgeber als eine Technologie, das Selbst zu führen vgl. Duttweiler (2007).

20 Vgl. auch Mahlmann (2003) über epochenspezifische Stationen der Liebessemantik und deren Verortung in den psychologischen Diskursen.

für individuelle Bedürfnisse und ihrer kommunikativen Synchronisierung und Koordination. Kommunikation als wichtigster konstitutiver Moment von partnerschaftlichen Paarbeziehungen ist Schlüsselthema auch in der Zeitdiagnose von *Anthony Giddens (1993)*. Ausgehend von einer Transformation spätmoderner Intimität entwickelt Giddens das Modell der ‚reinen Beziehung‘. Die empirische Grundlage dafür bildet fach- und populärpsychologische Literatur. Als Ergebnis entsteht weniger eine soziologische Analyse und vielmehr ein vom psychotherapeutischen Diskurs inspiriertes Plädoyer zur demokratischen Ausgestaltung spätmoderner Paarbeziehungen. Im Kern des von Giddens entwickelten Modells steht die Idee von „Intimität als Demokratie" (ebd.: 199). Das Gleichgewicht von Rechten und Verpflichtungen und ihre reziproke Umsetzung unterstützten die ‚reine Beziehung‘:

> „Keine Rechte ohne Pflichten – dieser elementare Grundsatz der politischen Demokratie gilt auch für das Reich der reinen Beziehung. Rechte helfen bei der Auflösung willkürlicher Macht nur insoweit, als sie der Verantwortung gegenüber dem anderen, Privilegien in ein Gleichgewicht mir Pflichten zu überführen, gerecht werden. In Beziehungen wie überall müssen Pflichten angesichts des in ihnen weiterlaufenden Verhandlungsprozesses revidierbar sein." (ebd.: 206)

Für den Entwurf seines Modells greift Giddens auf politisch-rechtliches Vokabular zurück. Neben Gerechtigkeit und Vertrauen betont er auch die „kooperative Bestimmung der Bedingungen in einer Beziehung" (ebd.: 205) sowie die Offenlegung eigener Intentionen seitens der Partner*innen. Letzteres wird nicht als ein emotionaler, sondern als ein kommunikativer Akt gedacht. Ein weiteres Merkmal der ‚reinen Beziehung‘ ist die partnerschaftliche Liebe, die Giddens von der romantischen Liebe abgrenzt. Als Abgrenzungskriterium dient die Frage nach der Machtverteilung in Geschlechterbeziehungen. Während die romantische Liebe eine Asymmetrie zwischen den Geschlechtern impliziere, setze die partnerschaftliche Liebe emotionale Gleichberechtigung voraus und eröffne damit Raum für die Verwirklichung des Selbst (ebd.: 73). Giddens versteht sie als eine Ethik, die „nicht-destruktive Emotionen im individuellen wie im öffentlichen Leben begünstigen würde." (ebd.: 218) Mit der gesellschaftlichen Formierung der partnerschaftlichen Liebe wird auch das Scheitern von Paarbeziehungen erklärt:

> „Die ‚Trennungs- und Scheidungsgesellschaft‘ von heute erscheint eher als ein Ergebnis der partnerschaftlichen Liebe denn als ihre Ursache. Je mehr die entwickelnde, partnerschaftliche Liebe reale Möglichkeit wird, desto mehr weicht die Suche nach der ‚besonderen Person‘ der nach der ‚besonderen Beziehung‘." (ebd.: 73)

Neben Argumenten aus der psychologischen Literatur bezieht Giddens auch historische Entwicklungen ein und unterstreicht die ausschlaggebende Bedeutung der Frauenemanzipation für die Demokratisierung intimer Beziehungen (ebd.: 206). Ähnlich wie Schützes und Mahlmanns Analysen erarbeitet auch Giddens Zusammenhänge zwischen den Positionen von Frauenbewegungen und der Psychologisierung von Intimität. Frauen werden als „die Hilfsarbeiterinnen der Moderne" (ebd.: 216) bezeichnet, als „Spezialistinnen in Sachen Intimität" (ebd.: 68), die sich aus der Unterwerfung in romantischen Liebesverbindungen befreit und das Aufkommen der gleichberechtigten Partnerschaft vorangetrieben hätten (ebd.: 73). Ihnen schreibt Giddens die historisch gewachsene Fähigkeit zu, mit Anforderungen der Reflexiven Moderne kompetent umzugehen.[21] Das Buch von Giddens sei zwar in kritischer Auseinandersetzung mit psychotherapeutischer Literatur verfasst worden (ebd.: 75). Durch seine spezifische Lesart reproduziert es jedoch den Fachdiskurs und liest sich wie ein Ratgeber über die ‚reine Beziehung'.[22] Das ist ein anschauliches Beispiel dafür, wie Soziolog*innen als *„Agent(inn)en der Diskurse"* (Keller 2012: 99, Hervorheb. im Original), die sie untersuchen, zu deren Kanonisierung beitragen.

Ebenso wie Giddens geht *Eva Illouz (2009)* von einem gesellschaftlichen Wandel der Intimität aus. Illouz wendet gegen Giddens' Analyse ein, diese „versäumt es, die gesellschaftlichen Konsequenzen des Wandels zu befragen, den sie doch beschreiben will." (ebd.: 244) Diese Konsequenzen für das private (Gefühls-)Leben empirisch zu fassen und zu erläutern ist das Ziel, woraufhin Illouz psychologische Fachliteratur und populäre Ratgeber untersucht. Sie geht kultursoziologisch vor und arbeitet mit dem Diskursbegriff als theoretisch-methodischer Heuristik in Abgrenzung von Foucault und ohne explizite Bindung an eine Diskurstheorie. Für Illouz stellt Intimität ein neues kulturelles Modell dar, hervorgebracht durch die Koalition psychologischer und feministischer Diskurse (ebd.: 215 ff.). Diese Koalition hat Intimität zu einer Sphäre der Verhandlung gemacht. Psychologie und Frauenbewegung versuchten, „in scheinbarer Konkurrenz dieselben Gegenstände

---

21 Zur Transformation und Gestaltung von Familien- und Paarbeziehungen in der Reflexiven Moderne vgl. Beck/Beck-Gernsheim (1990). Unter anderem sprechen die Autor*innen von „Beziehungsarbeit im Dauerdialog" (ebd.: 123) und einer „Vertragsmentalität" (ebd.: 129), um nur zwei der von ihnen genannten Aspekte einer Partnerschaft unter Bedingungen reflexiver Modernisierung herauszugreifen. Zur Diskussion und Einordnung dieser Thesen in die Theorie der reflexiven Modernisierung vgl. Poferl (2008).

22 Zur Kritik an Giddens' Konzeption der ‚reinen Beziehung' und ihrer geringen analytischen Distanz zum therapeutischen Diskurs vgl. Herma (2009: 51, 260 f.), Illouz (2009: 244) und Bethmann (2013: 26 ff.). Zur Einordnung des Buchs „Wandel der Intimität" in das strukturierungstheoretische Werk von Giddens vgl. Kahlert (2008).

zu behandeln und zu kritisieren [...]: das Verhältnis des Selbst zur Familie, die Rolle der Sexualität, das Verhältnis zwischen den Geschlechtern und die Bedeutung von Elternschaft und Mutterschaft." (ebd.: 183) Die therapeutische Sprache als eine „Sprache der Gefühle" (ebd.: 224) und die feministischen Parolen als eine „Sprache der Rechte" (ebd.) verschmelzen miteinander und erschaffen die diskursive Gleichsetzung von Intimität und einer ‚intakten' – im Sinne von gleichberechtigter und emotional wie sexuell erfüllter – Ehe. Das kulturelle Modell der Intimität entsteht laut Illouz' Analyse durch die Kombination dieser zwei semantischen Repertoires, die jeweils auf eigene Art und Weise das Selbst ansprechen: Auf der einen Seite werde ein authentisches, lustvolles und sich offenbarendes Selbst, auf der anderen Seite ein argumentierendes Selbst und dessen Recht auf eigene Bedürfnisse in utilitaristischer Begrifflichkeit adressiert (ebd.).[23]

Mit diesen Überlegungen macht Illouz dort weiter, wo die Studie von Mahlmann (1991) endet. Auch Mahlmann betrachtet die Psychologisierung von Liebe im Zusammenhang mit der Verbreitung der Idee einer Gleichberechtigung zwischen den Geschlechtern, auch sie positioniert „die feministische Emanzipationsbewegung" (ebd.: 8) auf der Arena der Diskurse. So wie Mahlmann (ebd.: 327) im Diskurs der Eheratgeber eine „Konjunktion von Psychologie und Moral in der Liebe" identifiziert, kommt Illouz (2009: 216) fast zwanzig Jahre später zum gleichen Ergebnis und verortet die Ratgeberliteratur „an der unbestimmten Nahtstelle zwischen

---

23 An dieser Stelle lohnt ein Blick in die Erforschung von Sexualitätsdiskursen, die ebenfalls den Zusammenhang zwischen dem diskursiven Gebot der Selbstentfaltung und dominanten Vorstellungen von der Führung einer Ehe erarbeiten. Die Historikerin Christa Putz (2011: 153) stellt in ihrer Studie über den medizinischen Diskurs um Sexualität ebenfalls eine Koalition von Psychoanalyse und Frauenbewegung fest. Liebe, steigende Ansprüche auf Selbstverwirklichung, auf emotionale und sexuelle Zufriedenheit in der Ehe sowie Kommunikation „als eine der zentralen Fähigkeiten des modernen Beziehungstypus" (ebd.: 137) bilden laut Putz die Inhalte eines neuen Musters von Intimität, welches bis Ende des 19. Jahrhunderts etabliert wurde. Sie schreibt: „Rechtliche Normen und moralische Vorgaben ordnen die Ehe nicht nur entlang von Pflichten und Rechten der Eheleute, sie organisieren auch den Bereich der Gefühle, indem sie Bedürfnisse und Erwartungen an den anderen erzeugen und ‚sprechbar' machen." (ebd.: 123) Auch die Studie von Isabel V. Hull (1988, 1996) bringt das Ideal persönlicher Entfaltung in Verbindung mit reformulierten Vorstellungen von Ehe, mitgestaltet durch staatliche Politiken: „Die Gleichsetzung von heterosexuellem Verkehr und Ehe, deren Zweck die Erzeugung und Erziehung von Nachkommen war, ließ seit dem späten 18. Jahrhundert das Recht auf Ehe mit dem Recht auf Selbstäußerung und Selbstentfaltung zusammenfallen." (Hull 1988: 55) Zur kulturellen Verlagerung von Liebe und Leidenschaft in die Ehe vgl. Métral (1981) und Ariés (1985).

Wissenschaft und Moral".[24] Ebenso arbeitet Illouz Kommunikation als Kernthema des therapeutischen Diskurses heraus und erklärt ihre Wirkmächtigkeit dadurch, dass hier „Beschreibung und Vorschrift, Diagnose und Heilung" (ebd.: 226) ineinander aufgehen und eine „kommunikative Rationalität" (ebd.) hervorbringen. Der therapeutische Diskurs transportiere die paradoxe Empfehlung, Gefühle in Objekte zu verwandeln, die in einem neutralen und zugleich hoch subjektiven Vokabular ausgetauscht werden sollen (ebd.: 232). Die Vergegenständlichung von Emotionalität und ihrer sprachlichen Artikulation betrachtet Illouz als Produkt eines kommunikationszentrierten therapeutischen Diskurses, der auf die Nivellierung von Mehrdeutigkeit abzielt (ebd.: 228 ff.). Die Ambivalenz, die Mahlmann (1991: 326) in Bezug auf die diskursive Produktion ehelicher Stabilität feststellt, nämlich ihre Bindung an die stetige Aushandlung individueller Wünsche, erfährt bei Illouz eine weitere Ausdifferenzierung. Nicht allein die Versprachlichung von Gefühlen gerät ins Visier, sondern auch deren Rationalisierung als Folge der Versprachlichung. Eheliche Konflikte werden vor diesem Hintergrund als unausweichlich, aber regulierbar verhandelt (ebd.: 206). Deren Legitimation betrachtet Illouz als eines der typischen Merkmale spätmoderner Intimität. Konflikte zu normalisieren und über sie als beziehungsinhärent und ‚natürlich' zu sprechen, sei moralisch entlastend, weil sie durch den „schwammigen, aber objektiven Begriff der ‚Interaktion'" (ebd.: 207) begründet werden.[25]

Sylka Scholz, Karl Lenz und Sabine Dreßler (2013) versammeln in ihrem Band die Analysen einer Vielzahl an Autor*innen, die populäre Ehe-, Beziehungs- und Erziehungsratgebern untersuchen, erschienen seit den 1950er Jahren in der BRD und der DDR. Je Ratgeber werden drei analytische Ebenen herausgearbeitet: erstens eine „Problemdiagnose", zweitens entsprechende „Lösungen" und, drittens, „diskursive Deutungsangebote" über Liebe, Lebensform, Geschlecht und Sexualität. Ferner werden „Wissensbezüge", „Legitimierungen" und „diskursive Leerstellen" im Diskurs der Ratgeber rekonstruiert (Scholz/Lenz 2013: 71 f.). Die Auswertung von *Ehe- und Beziehungsratgebern* bringt eine Persistenz des romantischen Liebesideals als Grundlage für dauerhafte Paarbeziehungen ans Licht. Ehe gründe auf Liebe

---

24 Beide Soziologinnen analysieren die Psychologie als eine Wissenschaft. In gegenwärtigen professionssoziologischen Debatten hingegen gelten Psychologie und Psychotherapie nicht als Wissenschaften, sondern als Professionen (vgl. Schützeichel 2010: 137).

25 Elberfeld (2011: 120) kommt in seiner genealogischen Studie über die Therapeutisierung der Familie zum gleichen Ergebnis und schreibt, dass seit Ende der 1960er Jahre das Ideal der glücklichen Familie nicht mehr der einzige Referenzpunkt der Familientherapie bildet. Konflikte und Trennungen werden als Optionen ernst genommen, und dies führt der Autor auf die Verbreitung des Postulats einer individuellen Selbstentfaltung zurück.

und bleibe trotz der empirischen Pluralität von Lebensformen auch in den 2000ern Jahren die diskursiv empfohlene und auf Dauer gestellte Lebensform (Scholz 2013: 312). Zwischen Liebe und Gleichberechtigung wird ein Spannungsverhältnis identifiziert, welches sich als typisch für den Diskurs der westdeutschen Ratgeber der 1950er Jahre erweist (Dreßler 2013) und in aktuellen Ratgebern mit argumentativen Verschiebungen aktiviert wird. Dieser Befund wird als eine „Re-Polarisierung von Geschlecht" (Scholz 2013: 312) gedeutet. Traditionelle Geschlechterkonstruktionen werden zwar vor dem Hintergrund des gesellschaftlichen Postulats von Emanzipation und Gleichberechtigung kritisch reflektiert, jedoch implizit wieder in Geltung gebracht (ebd.: 315). Gleichberechtigung in Liebesbeziehungen pendelt zwischen Akzeptanz und Relativierung, die Idee einer Geschlechterpolarität erfährt eine Wiederbelebung. Die Studie schlussfolgert, dass die Ratgeber der 1950er in Bezug auf die Gleichstellung der Geschlechter in Liebesbeziehungen „progressivere Deutungsangebote" (ebd.: 317) bereitstellen, als dies im Diskurs der neueren Ratgeber der Fall ist.

Die Analyse von *Erziehungsratgebern* sucht nach Legitimationsmustern der Eltern-Kind-Beziehung, also danach „was im Kontext der Ratgeber als nicht hinterfragbare Gewissheit und verfügbare Verbindlichkeit aufgefasst wird." (Lenz/ Scholz 2013: 261) Der Vergleich zwischen Ratgebern aus den 1950ern und neueren Werken, die seit dem Jahr 2000 erschienen sind, ergibt eine Verschiebung der Ausgangsproblematik und der Zielsetzung. Während Erziehungsratgeber der früheren Periode deutlich die Probleme der Nachkriegszeit wiederspiegeln und sich auf ihre Bewältigung ausrichten, bringen die aktuellen eine allgemeine Verunsicherung der Eltern zum Ausdruck. Dieser Verunsicherung begegnen Ratgeberautor*innen nicht nur mittels eines ausgewiesenen Fachwissens, sondern auch mit Verweisen auf die eigenen Alltagserfahrungen als Eltern (ebd.: 264 f.). Adressat*innen der aktuellen Erziehungsratgeber sind sowohl Mütter als auch Väter. Elternschaft werde als ein kooperatives Verhältnis sowie als eine lebenslange Verantwortung beider Eltern konstruiert, die als Sorgende in eine „moralische Verpflichtung" (ebd.: 267) genommen werden. Obwohl der Zuwachs an Väterratgebern als eine Ansprache für Geschlechteregalität in Familien gedeutet werden könne, bleibe eine geschlechterspezifische Zuordnung elterlicher Zuständigkeiten bestehen, denn Erziehung werde als primäre Aufgabe der Mütter thematisiert:

> „Der [...] mütterliche Vorrang erweist sich als eine Wiedergabe der Zuständigkeitsregelung in den heutigen Familien. Es fällt aber auf, dass diese Zuständigkeitsregelung keine normative Überhöhung mehr aufweist." (ebd.: 265)

Mütter gelten nicht mehr als die einzig relevanten Bezugspersonen für Kinder, Mutterliebe werde von der Idee der Natürlichkeit entkoppelt. Gegenwärtige Erziehungsratgeber betonten die wichtige sozialisatorische Rolle von Vätern, was als Hinweis auf den „Legitimationsbedarf einer fürsorglichen Vater-Kind-Beziehung" (ebd.: 266) gelesen wird. Grundsätzlich etablierten die Ratgeber seit dem Jahr 2000 die Idee einer partnerschaftlichen Ausgestaltung von Generationenbeziehungen: Nicht mehr die für die 1950er Jahre typische Hierarchie, sondern gegenseitige Lernprozesse und Liebe definieren familiale Erziehung (ebd.: 268 f.). Ferner stellen die Autor*innen eine starke Kindzentrierung der neueren Ratgeber fest: „Überhaupt wird deutlich, dass sich die Elter(n)-Kind-Beziehung stark zugunsten der Kinder verschoben hat; für die Ratgeber steht die besondere Individualität des Kindes im Zentrum" (ebd.: 272). Diese Aufwertung der kindlichen Position als Subjekt und nicht nur als Objekt von Erziehung wird als eine Wiederbelebung romantischer Ideale von Kindheit und eine „Re-Sakralisierung" (ebd.: 273) des Kindes betrachtet.

2.3.3 Zusammenfassung

Zusammenfassend lässt sich über die diskursanalytische Erforschung von Familie, Elternschaft und Paarbeziehung folgendes festhalten: In der soziologischen Forschungslandschaft gibt es erstens Studien, die auf die WDA zurückgreifen. Sie analysieren Fernsehdiskurse (vgl. Zimmermann 2010; Kiefl 2014), Diskurse der Familienpolitik und der öffentlichen Verwaltung (vgl. Correll 2010), der Ehe-, Beziehungs- und Erziehungsratgeber (vgl. Scholz u. a. 2013) sowie einen strafrechtlichen Diskurs um Mutterschaft (vgl. Tolasch 2016). Zweitens sind die Studien von Mahlmann (1991) und Illouz (2009) zu nennen, die sich mit dem Diskurs populär- und fachpsychologischer Literatur befassen. Beide verwenden den Diskursbegriff als theoretisch-methodologische Heuristik zur Erschließung des Forschungsgegenstandes und grenzen sich dabei von Foucault ab. Drittens existieren soziologische Analysen, die zwar nicht mit dem Diskursbegriff arbeiten, dennoch qua Fragestellung und Analysemethoden im Stil einer wissenssoziologischen Diskursforschung verfahren (vgl. Ostner/Pieper 1980b; Pieper 1986; Schütze 1986). Schlussendlich sind die Arbeiten von Giddens (1993) und Schneider (2002) zu nennen. Beide nehmen eine Sonderstellung ein, weil sie keine empirische Forschung im engeren Sinne betreiben. Giddens (1993) entwickelt ein eigenes zeitdiagnostisches Konzept von spätmoderner Intimität mit der Lektüre von Beziehungsratgebern ohne Rückgriff auf den Diskursbegriff. Die Überlegungen von Schneider (2002) sind hingegen explizit diskursanalytisch orientiert. Sie nehmen den familiensoziologischen Diskurs um Familie als empirischen Gegenstand in den Blick. Dennoch handelt es sich hier nicht um eine Studie, sondern um eine kritische, empirisch und diskurstheoretisch gestützte Reflexion der eigenen Fachdisziplin.

Begründet durch das Forschungsinteresse der vorliegenden Studie wurden diese Arbeiten in zwei Gruppen unterteilt. In der ersten wurden diejenigen kurz vorgestellt, die sich mit Diskursen um Familie außerhalb der Beratung befassen. In die zweite Gruppe rückten alle Analysen, die das beraterisch-therapeutische Feld fokussieren. Zusammengefasst kreisen die untersuchten Diskurse um sechs Hauptthemen: erstens um die Verwissenschaftlichung bzw. Psychologisierung des Diskurses um Paarbeziehungen und Familie sowie um bestehende Koalitionen zwischen Wissenschaft und Frauenbewegungen, zweitens um die paradoxe Erwartung an individuelle Selbstentfaltung in und Stabilität der Paarbeziehung, drittens um die gewachsene Bedeutung von Aushandlung und Kommunikation, die ebendiese Selbstentfaltung unterstützen und zugleich das Beziehungsgefüge aufrechterhalten, viertens um Konflikte als inhärente Bestandteile von Intimität, fünftens um Liebe als partnerschaftliche, sowohl auf Gleichberechtigung als auch auf Geschlechterpolarität ruhende Angelegenheit und sechstens um das Verhältnis von Geschlecht und elterlicher Sorge, welches zwischen Persistenz und Flexibilisierung pendelt. Diese Hauptthemen werden später erneut aufgegriffen und mit den Befunden der vorliegenden Studie in Verbindung gebracht (vgl. Kapitel 9).

Zum Verhältnis von Wissen, Profession und Diskurs

3

In der Professionssoziologie ist die Idee einer Diskursivität professionaler Wissensordnungen und Wissenspolitiken implizit verankert. Professionen werden als „politische Kollektiv-Akteure" (Pfadenhauer 2003: 55) betrachtet, die über Definitionsmacht und Deutungsmonopol sowie über die Kontrolle von Problemdefinitionen und Problembehandlungen verfügen (ebd.: 74; Schützeichel 2007: 562; Schmidt 2008: 840). Eine Präzisierung der Verbindung von Profession und Diskurs steht jedoch aus. Die Überlegungen im Folgenden setzen an diesem Desiderat an. Ziel ist es, wissenssoziologische Perspektiven auf Profession und Diskurs zusammenzuführen und die diskursive Beschaffenheit professionalisierter Felder am Beispiel der Familienberatung zu explizieren.

Aus dem professionssoziologischen Begriffsinstrumentarium greife ich den Expertenstatus von Professionellen (3.1) und den Fallbezug professionalen Handelns (3.2) heraus. Diese Aspekte verknüpfe ich mit wissenssoziologisch-diskurstheoretischen Prämissen über die aktive Rolle von (professionalen) Akteur*innen im Diskursgeschehen sowie über disziplinspezifische Redeweisen, die Zuständigkeit für ‚wahres' Wissen beanspruchen. Als konzeptionelle Brücke zwischen Profession und Diskurs schlage ich vor, die Konstruktion des Falls als eine Form von Wissenspolitik zu analysieren (3.3).

3.1 Das Expertenwissen von Professionellen

Professionelle gelten als eigener Expertentypus, der über das Sonderwissen um Probleme und deren Ursachen sowie um Mechanismen des Problemlösens definiert wird (Pfadenhauer 2005: 13). Dieses Sonderwissen ist berufsbezogen. Es fundiert das professionale Handeln und legitimiert die formalrechtliche Abgrenzung und zugleich Monopolisierung von Tätigkeitsfeldern (Pfadenhauer/Kunz 2010: 237).[26] Die für eine Profession typischen Wissensbestände und Praktiken werden von Berufsverbänden reguliert und sind in Strukturen der Selbstverwaltung eingebunden. Ferner vertreten Professionen gesellschaftliche Werte (etwa Gerechtigkeit oder Gesundheit) und leisten damit einen Beitrag zum Gemeinwohl (ebd.). Charakteristisch für Professionen ist zudem ein elitärer Status sowie ein relativer Einfluss, weil sie ihr Handeln in einen normativen Rahmen stellen (Pfadenhauer 2003: 74; Schmeiser 2006: 306).

Der Expertenstatus professionaler Akteur*innen entsteht durch die Zuschreibung von Kompetenz qua Lizenz und Mandat (Pfadenhauer 2003: 174). Die Definition von Lizenz und Mandat als Hauptmerkmale von Professionen stammt aus den Anfängen der interaktionalistischen Professionssoziologie (vgl. Hughes 1963: 656 f.). Die Lizenz gründet auf Zertifikaten, die das professionale Wissen beglaubigen und die Berufsausübung erlauben. Das Mandat weitet die professionale Befugnis auf Möglichkeiten der Einflussnahme und Intervention aus, wie etwa die Erteilung von Anweisungen und Aufträge, und legitimiert diese:

> „Während der professionelle Kompetenzanspruch also an Zertifikate und damit an den Nachweis von Fachwissen rückgebunden ist, auf deren Grundlage erst eine Lizenz erteilt wird, liegt der professionellen Weisungsbefugnis bzw. Definitionsmacht die Vorstellung von ‚zentralen' Werten bzw. allgemeinen Bedürfnissen zugrunde, über die ein gesellschaftlicher *Konsens* vorausgesetzt werden kann." (Pfadenhauer 2003: 174, Hervorheb. im Original)

Kompetenz und Legitimation sind typische Eigenschaften von Professionen. Sie sind aneinander gekoppelt und positionieren die Professionellen als einflussreiche soziale Akteur*innen (Hitzler 1994: 27). Mit der Koppelung von Kompetenz und Legitimation werden Machtaspekte von Professionen sichtbar. Als institutionelle Faktizität grenzt das professionale Wissen einen Relevanzbereich ab, innerhalb dessen Professionelle richtungsweisend agieren. Einerseits wird eine Grenze zwischen befugten Expert*innen und nicht befugten Laien gezogen, indem Wissen als exklusiv bewertet und an die Zuständigkeit für Problemdefinition und Pro-

---

26 Unterkofler (2009: 47 f.) nennt drei Analyseebenen von Expertenwissen und unterscheidet erstens zwischen implizitem und explizitem Wissen, zweitens zwischen Handlungs- und Reflexionswissen und drittens zwischen wissenschaftlich begründetem und erfahrungsbasiertem Wissen. Diese Unterscheidung ermöglicht laut der Autorin die Rekonstruktion von Deutungsmustern im professionalen Wissen, obwohl sie als kollektive Wissensbestände nur teilweise reflexiv verfügbar sind.

blemlösung gebunden wird.[27] Andererseits werden durch professionales Wissen und Handeln gesellschaftliche Werte vermittelt und stabilisiert. Damit kommt dem professionalen Expertentum eine sozialisierende Funktion (Pfadenhauer 2005: 14) und eine „soziale Wirkmächtigkeit" (Bogner u. a. 2014: 13) zu. Realisiert wird die Wirkmächtigkeit von Professionellen in Form von Interventionen in die Alltagswelt von Laien mittels berufsspezifischer, wissenschaftlich und praktisch fundierter Analyse- und Handlungsmethoden (Schütze 1992: 135 f.). Ferner verfügen Professionelle in ihrer Position als „Funktionäre der Profession" (Hitzler 1994: 16) über die Ressourcen, individuelle und kollektive Interessen durchzusetzen und das Wissen im eigenen Handlungsfeld, aber auch darüber hinaus, zu lenken (Pfadenhauer 2003: 55; Bogner u. a. 2014: 12 ff.).

Aus der Perspektive einer interpretativen Wissenssoziologie ist professionale Expertise folglich als die „institutionalisierte Kompetenz zur Konstruktion von Wirklichkeit" (Hitzler/Honer/Maeder 1994) zu verstehen. Professionelle sind zuständig für Entwurf und Lösung von typischen, sozio-historisch etablierten Deutungs- und Handlungsproblemen (Pfadenhauer 2005: 14; Schmidt 2008: 840 f.). Sie greifen dabei auf einen Fundus typisierter Deutungen zurück, die einen Anspruch auf Wahrheit implizieren. Dieser Fundus stellt alternative und theoretisch fundierte Lesarten lebensweltlicher Probleme bereit (Hitzler 1994: 16; Keller 1994: 63 f.). Professionelle agieren als „Auslegungsspezialisten" (Soeffner 2004: 115), denn sie sind an kulturellen Prozessen der Sinnstiftung beteiligt (Schützeichel 2007: 562). Sie transformieren „in einem Prozess der Zuschneidung, der Konkretisierung – letztlich also der situationsdefinitorischen Konstruktion von Wirklichkeit – die diffuse Schilderung des Klienten in ein spezifisches und damit überhaupt erst professionell zu bearbeitendes Problem." (Pfadenhauer 2005: 15)

3.2 Professionale Arbeit als Arbeit am Fall

Professionales Wissen wird in der Arbeit an Fällen angewendet. Fälle existieren nicht per se, sondern sind „das Ergebnis bestimmter Formierungspraktiken" (Bergmann 2014a: 18). Diese Formierungspraktiken vollziehen sich kommunikativ und

---

27 Das Verständnis von professionaler Kompetenz als Zuständigkeit ist zentral für die wissenssoziologische und handlungsorientierte Professionssoziologie. Pfadenhauer (2005: 14) erinnert an den US-amerikanischen Professionssoziologen Andrew Abbot (1988) und dessen Unterscheidung zwischen „Recht auf Zuständigkeit, Anspruch auf Zuständigkeit und Kontrolle über die Zuständigkeit".

interaktiv. Sie werden durch alle Beteiligten – Professionelle wie Klient*innen[28] – mitentwickelt, wobei ersteren eine Kontrollfunktion zukommt (ebd.: 24). Ausgelöst wird der Prozess der Fallformierung durch ein lebensweltliches Problem, durch einen „Vor-Fall" (ebd.), dem die Professionellen einen objektiven Handlungsbedarf zuschreiben (Stichweh 2013: 261).[29]

Eine theoretische Skizze der Fallformierung legt Jörg Bergmann (2014a: 27 ff.) vor. Er unterscheidet drei „transformative Stadien der Fallarbeit" (ebd.: 29): erstens „Präparieren (Her-Richten)", zweitens „Zu-Richten" und drittens „Konservieren" des Falls. Im ersten Schritt wird der Fall exploriert. Informationen werden breit und detailreich gesammelt und ein Fundus von Fallwissen *generiert*. Das Präparieren verläuft induktiv und bedeutet eine Öffnung des Falls. Der zweite Schritt der Fallformierung, das Zu-Richten, sortiert das gesammelte Wissen und setzt es mit dem professionalen Wissenskanon als „Großangebot an Fallgestalten" (ebd.: 24) in Verbindung. Das Vorgehen ist deduktiv: Einzelne Wissenselemente werden unter einer allgemeinen Logik subsumiert und zu einer Fallgeschichte verdichtet. Der dritte Schritt ‚konserviert' den Fall. Aussagen von Klient*innen werden durch Professionelle *validiert*, heterogene Elemente des Falls synchronisiert, erarbeitete Lesarten *stabilisiert*. Der Fall erfährt eine Schließung als kohärente und objektive Gestalt (ebd.: 29). Diese Stadien der Fallformierung – Präparieren, Zu-Richten und Konservieren – verlaufen nicht als lineare Entscheidungsprozesse, sondern als sich wiederholende „Öffnungs- und Schließungsbewegungen, deren Sinn darin liegt, zu prüfen, ob sich neue und bislang übersehene Informationen finden lassen, die ein neues Licht auf den Fall verwerfen." (ebd.: 30)

Im Prozess seiner Formierung bildet der Fall eine Kohärenz heraus – nach innen und nach außen. Nach innen wird die Kohärenz durch eine „narrative Logik" (Bergmann 2014b: 424) ‚zusammengehalten', die das Geschehen als einen bestimmten Fall identifizieren lässt. Das Narrativ ist geprägt durch berufsspezifische Wissensregime. Sie wirken an der Kategorisierung des Falls im Sinne einer Einstufung als typisch bzw. als ‚Normalfall' mit (ebd.: 425). Die Wahrnehmung und Handhabung des Falls spielt sich zwischen „Beispielhaftigkeit" und „Einzigartigkeit" (ebd.: 429) ab, zwischen typisch und besonders:

---

28 Fritz Schütze (1992: 136) beschreibt das Verhältnis zwischen Professionellen und Klient*innen als „einen stets prekären, immer wieder gefährdeten Vertrauenskontakt, der sich auf die Beförderung des – vom Berufsexperten so verstandenen (und stets missdeutbaren) – Wohls des Klienten durch den Vollzug der professionellen Arbeit ausrichtet."

29 Dem Beginn der Fallarbeit wohnt damit eine „Empiriefiktion" inne, so Bergmann (2014a: 24).

> „Ausgehend von dem kanonisierten Professionswissen mit seinen klassifikatorischen Ordnungen und elaborierten Erklärungsschemata wird der Einzelfall überhaupt erst in seiner Besonderheit wahrnehmbar, doch in der diagnostischen Einstufung [...] wird der Einzelfall zu einem ‚Fall von [x]‘, womit er in einem Ordnungszusammenhang platziert wird und seine Einzigartigkeit verliert." (Bergmann 2014a.: 21)

Im Problem der Kategorisierung steckt die Frage nach dem Verhältnis von allgemeiner Regel und besonderem Fall (ebd.: 19). Die Fallformierung vollzieht sich zwar subsumierend und generalisierend mit Rückgriff auf den professionalen Wissenskanon. In der Bearbeitung mehrerer Einzelfälle arbeiten Professionelle Typiken und Muster heraus, die mit den Wahrheitsansprüchen der Profession konform sind und gleichzeitig der individuellen Fallsituation entspringen. Jedoch erhält der Fall seinen Status als Einzelfall aufrecht und behauptet sich gegen die Generalisierung (2014b: 435). Dies begründet Bergmann (ebd.: 429) mit dem „Überschuss an Sinn", der Fälle auszeichnet. Trotz Kategorisierung und Subsumierung bilden sie eine eigene Gestalt heraus und werden zugleich als exemplarisch und einzigartig wahrgenommen. Dadurch gewinnen Fälle ihre Beschaffenheit als epistemische Objekte (ebd.).[30]

Nach außen ermöglicht die Kohärenz des Falls die konkrete praktische Arbeit der Professionellen (ebd.: 425). Indem der Fall als kohärent wahrnehmbar wird, kann professionales Handeln daran anschließen. Das erklärt, warum das Bestreben nach Eindeutigkeit der Fallformierung inhärent ist. Angemerkt wird jedoch, dass die Einheit des Falls eine „Fiktion" (ebd.) darstellt. Denn es handelt sich um eine modellierbare Fallgestalt, die durch eine Vielzahl an Professionellen aus unterschiedlichen Fachdisziplinen mitkonstruiert wird. In diesem Sinne sind Fälle als „Grenzobjekte" (ebd.) zu verstehen: Sie „sind plastisch und verformbar, um lokale Anforderungen erfüllen zu können, zugleich aber so robust, dass sie über unterschiedliche Wirklichkeitsbereiche hinweg eine Identität behalten." (ebd.) Der Fall, identifizierbar und handhabbar als eine geschlossene und eindeutige Gestalt, bietet einen vereinheitlichenden und strukturierenden Rahmen für das professionale Handeln. Daraus resultiert die Wirkmächtigkeit des Falls. Ein nach außen bereits gefestigtes und etabliertes Fallnarrativ lässt sich nur schwer modifizieren, denn dies würde bedeuten, eine neue Kohärenz des Falls herstellen zu müssen (ebd.).

Im Geschehen der Fallformierung agieren Professionelle als „praktische Epistemologen" (ebd.). Sie generieren, validieren und stabilisieren fallbezogenes

---

30 Vgl. auch Schützeichel (2010: 138) über Fallarbeit in der Psychotherapie: „Nicht Induktionen und Deduktionen, sondern Abduktionen, also ‚Schlüsse auf die beste Erklärung‘, scheinen das probate Mittel zu sein." Psychotherapie wird als die „Leitprofession im Funktionsbereich der psycho-sozialen Beratung" (ebd.) begriffen.

Wissen. Fallarbeit als epistemische Praxis ist eingebunden in Ereignisse wie etwa Gerichtsverhandlungen, Beratungsgespräche, Praktiken der Aktenführung[31] und Teambesprechungen:

> „Interaktionsereignisse […] mit ihren Verfahren der lokalen Entfaltung von Sinn und Konsequenz wirken dabei ebenso auf die Fallkonstitution ein wie die Nutzung von Ressourcen (Professionswissen, aufgabenorientierte Lektüre von Akten, institutionelle Konventionen) sowie längerfristige Prozesse interaktiven Austausches (wie z. B. die Zirkulation von Schriftsätzen oder die Anlage einer Krankenakte durch pflegerisches oder medizinisches Fachpersonal)." (Bergmann u. a. 2014b: 10)

Diese prozessorientierte Perspektive auf den Fall akzentuiert die interaktiven Bedingungen professionalen Handelns. Sie berücksichtigt die institutionellen und organisationsspezifischen Settings, innerhalb dessen professionales Wissen verwendet wird (ebd.).[32] Der Analysefokus wird damit auf eine analytische Mesoebene gelenkt, auf der sich Diskurforschungen ebenso bewegen. Für die Familienberatung als Handlungsfeld der Kinder- und Jugendhilfe bedeutet dies mit Unterkofler (2010: 126), dass sie erstens Teil eines politischen, staatlich ausgerichteten Auftrags ist. Zweitens findet die beraterische Fallbearbeitung unter dem institutionellen Dach eines Trägers (konfessionell oder nicht konfessionell, frei oder öffentlich) statt, dessen Wertorientierungen und Vorstellungen von professionaler Hilfe durch die einzelnen Professionellen repräsentiert werden. Drittens ist die Fallarbeit in der Familienberatung im Zuge der Professionalisierung Sozialer Arbeit auch in wissenschaftlichen Kontexten eingebunden und bezieht auch Wissen aus theoretischen Ansätzen und empirischen Forschungsergebnissen ein. Viertens bringen Klient*innen eigene Vorstellungen vom Problem und dessen Bearbeitung mit und beteiligen sich an der Gestaltung des institutionellen Settings in der Familienberatung (ebd.: 126 f.).

Professionale Fallarbeit spielt sich im Modus der Kommunikation ab, und dies bietet einen weiteren Anknüpfungspunkt für die diskurstheoretische Betrachtung. Fälle werden besprochen, schriftlich dokumentiert und im Zuge dessen objektiviert. Sie bündeln institutionalisiertes (Fall-)Wissen als Antwort auf lebensweltliche und

---

31 Die Akte dokumentiert das sukzessiv entstehende Fallwissen, fixiert das Geschehen, erhöht die Kontrollmöglichkeiten und objektiviert das Problem: „Gerade weil die Fallarbeit in institutionellen Kontexten stattfindet in der Spannung zwischen allgemeinen Regelvorgaben und individuellem Einzelgeschehen, steckt sie voller Paradoxien und bedarf der ständigen Überprüfung, Rückversicherung und Legitimation." (Bergmann 2014a: 25)

32 Schmidt (2008: 838, Hervorheb. im Original) fasst Professionen als „Interaktionszusammenhänge" auf. Damit meint er die „eigentümliche *Handlungslogik*" professionalen Handelns, die aus seiner Eingebundenheit in „*strukturelle Zwänge*" resultiere.

professional umgedeutete Handlungsprobleme. Diese prozesshafte Betrachtung des Falls, die interaktive und kommunikative Aspekte der Fallformierung einschließt, ist anschlussfähig an Diskursanalysen und eignet sich für eine konzeptionelle Verknüpfung von Profession und Diskurs.

3.3 Diskursives Feld Familienberatung[33]

Die Familienberatung im Kontext von Trennung und Scheidung betrachte ich als ein diskursiv strukturiertes Feld, welches den Zugang zum beraterischen Spezialdiskurs durch Zuteilung von Sprecher*innenpositionen reguliert, die mit Autorität und Legitimität verbunden sind (Schwab-Trapp 2011: 291 f.). Die WDA betont die aktive Rolle sozialer Akteur*innen für das Konstituieren und Zirkulieren von Diskursen. Ob individuell oder kollektiv: Akteur*innen artikulieren Interessen, vertreten Positionen und agieren als Repräsentant*innen größerer gesellschaftlicher Zusammenhänge, wie etwa Fachdisziplinen und Organisationen. Das Handeln sozialer Akteur*innen wird als eine Form von Politik aufgefasst, Wissen zu aktivieren und durchzusetzen und damit auf Deutungs- und Handlungsprobleme zu antworten. Im Fall von Spezialdiskursen wird auf eine strukturell verankerte Hierarchisierung verwiesen, d. h. fachliche Qualifizierung und berufliche Sozialisation bestimmen über die Besetzung von Sprecher*innenpositionen (Keller 2012: 95 ff.).

Fachkräfte der Familienberatung nehmen qua Ausbildung und institutionell-organisatorischer Zugehörigkeit zur Kinder- und Jugendhilfe an der Produktion, Verbreitung und Reproduktion von Diskursen um Familie und Elternschaft teil. Als legitime Sprecher*innen verfügen sie über die Zuständigkeit und die Ressourcen, (Be-)Deutungen von Elternschaft zu generieren, zu konventionalisieren und sinnhaft zu modellieren. Das professionale Feld familienorientierter Beratung ist Arena disziplinspezifischer – überwiegend psychologischer und sozialpädagogischer – Diskurse um Familie und Elternschaft. Akademische Fachdisziplinen fungieren als interne Regulatoren von Diskursen: „Jede Disziplin bestimmt, welche Methoden, welche Form von Thesen und Argumenten und welcher Gegenstandsbereich als ‚wahr' erkannt wird." (Mills 2007: 74) Disziplinspezifische Diskurse entwerfen mit Foucault (2001: 55) die Differenz zwischen Norm und Abweichung. Durch ‚wahres' Wissen und legitime Rede behaupten Fachdisziplinen die Grenzen ihren Gegenstand (Foucault 2012: 13 f.). Professionale Normalitätsentwürfe in der Familienberatung entstehen aber auch in einem sozialrechtlichen und sozialpolitischen Rahmen, der

---

33 Vgl. auch Halatcheva-Trapp (2016a, b).

ihre Durchsetzung erst ermöglicht und eine „sozialpädagogische Ordnung der Familie" (Karsten/Otto 1996: 10) etablieren lässt.

Aus professionssoziologischer Sicht lassen sich familiäre Übergänge infolge elterlicher Trennung als lebensweltliche Krisen betrachten. Sie geraten deswegen in den Fokus psychosozialer Beratung, weil sie in deren professionaler Logik als bearbeitbare Fälle abrufbar sind (Schützeichel 2014: 28). Der Fall gewinnt an Gestalt in einem institutionalisierten Setting der Interaktion zwischen Familien und Beratenden, wobei „der Professionsvertreter versucht, seine Beiträge im Hinblick auf die Herstellung eines Fallprofils zu strukturieren und damit auch die ‚Klienten' in ihren Beiträgen auf die Relevanzordnung des Falls festzulegen." (ebd.: 32) Insofern sind Fälle familienorientierter Beratung als Ko-Konstruktionen zu verstehen, an denen sowohl Eltern als auch Professionelle beteiligt sind. In ihrer Position jeweils als Ratsuchende und Ratgebende stehen sie in einem asymmetrischen Verhältnis zueinander und konstituieren diejenige Ausprägung von Expert*innen-Laien-Beziehungen, die Sprondel (1979: 149) „Institutionalisierung einer Problemlösungsstruktur" nennt. In diesem Setting werden Fälle als „epistemische Objekte" (Bergmann 2014b: 423; Schützeichel 2014: 31) entworfen. Vor dem Hintergrund des Wissens, der Deutungen und Situationsdefinitionen der Beratenden findet eine Umformulierung der elterlichen ‚Krisen' in fachrelevante Fälle statt. Der Fall einer Familie ist also nicht identisch mit dem individuellen Problem, welches die Eltern in die Beratung hineintragen, sondern das Ergebnis dessen Transformation.[34]

Der Fallbezug professionalen Handelns als wesentliches Charakteristikum der Beratung schlägt die analytische Brücke zwischen Profession und Diskurs. In Gestalt des Falls als epistemischem Objekt wird der Gegenstand disziplineigener Erkenntnis zugleich konstituiert und verhandelt. Dies geschieht innerhalb einer diskursiv bereitgestellten „Infrastruktur der [...] Problembearbeitung" (Keller 2008: 258) und in einer Art und Weise, die auf beraterische Deutungs- und Handlungsprobleme antworten soll. Fälle weisen einen Handlungs- und einen Strukturbezug

---

34 Wie die Transformation lebensweltlicher Probleme in bearbeitbare Fälle konkret abläuft, veranschaulicht etwa Cicourel (1976, 1978) am Beispiel der Strafverfolgung Jugendlicher. Anhand der Analyse polizeilicher Aktennotizen, beobachteter Vernehmungen sowie der Berichte diverser Behörden zeigt Cicourel auf, dass im Handeln der Professionellen problembezogene Interpretationsmuster produziert, verfestigt und als Lesarten auf den Fall projiziert werden. Auch den diskursanalytischen Studien von Foucault (1975) sowie Farge/Foucault (1989) liegen kriminologische Fallverhandlungen zugrunde. Neuere empirisch fundierte Beiträge über professionale Fallarbeit in medizinischen, psychotherapeutischen und rechtlichen Feldern sind im Band von Bergmann u. a. (2014a) versammelt. Zur Fallbearbeitung in der Familienberatung aus einer interaktionstheoretischen Perspektive vgl. Riemann (2000).

auf. Sie werden einerseits durch Professionelle im praktischen Prozess der Beratung von und mit einzelnen Familien sinnhaft entworfen. Andererseits werden Fälle im Horizont institutionalisierter Wissensordnungen und Wissenspolitiken der Kinder- und Jugendhilfe objektiviert. Diskurstheoretisch formuliert stellt die professionale Fallbearbeitung eine Politik dar, die Beratende als Repräsentant*innen ihrer Fachdisziplinen sowie Sprecher*innen ihrer Organisation betreiben. Adressat*innen dieser Politik sind Familien in/nach Trennung und Scheidung.[35] Der Diskurs um Elternschaft in der Beratung wird durch die Arbeit am Fall entfaltet und stabilisiert. Fallverhandlungen aktivieren psychologisch-sozialpädagogische Problematisierungsweisen, die in Beratungsgesprächen mit Müttern und Vätern handlungspraktisch werden und im Sinne der WDA (Keller 1997: 329) Elternschaft als symbolische Ordnung zugleich hervorbringen und objektivieren.

---

35 Gouvermentalitätstheoretisch inspirierte Studien analysieren Beratung als eine Technik der Subjektivierung: „Sich von einem Experten Rat einzuholen, ist dabei eine ambivalente Angelegenheit: Beratung ermöglicht und negiert die Selbstbestimmung zugleich." (Duttweiler 2004: 23) Vgl. dazu auch Waldschmidt (1996), Duttweiler (2007), Traue (2010), Maasen u. a. (2011). Eine wissenssoziologische Kritik an Paar- und Familienberatung formuliert Tänzler (1997: 140) und fokussiert dabei die widersprüchliche Forderung nach gleichzeitiger Spontaneität und Reflexivität.

Die Deutungsmusterkategorie in der Wissenssoziologie

4

Der Deutungsmusterbegriff wurde in der soziologischen Diskussion von Ulrich Oevermann in einem 1973 verfassten Manuskript „Zur Analyse der Struktur von sozialen Deutungsmustern" geprägt. Das Manuskript erscheint 2001 in „Sozialer Sinn. Zeitschrift für hermeneutische Sozialforschung" (vgl. Oevermann 2001a). In einer späteren Publikation aktualisiert Oevermann seine erste Konzeption im Hinblick auf theoretische und methodische Fragen (vgl. Oevermann 2001b). In Abgrenzung zu Oevermanns strukturtheoretischer Begründung entsteht in den 1990er Jahren eine wissenssoziologische Version des Deutungsmusteransatzes, die das Verhältnis zwischen gesellschaftlichen Strukturen und dem Handeln sozialer Akteur*innen in den Blick nimmt (vgl. Lüders 1991; Meuser/Sackmann 1992c; Lüders/Meuser 1997). Die Leitfrage nach der Bedeutung sozialer Deutungsmuster für die Alltagserfahrung ist beiden Versionen jedoch gemeinsam (Lüders/Meuser 1997: 58; Oevermann 2001a: 10). Andere Akzente setzt hingegen die wissenssoziologische Theorie sozialer Deutungsmuster von Plaß und Schetsche (2001) und erweitert das konzeptionelle Spektrum mit Fokus auf Medialität und soziale Probleme (vgl. auch Schetsche 2000, 2008). Eine weitere Ausdifferenzierung erfährt der Deutungsmusteransatz in der wissenssoziologischen Diskursforschung. Vom Alltagshandeln der Akteur*innen wird die Aufmerksamkeit auf Diskurse verschoben, es werden konzeptionelle und methodische Adaptionen vorgenommen, die die Verschränkung von sozialen Deutungsmustern und Diskursen als analytischen Kategorien ermöglicht (vgl. Keller 2008, 2014; Truschkat 2008; Schetsche/Schmied-Knittel 2013; Keller/Truschkat 2014). All diese Versionen des Deutungsmusteransatzes sind mehrfach rezipiert, systematisiert und empirisch aufgegriffen worden (vgl. etwa Honegger 1978; Thomssen 1980; Schütze 1986; Schetsche 2000; Kassner 2003; Wolde 2007; Unterkofler 2009; Sachweh 2010; von Alemann 2015; Bögelein 2016).[36]

---

36 Die Systematisierung erfolgt auch in gegenseitiger Bezugnahme und Grenzziehungen seitens der Protagonist*innen der Deutungsmusteransätze (vgl. die Diskussionen in

Die Darstellung im Folgenden verzichtet daher auf eine ausführliche Exegese der genannten Ansätze und zeichnet stattdessen einige zentrale Linien nach, die für die theoretisch-methodologische Konzeption und Verortung dieser Arbeit relevant sind. Der Aufbau des Kapitels ist am soziologiegeschichtlichen Verlauf der Diskussion über Deutungsmuster orientiert und in drei Hauptthemen gegliedert: Deutungsmuster und Alltagserfahrung (4.1), Deutungsmuster als Formkategorie des Wissens (4.2) und Deutungsmuster im Diskurs (4.3). Abschließend erfolgt eine theoretisch-methodologische Verortung dieser Studie (4.4).

4.1   Deutungsmuster und Alltagserfahrung

In den Anfängen der wissenssoziologischen Diskussion über Deutungsmuster wird diese Kategorie mit Bezug auf Alltagshandeln definiert. „Deutungsmuster organisieren die Alltagserfahrung einer Epoche", schreibt Ulrich Oevermann (2001a: 10). Auch die akteursorientierte Version des Ansatzes fokussiert die Funktion von Deutungsmustern für „die Organisation der Wahrnehmung von sozialer und natürlicher Umwelt in der Lebenswelt des Alltags" (Lüders/Meuser 1997: 58).

4.1.1   Die strukturtheoretische Begründung der Deutungsmusterkategorie

Soziale Deutungsmuster definiert Oevermann (2001a: 5) als „in sich nach allgemeinen Konsistenzregeln strukturierte Argumentationszusammenhänge". Sie zeichnen sich durch eine „innere Logik" und eigene Gültigkeitskriterien aus. Zudem sind Deutungsmuster mit objektiven Handlungsproblemen funktional verbunden, und diese Verbindung gestaltet sich zirkulär. Gemeint ist damit die Auffassung, dass Handlungsprobleme historisch wie strukturell bedingt sind und der Interpretation durch die Subjekte bedürfen. Diese Interpretation wird in Form von ebenso historisch und strukturell vorinterpretierten Sinnzusammenhängen bereitgestellt. In Oevermanns Sprache: Soziale Deutungsmuster treten „dem kon-

Lüders/Meuser 1997; Oevermann 2001b; Plaß/Schetsche 2001; Schetsche/Schmied-Knittel 2013; Keller 2014; Keller/Truschkat 2014). Methodisch vgl. Ullrich (1999) über Deutungsmusteranalyse und diskursives Interview.

kreten Handlungssubjekt als objektive Strukturen" gegenüber (ebd.: 4).[37] Für die Subjekte gelten Deutungsmuster als selbstverständlich, weil sie sozialisatorisch erworben und verinnerlicht werden. Das Musterhafte der Deutungen begründet Oevermann mit der Regelgeleitetheit des Handelns und versteht ‚Regel' als „eine Maxime, der das Handlungssubjekt praktisch folgt." (ebd.: 7) Für die Existenz der Regeln sei nicht entscheidend, ob sie explizierbar sind, sondern dass Handelnde aufgrund dieser Maxime die Angemessenheit ihres Handelns einschätzen können (ebd.). Im Lebensverlauf werden die zentralen Konzepte eines Deutungsmusters in konkreten Situationen im Alltag problembezogen angewendet, sodass letzteres auf der individuellen Ebene modifiziert und umgedeutet wird (ebd.: 24 f.). Betont wird allerdings: „Soziologisch begreifbar ist dieser Prozess jedoch nur, wenn wir die objektive Struktur kollektiver Deutungsmuster kennen." (ebd.: 25)

Soziale Deutungsmuster sind „Weltinterpretationen mit generativem Status" (ebd.: 7), die prinzipiell entwicklungsoffen und historisch wandelbar sind, so Oevermanns These. Sie sind konstitutiv für individuelle Meinungen und Einstellungen und bilden sich darin ab. Soziologische Analysen sollen die innere Logik und die Konsistenzregeln je Deutungsmuster herausarbeiten, um ihre Struktur offenzulegen (ebd.: 8 ff.). Empirisch wird der Deutungsmusteransatz an Lehrmaterialien und Lernzielkatalogen im Sozialkundeunterricht erprobt. Ihnen schreibt Oevermann eine sozialisatorische Wirkung zu und betrachtet sie als ertragreiches wissenssoziologisches Forschungsmaterial: „Die schulischen Curricula bilden in immer stärkerem Maße konkurrenzlos den Horizont von Weltinterpretation, in der der Einzelne hineinsozialisiert wird." (ebd.: 32)

In der Aktualisierung seines Ansatzes bezeichnet Oevermann (2001b: 38) Deutungsmuster als „krisenbewältigende Routinen, die […] wie implizite Theorien verselbständigt operieren, ohne dass jeweils ihre Geltung neu bedacht werden muss." Ferner diskutiert er das Verhältnis von Deutungsmustern, latenten Sinnstrukturen und implizitem Wissen sowie methodische Wege einer empirischen Rekonstruktion von Deutungsmustern.

---

37 Dieses strukturtheoretische Subjektverständnis ist einer der zentralen Anlässe für die Kritik der Hermeneutischen Wissenssoziologie am Deutungsmusteransatz von Ulrich Oevermann (vgl. zum Beispiel Reichertz 1988).

4.1.2   Deutungsmuster zwischen Handlung und Struktur

In Auseinandersetzung mit der strukturtheoretischen Grundlegung von Oevermann entsteht in den 1990er Jahren eine handlungsorientierte wissenssoziologische Version von sozialen Deutungsmustern. Sie befasst sich mit dem Verhältnis zwischen gesellschaftlichen Strukturen und dem Handeln sozialer Akteur*innen und akzentuiert dabei die Aktivität letzterer. Als programmatisch gelten die Schriften von Lüders (1991), Meuser und Sackmann (1992c) sowie Lüders und Meuser (1997). Die Programmatik zeigt sich nicht nur an der inhaltlichen Zielsetzung, den Deutungsmusteransatz akteurstheoretisch zu fundieren. Sie kommt auch im Publikationsmedium zum Ausdruck. Alle Beiträge sind in Sammelbänden veröffentlicht worden, die sich explizit der qualitativen Sozialforschung und einer verstehenden (Wissens-)Soziologie zuordnen.

Anfang der 1990er Jahre bemerkt Christian Lüders (1991: 378), dass das Deutungsmusterkonzept weder theoretisch und methodisch abgesichert noch im Kanon soziologischer Grundbegriffe etabliert sei. Lüders' Abhandlung erscheint in einem von Detlef Garz und Klaus Kraimer (1991) herausgegebenen Band zu qualitativ-empirischer Sozialforschung. Dass der Beitrag zugleich eine kritische Bestandsaufnahme und einen Werkstattbericht darstellt, verrät gleich der Titel: Deutungsmusteranalyse wird als „ein risikoreiches Konzept" (Lüders 1991: 377) bezeichnet. Neben der Diskussion konzeptioneller und methodischer Probleme des Deutungsmusteransatzes schildert Lüders exemplarisch das Vorgehen bei einer Interviewauswertung im Rahmen eines Forschungsprojekts. Der Begriff des Deutungsmusters fungiert als ein heuristisches Konzept zur Organisation der Daten und zur Eröffnung theoretischer Unterscheidungen im Hinblick auf die Fragestellung (ebd.: 380 f.). Eine allgemeine Definition von Deutungsmustern hält Lüders für nicht zielführend: „Alle essentialistischen Definitionen (,ein Deutungsmuster ist … und besteht aus…') laufen Gefahr, dass sie den jeweiligen Analysegegenstand »verfehlen« bzw. unangemessen präformieren." (ebd.) Weder mit der Idee einer Verwobenheit von Materialauslegung und Theoriebildung noch mit dem Prinzip der Gegenstandsadäquanz in der rekonstruktiven Sozialforschung sind allgemeine Definitionen vereinbar: „Es muss der empirischen Analyse und dem Fallvergleich überlassen bleiben, woraus Deutungsmuster im konkreten Fall bestehen." (ebd.: 385)

Unter der Überschrift „Analyse sozialer Deutungsmuster. Beiträge zur empirischen Wissenssoziologie" versammeln Michael Meuser und Reinhold Sackmann (1992a) diverse Forschungsarbeiten, geeint durch „das Bemühen, soziale Realität anhand ihrer Wissensformation zu dechiffrieren, symbolische Strukturen auszumachen und ihre Relevanz für soziales Handeln aufzuzeigen." (Meuser/Sackmann 1992c: 30) Der Bezug zu Deutungsmustern ist in den Beiträgen unterschiedlich gegeben.

Teilweise werden auch Begriffe wie Semantik und Orientierungsmuster verwendet. Ziel des Bandes ist, das wissenssoziologische Interesse an empirischer Forschung zu markieren, denn die Wissenssoziologie sei bis dato als eine philosophische Teildisziplin betrieben worden (Meuser/Sackmann 1992b: 7). In ihrem einleitenden Beitrag zeichnen Meuser und Sackmann (1992c) die Entstehungsgeschichte des Deutungsmusterbegriffs im Kontext der Objektiven Hermeneutik nach. Die Bedeutung der Oevermannschen Konzeption sehen sie insbesondere im „Versuch, eine Reihe von Strukturmerkmalen von Deutungsmustern zu formulieren, sowie darin, empirische Forschung und theoriesprachliche Begrifflichkeit eng miteinander zu verzahnen." (ebd.: 15) Als offene Fragen werden die empirische Erschließung der generativen Struktur von Deutungsmustern und die forschungspraktische Handhabung des Latenzbegriffs diskutiert (ebd.: 17 f.). Ferner nennen die Autoren Ansätze, die sie mit dem Oevermannschen als vergleichbar erachten: das Habituskonzept von Bourdieu, Goffmans Rahmenanalyse sowie die Ethnomethodologie (ebd.: 21 ff.).

Meuser und Sackmann formulieren einen grundlagentheoretischen Vorschlag zum Verständnis des Deutungsmusterbegriffs: Deutungsmuster sind kollektive Sinngehalte mit normativer Gültigkeiten und Bezug zu objektiven Handlungsproblemen. Sie sind in sich konsistent, relativ autonom und nur teilweise reflexiv verfügbar. Deutungsmuster sind zwar stabil, dennoch entwicklungsoffen, und haben eine wirklichkeitsstiftende Wirkung (ebd.: 19). Diese Merkmale bezeichnen Meuser und Sackmann als „essentials", weil sie aus ihrer Sicht den Konsens in den sozialwissenschaftlichen Diskussionen über den Deutungsmusterbegriff darstellen. Hervorgehoben wird zudem, dass die „essentials" als sensibilisierende Konzepte zu handhaben sind: Sie „geben der Forschung eine Orientierung, indem sie auf zentrale Problemstellen des Deutungsmusterkonzeptes hinweisen." (ebd.)

Der Beitrag „Deutungsmusteranalyse" von Christian Lüders und Michael Meuser (1997) erscheint im Sammelband „Sozialwissenschaftliche Hermeneutik" (Hitzler/ Honer 1997a) und wird dort den kulturtheoretischen Vorgehensweisen zugeordnet. Die Analyse von Deutungsmustern wird von Lüders und Meuser (1997: 68) als ein Forschungsprogramm konzipiert, eingebettet in die verstehende Soziologie und mit Blick auf „die strukturerschaffenden Leistungen der handelnden Subjekte". Auch dieser Beitrag stellt die empirische Perspektive in den Vordergrund und verhandelt Begriff und Analyseverfahren als gebunden an die Fragestellung und den Forschungskontext.[38] Ferner wird das Potential des Deutungsmusteranasatzes zur

---

38 Lüders und Meuser (1997) systematisieren in ihrem Beitrag die sozialwissenschaftlichen Diskussionen über den Deutungsmusteransatz. Sie unterscheiden dabei zwischen zwei Varianten von Deutungsmusteranalyse – einer strukturtheoretischen und einer wissenssoziologischen – und betrachten sie als „zwei der wichtigsten theoretischen Zu-

Erforschung von sozialem Wandel hervorgehoben, da letzterer zur Explikation und reflexiven Verfügbarkeit von Deutungsmustern beitrage. Die Autoren unterscheiden zwischen synchron und diachron angelegten Fragestellungen (ebd.: 66 f.). Erstere haben ein gegenwartsdiagnostisches Anliegen und rücken mit ihrem Fokus auf kulturelle Leitbilder in die Nähe von Diskursanalysen.[39] Zweitere befassen sich mit dem „Wissen, in dem sich die Ordnung einer Gesellschaft in einer bestimmten Epoche ihrer Entwicklung zum einen dokumentiert und das zum anderen zur Reproduktion dieser Ordnung beiträgt." (ebd.: 66) Diachrone Deutungsmusteranalysen verorten die Autoren zwischen Soziologie und Kulturgeschichte und nennen beispielhaft Yvonne Schützes Analyse des Deutungsmusters „Mutterliebe" (1986) und Claudia Honeggers Studie über „Die Ordnung der Geschlechter" (1991).

Ausgehend von der Beobachtung, dass im Rahmen von Deutungsmusteranalysen bis dato kein spezifisches Verfahren der Interpretation entwickelt worden sei, schlagen Lüders und Meuser (1997) die Verwendung von Methoden vor, „die einerseits soziale Verhältnisse *nicht* auf der Basis individueller Meinungen und Intentionalitäten erforschen, [...] die andererseits aber die strukturerschaffenden Leistungen der handelnden Subjekte nicht aus den Augen verlieren." (ebd.: 68, Hervorheb. im Original) Formuliert wird ein dreigliedriges Analysevorgehen, welches mit der Erfassung der Grobstruktur des Falles beginnt, dann den äußeren Kontext von Interaktionsbeziehungen einholt und mit einer sequentiellen Feinanalyse abschließt (ebd.: 69 f.).

Zusammenfassend lässt sich für die handlungsorientierte wissenssoziologische Version der Deutungsmusteranalyse aus den 1990er Jahren Folgendes festhalten. Der Rekurs auf die Objektive Hermeneutik als intellektuelle Wiege eines sozialwissenschaftlichen Deutungsmusteransatzes bleibt vorhanden. Es wird dabei auf dessen Entstehungsgeschichte und theoretisch-methodologische Prämissen eingegangen. Thematisiert werden ferner konzeptionelle Probleme, wie der Regel- und der Latenzbegriff, sowie der methodische Umgang damit. Die Beiträge von Lüders, Meuser und Sackmann werden dennoch als eigenständige Weiterentwicklungen

---

gänge" (ebd.: 60). Zur strukturtheoretischen Deutungsmusteranalyse zählen die Autoren neben der von Oevermann begründeten „harten" Variante auch die interaktionistische Perspektive einer Hermeneutischen Wissenssoziologie, die sie als „weiche" Variante bezeichnen (ebd.: 62 f.). Zur Kritik dieser Zuordnung vgl. Keller (2008: 243).

39 In seiner Studie über Männlichkeit und Geschlecht nimmt Meuser (2010) sowohl eine Deutungsmuster- als auch eine Diskursperspektive ein. Er untersucht Diskurse um Männlichkeit in der Männerverständigungsliteratur und fragt danach, wie diese öffentlichen Diskursangebote in die alltagsweltlichen Deutungen von Männern einfließen und in Gruppendiskussionen empirisch fassbar werden.

des Deutungsmusteransatzes verstanden.[40] Sie betten die Deutungsmusteranalyse in eine Wissenssoziologie mit programmatischem Bezug zur empirischen und rekonstruktiv orientierten Sozialforschung ein. Zudem werden subjekttheoretische Akzente auf das Verhältnis von Handlung und Struktur gesetzt. Merkmale von Deutungsmustern werden zwar grundlagentheoretisch ausformuliert, dennoch plädieren die Vertreter dieser Perspektive für eine forschungspragmatisch offene und sensibilisierende Verwendung des Begriffs.

4.2 Deutungsmuster als Formkategorie des Wissens

Zu den neueren Entwicklungen des Deutungsmusteransatzes gehört die Wissenssoziologische Theorie sozialer Deutungsmuster von Christine Plaß und Michael Schetsche (2001). Anders als die oben aufgeführten Konzeptionen, die für einen Vorrang der Empirie plädieren, geht es Plaß und Schetsche um eine theoretische Modellierung, die die – in der Tat nicht eindeutige – Deutungsmusterkategorie schärfen und im Hinblick auf ihre theoretische Substanz und methodische Anwendung festigen soll. Formuliert werden Basisannahmen, Funktionen und Bestandteile von Deutungsmustern sowie ein Vier-Schritte-Modell für ihre Analyse. Der Ansatz distanziert sich von subjektorientierten Perspektiven und versteht Deutungsmuster als primär kollektive Wissensbestände, die erst sekundär in den subjektiven Wissensvorrat gelangen. Der Begriff des Deutungsmusters wird hier als eine „Formkategorie sozialen Wissens" (ebd.: 512) herausgearbeitet.

Soziale Deutungsmuster definieren Plaß und Schetsche (ebd.: 523) entlang von ihrem Modellcharakter, ihrem Handlungsbezug und ihrem Verbreitungsgrad. Deutungsmuster stellen Modelle von typischen Situationen bereit, die „Sachverhalte, Ereignisse und Erfahrungen anhand bestimmter Merkmale" (ebd.) subsumieren und Komplexität reduzieren. Den Handlungsbezug sozialer Deutungsmuster verstehen Plaß und Schetsche (ebd.) als kollektiv geltende, musterhafte Anleitungen, die eine situative und eine motivationale Anpassung des Handelns ermöglichen. Für die Genese, Verbreitung und Stabilisierung sozialer Deutungsmuster wird die Bedeutung von Massen- und Netzwerkmedien hervorgehoben (ebd.: 523 f.). Die soziale Geltung von Deutungsmustern wird als ablesbar an deren medialen Präsenz konzipiert: Je vollständiger und expliziter die Bezugnahme auf ein Deutungsmuster, desto geringer der Grad seiner Dissemination und Konventionalisierung. Ein

---

40 Hitzler und Honer (1997b: 15) bezeichnen den Deutungsmusteransatz als einen „inzwischen verselbständigten ‚Ableger'" der Objektiven Hermeneutik.

gesellschaftlich verfestigtes Deutungsmuster werde hingegen medial nur flüchtig gestreift (ebd.: 531).

Methodologisch wird ein *„Perspektivenwechsel"* (ebd.: 530, Hervorheb. im Original) vorgenommen, der sich an der Entfernung vom Subjekt zeigt. Der Analysefokus wird auf die Entstehung und die mediale Verbreitung kollektiver Wissensformen gerichtet und geschärft. Dieses Erkenntnisziel schlägt sich in der vorgeschlagenen Methodik nieder, die konkrete Anleitungen zur empirischen Realisierung einer Deutungsmusteranalyse beinhaltet (ebd.: 532). Die Analyse steuert auf die Herausarbeitung von sechs typischen Bestandteilen[41] sozialer Deutungsmuster hin und vollzieht sich in vier Schritten. Als empirische Daten werden medial verbreitete und nicht-reaktive Dokumente präferiert, etwa Zeitungsartikel, Schulbücher, Infobroschüren, Ratgeber, Filme, Gerichtsakten (ebd.: 530 f.). Die Eignung von Interviews und Gruppendiskussionen wird als bedingt eingeschätzt. Sie produzierten einen Datentypus, der nicht die sozialen Deutungsmuster selbst, sondern deren individuelle, subjektive Repräsentationen erfasse. Interviews gelten vielmehr dann als legitim, wenn die Fragestellung zeitlich in der Gegenwart (Jetzt-Zeit) verankert ist und etwa zur „Erstellung einer Mosaik der aktuellen […] Verwendung des Deutungsmusters" (ebd.: 532) beitragen kann, wie im ersten Schritt des Analysemodells vorgesehen. Der zweite Schritt ist als raum-zeitliche Spurensuche des untersuchten Deutungsmusters gedacht, welches möglichst bis zu seiner Entstehung zurückverfolgt werden soll.[42] Der dritte Schritt rekonstruiert Form, Funktionen und Elemente des anvisierten sozialen Deutungsmusters. Dessen Geltung und Reichweite festzustellen, ist Aufgabe des vierten Schrittes, der die Analyse abschließt.

---

41 Folgende Bestandteile von Deutungsmustern werden genannt: Situationsmodell, Erkennungsschema, Prioritätsattribute, Hintergrundwissen, Emotionsmuster und Handlungsanleitungen (Plaß/Schetsche 2001: 532).

42 An dieser Stelle wird auf die Ähnlichkeit einer so konzipierten Deutungsmusteranalyse zur Diskursanalyse im Stil von Foucault verwiesen. Angemerkt wird allerdings ein wesentlicher Unterschied zwischen beiden Forschungsperspektiven: Während erstere die ‚Existenz' eines Deutungsmusters als inhaltliches Konstrukt voraussetze, interessiere sich zweitere für die diskursiven Formationsregeln (Plaß/Schetsche 2001: 532).

4.3 Deutungsmuster im Diskurs

4.3.1 Konzeptionelle Positionen

In den wissenssoziologischen Diskussionen über den Deutungsmusteransatz wurden zwei konzeptionelle Perspektiven entwickelt, die Deutungsmuster und Diskurse verknüpfen und deren Verhältnis als eine Wechselwirkung postulieren. Das ist zum einen das Theorie- und Forschungsprogramm der WDA, zum anderen die Perspektive von Michael Schetsche und Ina Schmied-Knittel (2013), die eine Integration der Wissenssoziologischen Theorie sozialer Deutungsmuster und der WDA vorschlagen. Beide Konzeptionen eint die funktionale Betrachtungsweise von Deutungsmustern als ‚Vermittlern' zwischen Diskursen und Alltagshandeln.

Für die WDA stellt der Deutungsmusterbegriff ein „Brückenkonzept" (Keller 2014: 155) bereit, welches es möglich macht, den analytischen „Weg von der Diskursebene zur alltäglichen Deutungs- und Lebenspraxis zu gehen bzw. die Verflechtungen, Adaptionen, Aneignungen und Zurückweisungen im Deutungsmustergebrauch" (ebd.) zu untersuchen. Diskurse bringen neue Deutungsmuster hervor und werden zugleich durch diese strukturiert, indem etwa verschiedene Deutungsmuster zu spezifischen diskursiven Arrangements gebündelt werden (ebd.: 156). Diskurse generieren, platzieren und aktualisieren soziale Deutungsmuster in einer ereignisbezogenen Art und Weise je nach sozio-historischem Kontext. Der Deutungsmusterbegriff wird hier in Bezug zur Sprachlichkeit gesellschaftlicher Typisierungsprozesse gesetzt und als der typische Sinn von Aussagen konzipiert (Keller 2011: 108). Dabei handelt es sich sowohl um typisierte als auch typisierende Interpretationsvorgänge, die „unterschiedliche Bedeutungelemente zu einer kohärenten (nicht notwendig: konsistenten) Deutungsfigur" (ebd.) verknüpfen.

Die methodologische Verbindung von Diskurs- und Deutungsmusteranalyse hat zur Folge, dass diskursanalytische Fragestellungen, die an Deutungsmustern interessiert sind, eine erhöhte Aufmerksamkeit für die diskursive „Deutungsarbeit sozialer Akteure" (Keller 2008: 243) innerhalb von deren institutionell-organisatorischen Kontexten aufbringen. Hierzu nimmt die WDA an, dass die „professionalisierte Deutungsarbeit [...] in Institutionen" (Keller/Truschkat 2014: 303) einen Sonderstatus besitzt. Auf der Ebene der Forschungspraxis teilt auch die WDA (Keller 2014: 155) die Perspektive auf Deutungsmuster als Heuristiken, um anhand des empirischen Materials die Idee einer Typisierbarkeit von Aussagen zu präzisieren. Für die Rekonstruktion von Deutungsmustern, aufgefasst als Elemente des diskurseigenen Interpretationsrepertoires, werden die Verfahren der Grounded Theory Methodologie vorgeschlagen (Keller 2011: 109 f.). Der Vorschlag hat nicht nur konkrete methodische Implikationen, sondern beinhaltet auch ein methodo-

logisches Bekenntnis: „Die Wissenssoziologische Diskursanalyse versteht sich [...]
als ein zur Selbstkorrektur fähiger Prozess der Theoriebildung auf empirischer
Grundlage im Sinne der ‚grounded theory'" (Keller 2013: 46). Den Prämissen einer
hermeneutisch-interpretativen Sozialforschung folgend und mit Verweis auf Donna
Haraways „situiertes Wissen" (1996) begreift die WDA die Analyse von diskurseigenen Deutungsmustern als einen ko-konstruktiven Prozess, der systematisch zu
reflektieren und nachvollziehbar darzustellen ist:

> „Die Rekonstruktion diskursiver Prozesse und Effekte behält also den Anspruch bei,
> über ein reales Geschehen zu arbeiten und darüber etwas auszusagen; sie ist Rekons-
> truktion, weil sie die Gestalt oder Konstellation eines tatsächlichen Phänomens zum
> Gegenstand hat. Sie ist Konstruktion, weil sie im Rückgriff auf eigene Fragestellungen
> und Konzepte Aussagen über ihren Gegenstand herstellt, die dieser so nicht selbst
> zum Ausdruck bringt." (Keller/Truschkat 2014: 300)

Angesichts der Vielschichtigkeit und Komplexität des kollektiven Deutungswis-
sens geht es dabei nicht darum, Deutungsmuster vollständig zu rekonstruieren.
Ziel ist vielmehr die Herausarbeitung von Relevanzen mit Blick auf die typische
Art und Weise, in der sich Deutungsmuster auf den untersuchten kollektiven
Wissensvorrat beziehen und sinnhaft dessen Gegenstandsbereich konstituieren,
eingebettet in spezifische sozio-historische, institutionelle und situative Kontexte
(Truschkat 2008: 80). Das Ergebnis der Analyse ist eine modellhafte Darstellung,
die das Gesamtbild des vorherrschenden Deutungsmusters konturiert und interne
Ausdifferenzierungen wie Inkonsistenzen zulässt (ebd.: 24 f.) Benennung der Deutungsmuster und Entscheidung über die Darstellungsform erfolgen dabei durch
die Forschenden (ebd.: 80).[43]

Mit der Fundierung des Deutungsmusters als Kategorie zur Erforschung von
Diskursen befassen sich auch Schetsche und Schmied-Knittel (2013, vgl. auch
Schmied-Knittel 2008). Sie schlagen eine Integration von wissenssoziologischer
Deutungsmuster- und Diskursanalyse vor und konzentrieren sich dabei auf die
mediale Entstehung und Verbreitung von Deutungsmustern. Als theoretisch-methodologische Bezüge dienen Plaß' und Schetsches Verständnis von Deutungsmustern
als Formkategorien des Wissens und die WDA. Diskurse werden in dieser integrativen Konzeption prozesshaft und Deutungsmuster strukturhaft verstanden. Sie
beziehen sich wechselseitig aufeinander – soziale Deutungsmuster werden durch
Diskurse erzeugt, prozessiert und den Subjekten zur Handlungsorientierung verfüg-

---

43 Empirisch dazu vgl. neben Truschkat (2008) und Keller (2009) auch die diskursanaly-
    tische Studie von Schwarz (2016), die auf mediatisierte Plakatkontroversen sowie darin
    konkurrierende Deutungsmuster fokussiert.

bar gemacht. Erst über Deutungsmuster erlangen Diskurse an Praxisrelevanz und münden in nicht-diskursive Praktiken und institutionelle Manifestationen (ebd.: 32 ff.). Das methodische Vorgehen wird in ein detailliertes Analyseprogramm mit sieben Schritten gefasst, die je nach Fragestellung teilweise oder vollständig umgesetzt werden können (ebd.: 35 ff.). Die Auswertung des empirischen Materials zielt etwa auf diskursive Themenkarrieren, involvierte Akteur*innen und diskursive Strategien sowie auf inhaltliche Ausarbeitung der diskurseigenen Deutungsmuster. Betont wird die Relevanz massenmedialer Dokumente, denn in ihnen sei die „Primärform des Deutungsmusters" (ebd.: 39) enthalten. Die Analyse visiert zudem handlungspraktische Anwendungen der Deutungsmuster sowie die Institutionalisierungen an, die daraus resultieren. An diesem Punkt werden Interviews oder Gruppendiskussionen, betrachtet als „individuelles Material" (ebd.: 30), wie auch Beobachtungen als angemessene Erhebungsmethoden genannt. Zusammenfassend zielt das Analysemodell von Schetsche und Schmied-Knittel auf die Rekonstruktion sozialer Deutungsmuster in ihrer Primärform und Vollständigkeit ab – in ihrer öffentlich-medialen und damit manifesten Verfügbarkeit.

4.3.2 Deutungsmuster im Diskurs der Trennungs- und Scheidungsberatung

Die vorliegende Studie stützt sich auf das Theorie- und Forschungsprogramm der WDA. Mit dieser theoretisch-methodologischen Perspektive wurden der Forschungsgegenstand – Elternschaft als Wechselspiel von Deutungsmustern und Diskurs im Kontext der Trennungs- und Scheidungsberatung – sowie die adäquate Methode für die Untersuchung definiert. Die Verortung gründet erstens im Interesse der WDA für die Aktivität und die Deutungsarbeit sozialer Akteur*innen im Diskursgeschehen, zweitens in der Vorstellung von Typisierbarkeit der Aussagen und drittens im heuristischen, gegenstandssensiblen Umgang mit der Deutungsmusterkategorie. Das abstrakte konzeptionelle Postulat einer Wechselwirkung von Deutungsmustern und Diskurs wird in dieser Arbeit am Beispiel einer empirischen Frage ausgelotet und methodisch-methodologisch weitergedacht. Letzteres erfolgt durch die Verbindung von Deutungsmusteranalyse und GTM, die als mögliche methodische Wege in der WDA vorgeschlagen und hier gegenstandsangemessen zu einer Analyseperspektive verknüpft werden. Diese Perspektive versteht Schlüsselkategorien, die in der Feinanalyse der Daten mittels Auswertungsverfahren der GTM herausgearbeitet werden, als abstrahierende Bezeichnungen von diskurseigenen Deutungsmustern. Sie dient als Heuristik, die den Erkenntnisprozess leitet. Zugleich stellt die Heuristik ein Ergebnis ebendiesen Erkenntnisprozesses dar. Sie ist entstanden in der Reflexion des theoretisch-methodologischen Ansatzes der WDA, der wissenssoziologischen Debatten über Deutungsmuster, der Analyseverfahren der GTM, der Fragestellung der Studie sowie des Entstehungskontextes und der Sorte des empirischen Datenmaterials. Nicht zuletzt war die Auseinandersetzung mit den Daten dafür ausschlaggebend, die methodologische Verbindung von Schlüsselkategorien und Deutungsmuster im Kontext wissenssoziologischer Diskursforschung zu explizieren.

Fragestellung: Elternschaft im Wechselspiel von Deutungsmustern und Diskurs

Die vorliegende Studie untersucht Deutungsmuster von Elternschaft im Diskurs der Trennungs- und Scheidungsberatung. Den institutionellen Kontext der Fragestellung stellt die Kinder- und Jugendhilfe dar, den sozio-historischen Kontext bildet die Reform des Kindschaftsrechts im Jahr 1998 mit dem daraus resultierenden gemeinsamen Sorgerecht für getrennte Eltern. Das Augenmerk der Analyse richtet sich auf den kollektiven Wissensvorrat professionaler Akteur*innen, die den praktischen Prozess der Beratung vollziehen und dabei mit ihrem Wissen und Handeln einen Spezialdiskurs realisieren. Die Trennungs- und Scheidungsberatung wird als ein diskursiv strukturiertes professionales Feld betrachtet, als Arena disziplinspezifischer, insbesondere psychologischer und sozialpädagogischer Diskurse. Als legitime Sprecher*innen dieses Feldes sind Beratende für Problemdefinitionen und Lösungsentwürfe zuständig. Fallorientiert beziehen sie sich auf Elternschaft als ein Deutungs- und Handlungsproblem, welches sie in typisierenden und typisierten Interpretationsprozessen zugleich herstellen und objektivieren. Dies geschieht mit Rückgriff auf professions- und organisationsspezifische Infrastrukturen, die die beraterische Bearbeitung von Elternschaft situativ, institutionell und sozio-historisch rahmen und die soziologische Eingrenzung eines Spezialdiskurses ermöglichen. Mit diesen forschungsleitenden Annahmen fragt die Studie zum einen danach, welche Muster der Interpretation die beraterische Rede über Elternschaft im diskursiven Feld der Trennungs- und Scheidungsberatung sinnhaft strukturieren. Zum anderen sollen die diskursiven Strategien herausgearbeitet werden, die dieser musterhaften Strukturierung zugrunde liegen. Das analytische Vorgehen folgt dem gegenstandssensiblen und heuristischen Umgang mit dem Deutungsmusterkonzept, vertreten durch Meuser und Sackmann (1992c), Lüders und Meuser (1997) sowie die WDA (Keller 2014; Keller/Truschkat 2014). Die Forschungsfrage setzt nicht das Vorhandensein eines bestimmten Deutungsmusters voraus, welches zu untersuchen ist. Ziel ist vielmehr zu rekonstruieren, welche Deutungsmuster im Spezialdiskurs um Elternschaft verflochten sind. Gesucht wird nach immer wiederkehrenden

M. Halatcheva-Trapp, *Elternschaft im Wechselspiel von Deutungsmustern und Diskurs*, Theorie und Praxis der Diskursforschung, https://doi.org/10.1007/978-3-658-22575-9_6

Regelmäßigkeiten, nach dem typischen Sinn in den Aussagen der Professionellen. Zusammenfasend hat die Studie ein methodologisches Anliegen und verfolgt zwei Fragen: Was bedeutet Elternschaft im Diskurs der Trennungs- und Scheidungs-beratung und wie werden die Bedeutungen diskursiv hergestellt? Wie lässt sich die Rekonstruktion dieser Bedeutungen intersubjektiv nachvollziehbar machen?

Interviewtranskripte als Dokumente eines Spezialdiskurses

6

In der Praxis diskursanalytisch orientierter Forschung werden Experteninterviews im Allgemeinen sondierend oder ergänzend eingesetzt, um die Bildung des Datenkorpus zu unterstützen (Keller 2011: 90 f.). Diese Studie hingegen verwendet Interviewdaten als einziges empirisches Material und analysiert sie als Dokumente eines Spezialdiskurses um Elternschaft.[44] Das Augenmerk wird auf das Sprechen professionaler Akteur*innen gerichtet, die den praktischen Prozess der Beratung vollziehen und mit ihrem Wissen und Handeln den untersuchten Diskurs realisieren. Die Interviewdaten entstammen einem spezifischen Kontext. Sie waren im Rahmen eines anderen Forschungsprojektes bereits erhoben und standen für eine Wiederverwendung zur Verfügung. Im Folgenden wird der Entstehungskontext der Interviewdaten vorgestellt (6.1) und begründet, warum sie sich für eine wissenssoziologische Erforschung von Elternschaftsdiskursen in der Trennungs- und Scheidungsberatung eignen. Eingegangen wird dabei auf die Interviewsituation als Ort der Diskurs(re)produktion (6.2) und auf methodologische Aspekte der Re-Analyse qualitativer Daten (6.3).

6.1 Entstehungskontext der Daten

Die hier verwendeten Interviewtranskripte sind im Forschungsprojekt „Kinderschutz bei hochstrittiger Elternschaft" entstanden. Das Projekt wurde durch das Bundesministerium für Familie, Senioren, Frauen und Jugend gefördert und in Kooperation des Deutschen Jugendinstituts e. V. mit der Bundeskonferenz für

---

44 Methodologische und methodische Überlegungen zur Verwendung von Experteninterviews in wissenssoziologisch-diskursanalytischer Forschung stellt auch Hamborg (2015) an.

© Springer Fachmedien Wiesbaden GmbH, ein Teil von Springer Nature 2018
M. Halatcheva-Trapp, *Elternschaft im Wechselspiel von Deutungsmustern und Diskurs*, Theorie und Praxis der Diskursforschung,
https://doi.org/10.1007/978-3-658-22575-9_7

Erziehungsberatung (bke) und des Instituts für angewandte Familien-, Kindheits- und Jugendforschung (IFK) e. V. an der Universität Potsdam im Zeitraum Juli 2007 bis Juli 2010 durchgeführt. Initiiert wurde das Projekt vor dem Hintergrund einer steigenden fachpraktischen und politischen Aufmerksamkeit für Sorgerechts- streitigkeiten nach elterlicher Trennung oder Scheidung. Auf Basis umfassender standardisierter und nicht-standardisierter Erhebungen sollte eine Expertise für die zuständigen psychosozialen und juristischen Fachstellen erstellt werden. Zwei Hauptfragen leiteten die Untersuchungen: zum einen nach typischen Merkmalen von hochstrittigen[45] Eltern und ihren Kindern, zum anderen nach der Wirkung von professionalen Interventionen.

Die Datenerhebung wurde durch fünf Projektmitarbeitende realisiert, die Ver- fasserin eingeschlossen. Sie fand in sechs Beratungsstellen in Deutschland statt, die nach regionalen Kriterien (alte und neue Bundesländer, Großstadt und Kleinstadt/ Land) ausgewählt wurden sowie nach der Frage, wie lange bzw. ob spezifische Inter- ventionserfahrungen mit hochstrittigen Eltern bestehen. An der Studie beteiligten sich Mütter, Väter und Kinder aus Trennungs- und Scheidungsfamilien wie auch Vertreter*innen der Professionen Psychologie, Sozialpädagogik und Jura. Tätig waren die Professionellen als Fachkräfte in Erziehungs- sowie in Ehe-, Familien- und Le- bensberatungsstellen, in Jugendämtern oder als Richter*innen, Rechtsanwält*innen, Mediator*innen, Verfahrenspfleger*innen und psychologische Sachverständige. Die Eltern wurden mittels leitfadengestützter Interviews und einer quantitativen Befragung untersucht. Das Ziel war, sozioökonomische und Persönlichkeitsmerk- male der Mütter und Väter, Entstehungs- und Verlaufsgeschichte der Trennung sowie individuelle Einschätzungen der rechtlichen Situation der Familie und der psychosozialen Situation des Kindes zu eruieren. Mit den Kindern wurden kurze leitfadengestützte Gespräche sowie eine Diagnostik mit psychologischem Inventar geführt, um das kindliche Erleben der Trennung, die kindlichen Ressourcen und Belastungen, aber auch die Erfahrungen mit dem Beratungsprozess zu erfassen. Die Professionellen wurden, ebenso wie die Eltern, mit einem standardisierten Fragebo- gen sowie mit leitfadengestützten Interviews befragt. Diese Erhebungsinstrumente waren in zwei verschiedenen Versionen jeweils für die Gruppe der psychosozialen und der juristischen Fachkräfte angefertigt. Mit den Fachkräften fanden zudem

---

45 Die Bezeichnung „hochstrittig" oder „hochkonflikthaft" bezeichnet eine bestimmte Gruppe von Eltern in Trennung und Scheidung, die über eine längere Zeit hinweg und trotz professionaler Intervention anhaltende Konflikte um Sorge- und Umgangsregelungen hat. Der Terminus wurde ins Deutsche aus der US-amerikanischen Scheidungsforschung übertragen, wo von „high conflict divorce" gesprochen wird. Vgl. dazu Dietrich u. a. (2010), Walper u. a. (2013), Fichtner (2014).

Gruppendiskussionen statt, die aus lokalen, interdisziplinär zusammengesetzten Arbeitskreisen zu Trennung und Scheidung hervorgingen.[46]

Aus dem reichhaltigen Datenmaterial des Forschungsprojekts „Kinderschutz bei hochstrittiger Elternschaft" habe ich für diese Studie die Transkripte der leitfadengestützten Interviews mit Fachkräften der psychosozialen Beratung re-analysiert. Es handelt sich um 22 Interviews, die in Beratungseinrichtungen freier Träger in den Jahren 2008 und 2009 geführt worden sind. Jedes Experteninterview hat einen eigenen Fallbezug, d. h. es rekapituliert die Arbeit der befragten Professionellen mit je einer konkreten Familie. Alle Interviews handeln von verschiedengeschlechtlichen Elternpaaren. Nahezu allen Familien praktizieren das Residenzmodell und lediglich eine das Wechselmodell. Die Anzahl der Interviews stehen für 22 Familienfälle und nicht für die Anzahl der interviewten Personen. Insgesamt wurden dreizehn Beratende interviewt, wobei manche von ihnen zwei Interviews gegeben haben. Mehrheitlich waren es Einzelinterviews, in drei Gesprächen waren zwei Professionelle anwesend.

Die Interviewfragen richten sich auf drei Themenkomplexe: erstens auf elterliche Konflikte um Sorgerecht nach einer Trennung oder Scheidung, zweitens auf die psychosoziale Situation der davon betroffenen Kinder und drittens auf Interventionspraxis und Erfahrungen der Fachkräfte, die für die Beratung der Familien zuständig waren. Zu Beginn werden die Beratenden aufgefordert, den Familienfall kurz zu beschreiben (Familienkonstellation, Alter der Kinder, Beteiligte an und Dauer der Beratung). Daraufhin folgen Fragen nach individuellen Besonderheiten der Eltern, nach der elterlichen Interaktion untereinander, dem Erziehungsverhalten und dem Trennungsverlauf (Initiative der Trennung, Dynamik und besondere Entwicklungen des Trennungsprozesses). Nach diesem in den Fall einleitenden Block kommt der erste Themenkomplex zu den Sorgerechtsstreitigkeiten. Er beinhaltet Fragen nach der professionalen Bewertung der elterlichen Konflikte (nach Entstehungsbedingungen, Verlauf, typischen Merkmalen von Hochstrittigkeit, individuellen Belastungen und Problemlösungen der Eltern, Veränderungen der Lebensführung, Beteiligten am Konflikt). Der zweite Themenkomplex erfasst die psychosoziale Situation der Kinder und fragt nach dem kindlichen Umgang mit den elterlichen Konflikten und der Beratung (Belastungen und Bewältigungsmuster, gelingende Entwicklungen, kurz- und langfristige Veränderungen, Beziehung der Kinder zu Mutter und Vater, professionale Hilfe über die Beratung hinaus). Schließlich befasst sich der dritte Themenblock mit der professionalen Intervention und fragt nach speziellen Angeboten für hochstrittige Eltern, nach Verlauf der Beratung (formaler Aufbau,

---

46 Für ausführliche Informationen über das Forschungsprojekt „Kinderschutz bei hochstrittiger Elternschaft" vgl. Fichtner u. a. (2010).

Form der Intervention, Wendepunkte, Beteiligte), nach Ergebnissen im Sinne von Veränderungen der elterlichen Interaktion sowie des Eltern-Kind-Verhältnisses, nach Schwierigkeiten im Beratungsprozess, nach unterstützenden Ressourcen für die Professionellen (Supervision, Teambesprechungen) und nach fachlichen Kooperationen im konkreten Familienfall.

Die Interviews fanden in den Räumen der Beratungsstellen statt und wurden von je einer Person der fünf Forschenden geführt. Unter den befragten Fachkräften befanden sich vier Männer und neun Frauen, die ein Studium der Psychologie oder Sozialpädagogik und eine familientherapeutische Weiterbildung absolviert hatten. Das Forschungsteam setzte sich aus drei Psycholog*innen, einer Sozialarbeitswissenschaftlerin und einer Soziologin zusammen, darunter zwei Männer und drei Frauen. Die Soziologin im Team ist die Verfasserin gewesen, die auch über einen Abschluss in Psychologie verfügt. Alle Mitglieder des Forschungsteams hatten fachliche Erfahrung im Bereich der Familienberatung, weil sie in diversen Praxisfeldern und/oder wissenschaftlich zu diesem Thema tätig waren. Aufgrund der Fachlichkeit der Forschenden handelt es sich bei den hier beschriebenen Interviews um Expertengespräche, die – in Anlehnung an Schütz' Formulierung des kommunikativen Universums – von der Unterstellung eines verstehenden Gegenübers und vertrauter Relevanzen leben (Pfadenhauer 2003: 163).

6.2   Die Interviewsituation als Ort der Diskurs(re)produktion

Angesichts des besonderen Entstehungskontextes der Interviewdaten nehme ich an, dass sie einen Spezialdiskurs um Elternschaft in situ realisieren und für eine empirische Untersuchung greifbar machen. Im Theorie- und Forschungsprogramm der Wissenssoziologischen Diskursanalyse gelten Interviews als sprachförmige und analytisch abgrenzbare Praktiken, die Wissen prozessieren (Keller 2011: 87). Die am Interview beteiligten Akteur*innen äußern sich über ein Forschungsproblem und stellen in der gemeinsamen Diskussion darüber dieses Problem als einen sinnhaften Zusammenhang her. Sowohl Forschende wie auch Beforschte artikulieren in der Interviewsituation ihren Wissensvorrat und bestimmen dabei, welche Themen „mitteilungsfähig und mitteilungswürdig" (Honer 1994: 625) sind und welche nicht. Beide Seiten unterstützen gleichermaßen als *„Agent(inn)en der Diskurse"* (Keller 2013: 38, Hervorheb. im Original) die Diskursproduktion und -reproduktion. Als „bedeutungsstrukturierte Daten" (Hoffmann-Riem 1980: 347) fangen Interviews Sagbarkeiten und Unsagbarkeiten in Bezug auf die Forschungsthematik ein. Damit sind Interviewgespräche nicht lediglich ein methodischer Zugang zur sozialen Wirklichkeit, sondern konstituieren selbst Wirklichkeitsausschnitte (Honer 1994: 636). Sie sind selbst Deutungsakte. Mit diesem methodologischen Verständnis lassen sich Interviews als ‚natürliche‘ Daten hermeneutisch analysieren: Sie dokumentieren die soziale Praxis der beteiligten Akteur*innen, die sich interpretativ und interaktiv auf ein Forschungsthema beziehen (Reichertz 1996: 90).

Das hier verwendete empirische Material protokolliert eine „Experten-Experten-Kommunikation" (Pfadenhauer 2003: 163). An den Interviews beteiligten sich Fachkräfte der psychosozialen Beratung und Forschende – beiden Seiten kommt ein Expertenstatus zu. Im Vorfeld der Interviews wurden die Beratenden als Professionelle angesprochen, die für Familien in Trennung und Scheidung zuständig sind und diese Zuständigkeit bereits vor der Teilnahme am Forschungsprojekt innehatten. Qua Position, Ausbildung und Funktion wurde ihnen eine „perspektivische Typizität" (Honer 1994: 626) in Bezug auf den Forschungsgegenstand zugeschrieben:

> „Den Professionellen kennzeichnet, dass er sich einen kanonisierten Sonderwissensbestand über eine institutionell spezialisierte, in Umfang und Dauer formalisierten Ausbildung in typischerweise ‚öffentlichen‘ Einrichtungen aneignet, dass der Erwerb dieses professionellen Sonderwissens (oft in berufsständisch-staatlicher Kooperation) geprüft und ihm qua Zertifikat bestätigt wird, welches ihm seine professionelle Kompetenz amtlich ‚bescheinigt‘." (Pfadenhauer 2003: 171)

Aus diskurstheoretischer Sicht sind Beratende als legitime Sprecher*innen der Kinder- und Jugendhilfe ausgewiesen. Als professionale Akteur*innen sind sie Produzent*innen und Rezipient*innen von Spezialdiskursen und spielen eine aktive Rolle „in den Machtspielen des Wissens" (Keller 2013: 45). Der professionelle Status weist sie wiederum als relevante Gesprächspartner*innen für die soziologische Erforschung von Elternschaftsdiskursen aus.

Die Forschenden agieren in der Interviewsituation in einer doppelten fachlichen Rolle. Sie treten einerseits als Wissenschaftler*innen auf, die ein konkretes Forschungsinteresse verfolgen. Andererseits sind sie psychologisch, sozialpädagogisch und soziologisch qualifiziert sowie mit der Praxis der Familienberatung vertraut. Sie betreten das Forschungsfeld mit ihren Fachkenntnissen, mit dem Wissen um den sozialpraktischen und politischen Handlungsbedarf sowie um ihren Auftrag, wissenschaftlich fundierte Lösungen für die professionale Arbeit mit hochstrittigen Familien in Trennung und Scheidung zu generieren. Den Professionellen begegnen die Interviewenden als Co-Expert*innen[47]. Diese doppelte Rolle der Interviewen-

---

47 Pfadenhauer (2003: 167) bezeichnet Interviewende in Experteninterviews als „Quasi-Experten", weil sie als Forschende von der Aufgabe des Problemlösens entlastet sind.

den als Forscher*innen und Co-Expert*innen beeinflusst die Interaktion in den Interviewgesprächen[48], steuert die Relevanzsetzungen in der Rede und prägt die diskursive Strukturierung der empirischen Ergebnisse.

Neben der Sprecher*innenbesetzung, dem Anlass und dem Thema der Interviews ist auch die fallgebundene Thematisierung für die diskursive Strukturierung der Ergebnisse ausschlaggebend. In allen Interviews wurde jeweils ein Familienfall besprochen, an dem die Professionellen bis zu zwei Jahre vor dem Interview gearbeitet hatten. In einigen Fällen befand sich die Beratung zum Zeitpunkt des Interviews in der abschließenden Phase. Die Darstellung der Fälle in den Interviews erfolgte dialogisch und wurde entlang der Fragen der Forschenden entfaltet. Methodologisch ist das insofern interessant, weil Beratung selbst fallorientiert verfährt. Durch den Fallbezug der Beratung in actu und den Fallbezug der Interviews in situ ist eine strukturelle Ähnlichkeit der diskursiven Herstellung des Falls gegeben. Wie bereits erläutert, aktiviert die Arbeit am Fall professionsspezifische Problematisierungsweisen in Bezug auf Familie und Elternschaft. Dabei wird der Fall als Gegenstand zugleich verhandelt und konstituiert. Indem sich Beratende in ihrem professionalen Alltag auf Elternschaft und Familie als einen gemeinsamen Gegenstand fallorientiert beziehen, führen sie einen Diskurs darüber, der sich in den Interviews situativ abbildet. Die Besprechung von Familienfällen in den Interviews aktiviert typische Problematisierungsweisen und Wissensordnungen, die Elternschaft als Sinnzusammenhang im Diskurs der Beratung formieren. Die transkribierten Experteninterviews betrachte ich folglich als eine „diskursive Einheit" (Keller 2011: 84), die einen empirischen Zugang zum Spezialdiskurs um Elternschaft in der Trennungs- und Scheidungsberatung ermöglichen und sich als Datenkorpus für eine hermeneutische Re-Analyse eignen.

Im Fall des Forschungsprojekts „Kinderschutz bei hochstrittiger Elternschaft" halte ich es angesichts der Fachlichkeit und des Auftrags des Forschungsteams für angebracht, von Co-Expertise zu sprechen. Damit knüpfe ich an Bogner u. a. (2015: 52) an, die eine Typisierung von Interaktionssituationen in Experteninterviews skizzieren. Interviewenden kann demnach dann eine Co-Expertise zugeschrieben werden, wenn ihnen ein gemeinsames Fachwissen durch die Beforschten unterstellt wird und sie sich durch entsprechende Titel oder organisationale Zugehörigkeit auszeichnen.

48 Die Interaktivität von Interviewsituationen ist in der Methodenliteratur oft als Störfaktor diskutiert worden, welches die Qualität der Ergebnisse beinträchtigen könnte, so Bogner u. a. (2014: 49 ff.). Als Gegenargument schreiben sie: „Die unterschiedlichen Interaktionssituationen machen verschiedene *Fragestrategien* einerseits *möglich*, andererseits *nötig*. Aber keine Situation produziert ‚falsche' Daten." (ebd.: 51, Hervorheb. im Original). Über Kommunikationsstörungen in Interviews als Quelle der Erkenntnis vgl. Jensen/Welzer (2003).

6.3 Primärforschung und Re-Analyse

Die Interviewtranskripte entstammen also einem anderen Forschungskontext und zielen primär auf die Beantwortung anderer Fragestellungen. In dieser Studie werden sie als „geerbte Felddaten" (Bidlo 2015) gehandhabt und einer Re-Analyse unterzogen. Da ich am Prozess der Datengenerierung involviert war, habe ich das ‚Erbe' miterschaffen. Ich bin sowohl Primärforscherin als auch Re-Analytikerin – eine Position, die in Qualifikationsprojekten nicht ungewöhnlich ist, über die es dennoch kaum methodologische Reflexionen gibt. Die aktuellen Debatten um die Wiederverwendung von qualitativen Daten laufen unter dem Stichwort der Sekundäranalyse. Thematisiert werden forschungspraktische und ethische Fragen, etwa nach der Eignung des empirischen Materials für eine Sekundärauswertung, nach dessen Aufbereitung, Archivierung und Anonymisierung. Besprochen wird ferner der Aufbau einer Infrastruktur nach dem Data-Sharing-Prinzip, üblich für standardisierte Sozialforschung. Als zentrale methodologische Herausforderung wird die Kontextgebundenheit qualitativer Daten und ihre Ent-Kontextualisierung bei Sekundäranalysen diskutiert (vgl. Bergmann/Eberle 2005; Corti u. a. 2005; Witzel u. a. 2008; Medjedovic/Witzel 2010; Huschka u. a. 2013).[49]

Grundsätzlich wird in den Diskussionen davon ausgegangen, dass die Auswertung von bereits vorhandenem Datenmaterial durch Forschende vorgenommen wird, die dieses Datenmaterial nicht selbst erhoben haben. Mit dieser Annahme hängt auch die problematisierende Betrachtung der Kontextgebundenheit zusammen. Bidlo (2015: 382) plädiert diesbezüglich für eine differenziertere Perspektive und macht darauf aufmerksam, dass nicht immer diejenigen, die die Daten gewinnen, sie auch (als erste) analysieren. Er unterscheidet zwischen zwei Formen von Primäranalyse: „einmal die Primäranalyse durch den erhebenden Forscher und einmal jene [...] durch einen fremden Forscher, der die Rohdaten als Erster analysiert" (ebd.). Auch Bidlo geht von einer kontextuell bedingten Verbindung zwischen erhobenen qualitativen Daten und erhebenden Forschenden aus und erklärt sie mit der Inkorporierung von Erfahrungen im Forschungsfeld.[50] Dabei entstehe eine Wechselseitigkeit, bei der Forschende unmittelbar zu Zugehörigen des Feldes

---

49 Bereits in den 1960er Jahren befasste sich Barny Glaser mit der effizienten Nutzung von vorhandenen empirischen Daten im Rahmen von Auftragsforschung. Über qualitative Daten schreibt er, dass Beobachtungsprotokolle, nicht standardisierte Interviews und Akten sekundäranalytisch bearbeitbar sind und ebenso wie Primärauswertungen der Theoriegenerierung dienen können (1962: 74).

50 Reichertz (1996: 79 f.) spricht von einer „Mitspielkompetenz", die sich Forschende im Feld aneignen, und meint damit ihre Erinnerungen an Ereignisse, Stimmungen und Handlungsroutinen.

werden und zugleich dieses Feld durch ihren wissenschaftlichen Blick erschaffen
(ebd.: 377 f.). ,Fremde' Daten zu analysieren bedeutet demnach, sich ihnen ohne
dieses *„Körperwissen"* (ebd.: 379, Hervorheb. im Original) zuzuwenden, welches
in der Interaktion mit dem Feld erworben wird. Das bedeutet aber auch, dass eine
Distanz zum Datenmaterial da ist, die für die Auswertung zum methodischen
Vorteil werden kann (ebd.: 380).

Was aber ist, wenn die erhebende Forscherin sowohl Primär- als auch Re-Analytikerin ist? Wie stellt sich die Frage nach der „Kontextsensitivität" (ebd.: 381) dar,
wenn keine Distanz zum Forschungsfeld besteht? Meine Erfahrung zeigt, dass diese
Frage weiterhin von großer Relevanz ist, allerdings unter einem anderen Vorzeichen:
Nicht die Fremdheit, sondern die Vertrautheit mit dem Erhebungskontext war für
mich die methodologische Herausforderung. Als wissenschaftliche Mitarbeiterin
am Forschungsprojekt „Kinderschutz bei hochstrittiger Elternschaft" war ich nicht
nur an der Erhebung beteiligt, sondern auch an der Auswertung der Daten. Meine
Verbindung mit dem Forschungsfeld und mit dem Datenmaterial entstand im
Rahmen des Projektauftrags. Sie war theoretisch wie methodisch vor allem durch
psychologische Ansätze und zugleich durch die Zielsetzung geprägt, wissenschaftlich
fundierte Handlungsempfehlungen für die soziale Praxis zu generieren. Ferner hat
sich diese Verbindung im Austausch mit einem interdisziplinären Forschungsteam
entwickelt. Insofern stellte die Re-Analyse Anforderungen an die Selbstreflexivität
der Forscherin: „Wie betrachten wir unsere Gegenstände und wie konstruieren
wir sie im Blick durch verschiedene Theoriebrillen und mit unseren methodischen
Intentionen?" (Bereswill/Rieker 2008: 399)

Dass ich aus dem reichhaltigen Interviewmaterial auf die transkribierten Experteninterviews zurückgriff, um sie im eigenen Dissertationsprojekt wieder zu
verwenden, hängt mit meinem Interesse an wissenssoziologischen Fragestellungen
zusammen. Die Re-Analyse der Daten ging also einher mit einer Umformulierung
des Forschungsproblems. Das vertraute empirische Material sollte aus einem anderen
theoretisch-methodologischen Blickwinkel und mithilfe eines anderen Analyse-
verfahrens aufs Neue erschlossen werden. Das heißt, es sind vor allem disziplinspezifische, also theoretische, methodische und methodologische Grenzziehungen,
die zu überbrücken waren. Der Entstehungskontext der Daten blieb weiterhin
relevant, weil mit der Re-Analyse das ,alte' Forschungsfeld nicht verlassen wurde.
Damit war ich mit einer Fülle von Kontextwissen ausgestattet, welches weiterhin
relevant blieb. Dieses Kontextwissen war im Rahmen des primären Forschungs-
interesses generiert. Das bedeutet, dass die Erkenntnisse der Primäranalyse durch
die Re-Analyse zu Kontextwissen werden. Sich dieser Modifizierung bewusst zu
werden, das Kontextwissen reflexiv zu verorten (Reichertz 1996: 87) und die eigene
Fragestellung davon abzukoppeln, war ein mühsamer Prozess. Erst nach und nach

konnte ich ein neues Erkenntnisziel spezifizieren und meinen Forschungsgegenstand neu entwerfen – in der Auseinandersetzung mit der WDA, der GTM, dem
empirischen Material und dem mitgebrachten Kontextwissen. In diesem Sinne ist
die Fragestellung der vorliegenden Studie selbst ein Ergebnis, gewonnen im Prozess
dieser Auseinandersetzung.

Gerade die Relevanz des Entstehungskontextes der hier verwendeten Daten für
die Fragestellung legitimiert ihre Re-Analyse. Sie sind in den Interviews als situative
Realisierung eines Spezialdiskurses um Elternschaft produziert worden. Die Daten
liegen in verschriftlichter Form vor, und jedes der Interviewtranskripte stellt ein
Fragment des beraterischen Diskurses dar. Da sich das Forschungsinteresse auf die
Deutungen der Professionellen und auf ihre musterhafte Strukturierung im gesamten
Datenmaterial richtet, dienen die Experteninterviews einer empirisch begründeten
Theoriegenerierung (vgl. Bogner u. a. 2014: 6). Dem Abarbeiten an Trennungs- und
Scheidungsfällen in den Gesprächen schreibe ich eine „Indikatorfunktion" (Hoff-
mann-Riem 1989: 300) zu. Die Problematisierungen der Expert*innen werden als
analytische Kontrastfolie verwendet, um Normalitätsvorstellungen von Elternschaft
im diskursiven Feld der Beratung zu rekonstruieren.

Rekonstruktion von Deutungsmustern im Stil der GTM[51] 7

Für die Rekonstruktion von Deutungsmustern im Diskurs der Beratung greift die Studie auf das methodische Werkzeug der Grounded Theory (Strauss 1998) zurück. Für die Auswertung der Experteninterviews wurden die Kodierverfahren, die Methoden der Kontrastierung, des Schreibens theoretischer Memos und der Formulierung generativer Fragen verwendet. Die Analyse arbeitete zwei Schlüsselkategorien heraus: zum einen *Partnerschaftlichkeit*, zum anderen *Sorge*. Im Hinblick auf die Fragestellung der Studie sind beide Schlüsselkategorien als abstrahierende Bezeichnungen von diskurseigenen Deutungsmustern zu verstehen. Sie verdichten beratungstypische Problematisierungsweisen, die mit Illouz (2009: 227) Elternschaft als Problem *beschreiben* und zugleich eine Lösung *vorschreiben*, gerichtet an Mütter und Väter in/nach Trennung und Scheidung. Dieses Kapitel stellt die Auffassung von Schlüsselkategorien in der GTM vor und verknüpft sie heuristisch mit dem Deutungsmusterkonzept (7.1). In einem Exkurs wird die methodologische Verbindung von WDA, Deutungsmusteranalyse und GTM diskutiert (7.2). Schließlich schildert das Kapitel das methodische Vorgehen bei der Feinanalyse (7.3).

7.1 Die Heuristik der Schlüsselkategorien

Schlüssel- oder Kernkategorien sind das zentrale Ergebnis von Interpretationsprozessen im Stil der GTM. Sie werden in einem zirkulären Analysevorgang hervorgebracht, der sich zwischen Gegenstand der Untersuchung, Datenmaterial und theoretischer Abstraktion bewegt (Strübing 2008: 304). Geleitet wird diese Bewegung von der Frage „Welches ist hier die eigentliche Geschichte?" (Strauss 1998: 66) Die

---

51   Vgl. auch Halatcheva-Trapp (2016a).

© Springer Fachmedien Wiesbaden GmbH, ein Teil von Springer Nature 2018
M. Halatcheva-Trapp, *Elternschaft im Wechselspiel von Deutungsmustern und Diskurs*, Theorie und Praxis der Diskursforschung,
https://doi.org/10.1007/978-3-658-22575-9_8

75

einzelnen Kodierschritte – offen, axial und selektiv – steuern auf Strukturierung der Daten hinsichtlich der Forschungsfrage und auf Abstraktion einer oder mehrerer Schlüsselkategorien hin. So beschreibt Strauss (ebd.) den Kodierverlauf als die Suche „danach, was [...] für die Substanz des Datenmaterials insgesamt steht; nach dem Kern der Bedeutung, die sich in den Daten widerspiegelt."

Woran sind Schlüsselkategorien zu erkennen? Als erstes: Sie sind zentral und stehen im Zusammenhang mit möglichst vielen anderen Kodes, wobei dieser Zusammenhang im Datenmaterial kontinuierlich zu begründen und zu bestätigen ist. Zudem treten Kodes und Kategorien, die sich im Laufe der Auswertung als relevant für die Forschungsfrage erweisen und in die Sinnstruktur der Schlüsselkategorie einfließen, regelmäßig auf. In ihrer Stabilität lassen sie sich zu Mustern aus Verweisen und Verknüpfungen verdichten. Ferner zeichnen sich Schlüsselkategorien durch eine langsame Sättigung aus: Die Offenlegung aller Verbindungslinien innerhalb der Kategoriennetze verläuft allmählich, bedingt durch die Vielzahl an im Material verstreuten thematischen Bezügen (ebd.: 67). Die integrative Leistung von Schlüsselkategorien betrifft jedoch nicht lediglich die Zuordnung von Kodes und Kategorien zueinander im Sinne einer inhaltlichen Strukturierung der Daten. Auch die sukzessive Entwicklung einer empirisch begründeten Theorie wird im Prozess des Herausarbeitens und der internen Differenzierung von Schlüsselkategorien unterstützt. Damit ist ein weiteres Merkmal angesprochen: die „*Vollständigkeit,* [...] die mit möglichst wenigen Konzepten ein Höchstmaß an Variation eines Verhaltensmusters erfasst und dadurch Sparsamkeit und Reichweite maximiert." (ebd.: 66, Hervorheb. im Original) Komplexität und Dichte erlangen Schlüsselkategorien, indem sie empirische Vielfalt bündeln: Sie nehmen in ihren Kern all die konzeptionellen Zusammenhänge auf, die in Form von Subkategorien, Dimensionen und Eigenschaften die maximale Variation des analysierten Phänomens zum Ausdruck bringen (ebd.: 67 f.).

Des Analyseprozesses im Stil der Grounded Theory zielt auf die Formulierung von Schlüsselkategorien ab. Diese Studie geht darüber hinaus und vollzieht einen weiteren integrativen Schritt: die Zusammenführung von Schlüsselkategorien aus der GTM mit Deutungsmustern als analytischen Kategorien in der WDA. Beide Konzepte haben jeweils einen unterschiedlichen theoretisch-methodologischen Ursprung. Eine Integration sehe ich dennoch als möglich und sinnvoll, weil beide gleichermaßen auf Erfassung von Regelmäßigkeiten und Typiken in der gesellschaftlichen Bedeutungsproduktion abzielen. Ich verbinde Schlüsselkategorien und Deutungsmuster zu einer Heuristik, die ich im Hinblick auf die Forschungsfrage und die forschungsleitenden Annahmen dieser Studie als gegenstandsadäquat erachte. Sie erlaubt die empirische Erschließung von diskurseigenen Deutungsmustern mithilfe der Auswertungsverfahren der GTM. Damit eröffnet sie einen empirischen Zugang zur Binnenstruktur des Spezialdiskurses um Elternschaft.

7.2 Exkurs: GTM und Deutungsmusteranalyse in Diskursforschung

Theoretisch-methodologische Annahmen und methodische Realisierung der vorliegenden Studie fußen auf der Verbindung von WDA, Deutungsmusteranalyse und Auswertungsverfahren der GTM. Welches Potential dieser Konzeption innewohnt, wird im Folgenden entlang von Fragen nach der Auswahl des Datenmaterials, dem Auswertungsvorgehen und den Erkenntnisinteressen diskurstheoretischer Forschung diskutiert.

Dass die GTM ein hilfreiches methodisches Instrumentarium für diskursanalytische Forschung bereithält, ist inzwischen durch etliche Studien erwiesen worden (etwa Schwab-Trapp 2008; Truschkat 2008; Keller 2009; Zimmermann 2010; Renout 2012). Zurückgegriffen wird auf das Theoretical Sampling, auf die Kodierstrategien und das Schreiben theoretischer Memos im Prozess der Feinanalyse sowie auf den Entwurf von Kategoriennetzen zur Darstellung von Ergebnissen. Angesichts des umfangreichen Datenmaterials, wie in Diskursforschungen üblich, kann das Theoretical Sampling sowohl den Prozess der Korpusbildung unterstützen als auch die Auswahl der Dokumente leiten, die in die Feinanalyse einbezogen werden (Keller 2011: 90 ff.). Die sukzessive Erhebung und Kodierung von Daten im Kontext von Diskursanalysen zielt allerdings nicht auf Theoriegenerierung im Sinne von Glaser und Strauss (2005) ab. Vielmehr werden diskurstheoretische Anpassungen vorgenommen, die den Fokus auf diskursive Prozesse der Interpretation und Erzeugung sozialer Realität lenken. Vorgeschlagen wird eine Orientierung des Theoretical Sampling an ereignisbezogenen Argumentationen, relevant für die Fragestellung, sowie an legitimen Sprecher*innen des zu untersuchenden Diskurses. Das Potential einer so organisierten Datenauswahl wird in einen forschungspraktisch erleichterten Umgang mit großen Datenmengen gesehen (Schwab-Trapp 2008: 176 ff.). Ferner festigt das Vorgehen die Aussagekraft diskursanalytischer Ergebnisse, indem es die einschlägigen Akteur*innen – sowohl Autor*innen als auch Adressat*innen von Diskursbeiträgen – mit den Inhalten ebendieser Beiträge in Beziehung setzt (ebd.: 180 ff.).

Hinsichtlich des Auswertungsvorgehens unterstützen die Verfahren der GTM die Prämisse einer „Diskursforschung als Interpretationsarbeit" (Keller 2008: 273). Auch dieser analytische Schritt erfährt Adaptionen, die dem Diskurs als

Forschungsgegenstand Rechnung tragen. Eine Besonderheit diskursanalytischer Forschung zeigt sich am relativen Stellenwert des Einzelfalls für den untersuchten Diskurs. Die Analyse ist nicht an der Rekonstruktion von Fällen als geschlossenen Einheiten interessiert, die sich jeweils in einem Dokument abbilden, sondern an der Rekonstruktion ihres Zusammenhangs. Einzelne Dokumente werden als Diskursfragmente gehandhabt, deren Bedeutung für die Fragestellung sich erst aus den Beziehungen zu anderen Dokumenten im Datenkorpus erschließt. Im Ergebnis werden Muster von diskursiven Verflechtungen und Verknüpfungen rekonstruiert, die als Sinngefüge einen oder mehrere Diskurse (oder auch Teildiskurse) strukturieren (Keller 2008: 275; Schwab-Trapp 2008: 172). Dabei ermöglicht das Prinzip des ständigen Vergleichens aus der GTM einen kontrollierten und nachvollziehbaren Umgang mit den Daten. Mittels der maximalen Kontrastierung werden möglichst viele unterschiedliche diskursive Elemente erfasst und der untersuchte Diskurs in seiner Bandbreite und Variation aufgefangen. Die minimale Kontrastierung sucht nach Ähnlichkeiten und Wiederholungen in den Aussagen, um die Analyse zu vertiefen und zu schärfen. Sie gilt dann als gesättigt, wenn sie Regelmäßigkeiten und Typiken hervorbringt und zugleich keine für die Fragestellung bedeutsamen Aussageereignisse mehr generiert (Keller 2007: Abs. 33 f.). Die Kontrastierung bietet zudem eine solide Basis zur Beurteilung von Reichweite und Institutionalisierung diskursiver Deutungsangebote: „Gemeinsamkeiten im Gebrauch von Argumenten verweisen auf kollektiv mehr oder weniger geteilte Deutungen, Unterschiede dagegen markieren Konfliktherde." (Schwab-Trapp 2008: 175)

Die Verdichtung des Datenmaterials mithilfe der Kodierverfahren der GTM und die Abstraktion von Schlüsselkategorien schafft einen empirischen Zugang zur Binnenstruktur des untersuchten Diskurses. Hier liegt das Erkenntnispotential der Verbindung von WDA, GTM und Deutungsmusteranalyse. In der Annahme eines Wechselverhältnisses zwischen Deutungsmustern und Diskursen lassen sich professionale Wissensordnungen in ihrer spezifischen sozio-historischen, institutionellen und situativen Kontextuierung erforschen.

7.3　　Die Feinanalyse der Interviewdaten

Um Deutungsmuster von Elternschaft zu rekonstruieren, wurden die Interviews mit Fachkräften der Familienberatung zunächst auf die Frage hin gelesen: Wie wird über Elternschaft gesprochen? Welche Muster der Interpretation strukturieren die beraterische Rede, wie werden sie gebildet und gehandhabt? Nachdem die erste Lektüre des Datenmaterials zeigte, dass entweder Mutterschaft oder Vaterschaft

thematisiert werden, kam eine weitere Frage dazu: Welche Versionen von Mutterschaft und Vaterschaft zeichnen sich im Interviewmaterial ab? Diese Frage ist in
Auseinandersetzung mit den Daten entstanden und stellt damit ein empirisches
Ergebnis dar. Ferner konzentrierte sich die Analyse darauf, wie bzw. mittels welcher
diskursiven Strategien die Deutungen hervorgebracht werden.

In Bezug auf die Auswertung von Daten greift die WDA vorzugsweise auf Verfahren der GTM zurück, plädiert jedoch für deren Anpassung an diskurstheoretische
Fragestellungen. Dies bedeutet, die von hermeneutischen Methoden bevorzugt
eingenommene Mikroperspektive zu überwinden, sich analytisch in Meso- und
Makrokontexte zu begeben und soziale Typiken herauszuarbeiten (Keller 2008:
268 ff.). Geleitet wird die Datenanalyse von einem spezifischen Fallverständnis:

> „Der interessierende Fall liegt hier quer zu einzelnen Situationen oder Dokumenten
> als Bedeutungseinheit. Der interessierende Fall stellt vielmehr die mehr oder weniger
> darstellbare Gesamtheit bzw. einen spezifischen Ausschnitt eines Wissensregimes dar,
> deren Aussagenpraxis sich nicht innerhalb eines Dokumentes oder einer Situation
> bündelt." (Truschkat 2013: 83 f.)

Die Auswertung der Experteninterviews in dieser Studie steuerte auf übergreifende
Sinnzusammenhänge und diskursspezifische Elemente hin, die quer durch das
gesamte Datenmaterial verstreut sind. Die Feinanalyse setzte bei den einzelnen
Interviewtranskripten an. Entlang des thematisierten Falls einer Familie wurde
zunächst das Besondere des Einzelfalls rekonstruiert. Im nächsten Schritt wurde
über mehrere Einzelfallrekonstruktionen hinweg nach Regelmäßigkeiten in der
beraterischen Rede über Elternschaft im Kontext von Trennung und Scheidung
gesucht. Die Analyse gestaltete sich kreisförmig und pendelte zwischen den Inhalten
eines Einzelfalls und fallübergreifenden Inhalten.

Die Interviewprotokolle wurden Zeile für Zeile gelesen und kodiert. Daraufhin erfolgte je Dokument eine erste Auswahl an Sequenzen, die entsprechend der
vergebenen Kodes[52] als relevant für die Fragestellung erschienen. Zur besseren
Systematisierung und Übersicht wurden die selektierten Sequenzen in eine Tabelle
mit drei Spalten übertragen: eine für die Sequenzen, eine für die Kodes und eine für
die Memos. Das Schreiben theoretischer Memos begleitete den Kodierprozess. Die
hier festgehaltenen Gedanken, Ideen und Hypothesen der Forscherin bezogen sich
zunächst auf den Inhalt einer bestimmten Sequenz. Im Laufe der Analyse wurden
die Memos zunehmend sequenzübergreifender und erläuterten konzeptionelle Verbindungslinien und Verweise innerhalb eines Interviewprotokolls. Bereits nach dem

---

52 Gearbeitet wurde auch mit den sogenannten in-vivo-Kodes, mit Begriffen also, die die
    interviewten Professionelle selbst äußern. Vgl. dazu Strauss/Corbin (1996: 50).

zweiten kodierten Interviewprotokoll wurden diese Notizen auch fallübergreifend verfasst. In die Memos sind zudem generative Fragen eingeflossen. Sie erleichterten die Formulierung alternativer Lesarten und stellten den roten Faden bereit, der durch die Daten führte. Mithilfe der generativen Fragen konnten aufgestellte Hypothesen verfolgt und überprüft werden. Die Memos haben wesentlich zum Verstehen des Datenmaterials und zur Reflexion des Analyseprozesses beigetragen.

Mit Fortschreiten der Auswertung wurden die Memos immer umfangreicher und dichter. Die thematischen Verknüpfungen erstreckten sich über mehrere kodierte Interviewprotokolle, sodass die tabellarische Form sich nicht mehr als praktikabel erwies. Als nächste Strategie zur Verfeinerung und zur Dokumentation der Analyse wurden Falldarstellungen geschrieben. Dieser Schritt führte zu den einzelnen Interviewprotokollen zurück mit dem Ziel, Übersicht im immer komplexer werdenden Kategorisierungsverlauf zu schaffen, die Bezüge zwischen verschiedenen Kodes und Kategorien zu präzisieren, theoretisch zu integrieren und mit einschlägigen Zitaten zu versehen. Bereits das Kodieren der ersten Interviewprotokolle zeigte, dass die Problematisierungen der Beratenden an die Personen der Eltern gebunden sind und je Fall um die Mutter, den Vater und das Elternpaar kreisen. Als Kode bezieht sich letzteres auf das Verhältnis der Eltern vor und nach der Trennung und hat wesentlich zur Generierung der Schlüsselkategorie *Partnerschaftlichkeit* beigetragen. Diese Beobachtung verfestigte sich im Laufe der Auswertung und führte dazu, dass die Falldarstellungen in drei Hauptkategorien gegliedert wurden: „Mutterschaft", „Vaterschaft" und „Elternpaar". Intern wurden die Hauptkategorien nach relevanten Subkategorien und Dimensionen ausdifferenziert, belegt durch zitierte Interviewausschnitte. Entstanden sind insgesamt elf ausführliche Falldarstellungen, die sich zwar auf je einen Familienfall konzentrieren, jedoch auch vergleichende Bezüge zu anderen Fällen dokumentieren. Die restlichen elf Experteninterviews wurden partiell in die Analyse eingebunden. Kategoriengeleitet wurden Textstellen ausfindig gemacht, die im Verhältnis zu den Ergebnissen der Falldarstellungen einen Kontrast bilden oder Ähnlichkeit herstellen. Die Feinanalyse des gesamten Datenmaterials vollzog sich in einer zirkulären Bewegung zwischen induktivem, deduktivem und abduktivem Vorgehen.

Welche Ergebnisse brachte der Kodierprozess und wie wurden die Schlüsselkategorien inhaltlich herausgearbeitet? Die ersten Kodes und Kategorien, die durch offenes Kodieren vergeben und in tabellarischer Form festgehalten wurden, implizieren folgende Inhalte: Beschreibungen von Müttern und Vätern als Personen und als Elternteile, Beispiele für Paardynamiken (vor allem mit Bezug auf Kommunikation zwischen den Eltern), kurze Erzählungen der Paarbiographie (z. B. Geschichte des Kennenlernens), als Eindrücke oder Vermutungen formulierte Äußerungen über die Qualität der elterlichen Beziehung vor der Trennung, Berichte über Trennungsgründe sowie über familiäre Arrangements nach der Trennung, Beispiele für Alltagsgestaltung in den Familien (etwa Zuständigkeiten), Aussagen darüber, was für Kinder gut ist, Thematisierung elterlicher Emotionalität (z. B. Umgang mit der Trennung) und Informationen über die sozioökonomische Situation der Eltern (Alter, Bildungsstand, Erwerbsstatus, Beruf, Geldverteilung im Elternpaar, Fragen der Unterhaltszahlung).

Das axiale Kodieren konzentrierte sich auf die Hauptkategorien „Mutterschaft", „Vaterschaft" und „Elternpaar". Dazu wurde je ein Kategoriennetz entwickelt, in dem inhaltliche Elemente und deren Verknüpfungen geordnet wurden. Dieser Kodierschritt setzte dann bei ausgewählten Begriffen wie etwa „Offenheit für professionale Hilfe", „Selbstreflexion", „Emotionalität" und „Beziehung zum Kind" fort und verdichtete die Verbindungen innerhalb sowie zwischen den Kategoriennetzen. Dieses übergreifende Vorgehen leitete ins selektive Kodieren über. Hier wurde – begründet durch die bisher hervorgebrachten Erkenntnisse – die Entscheidung getroffen, die Kategorien inhaltlich in zwei Gruppen aufzuteilen. Die erste Gruppe beinhaltet beraterische Interpretationen vom Verhältnis der getrennten Eltern zueinander, die zweite thematisiert die Eltern-Kind-Beziehung. Im Ergebnis sind die Schlüsselkategorien *Partnerschaftlichkeit* und *Sorge* herausgearbeitet worden. Ihre Elemente – Kategorien, Subkategorien und Dimensionen[53] – veranschaulichen die interne inhaltliche Ausdifferenzierung und machen die Schlüsselkategorien intersubjektiv nachvollziehbar (vgl. Abb. 1).

Die Schlüsselkategorien *Partnerschaftlichkeit* und *Sorge* stehen für „die eigentliche Geschichte" (ebd.: 66), die aus den Experteninterviews als Dokumenten eines Spezialdiskurses re-konstruiert wurde. In ihrer abstrahierenden Qualität bezeichnen die Schlüsselkategorien disziplin- und institutionsspezifische Muster der Interpretation und Bearbeitung von Elternschaft. Als organisierende Prinzipien des Datenmaterials veranschaulichen die Schlüsselkategorien die Regeln des Diskurses. Sie decken auf, wie Elternschaft im diskursiven Feld der Familienberatung verhandelt wird. *Partnerschaftlichkeit* und *Sorge* stellen die „Bedeutungshorizonte" (Keller 2013: 44) dar, die diskursiv aufgespannt werden und zugleich den Spezialdiskurs um Elternschaft regulieren.

---

53 In Anlehnung an Strauss (1998: 48 f.) verstehe ich Kategorien als Begriffe, die Zusammenhänge in den Daten fassen und kommunizierbar machen. Diese Zusammenhänge sind thematisch gebündelt und in sich ausdifferenziert. Letzteres bringe ich zum Ausdruck, indem ich die Verknüpfungen innerhalb einer Kategorie als Subkategorie bezeichne. Ferner kann die interne Struktur von Kategorien aus Dimensionen bestehen. Damit meine ich mit Strauss (ebd.: 49) spezifische Eigenschaften, die eine Kategorie auszeichnend prägen.

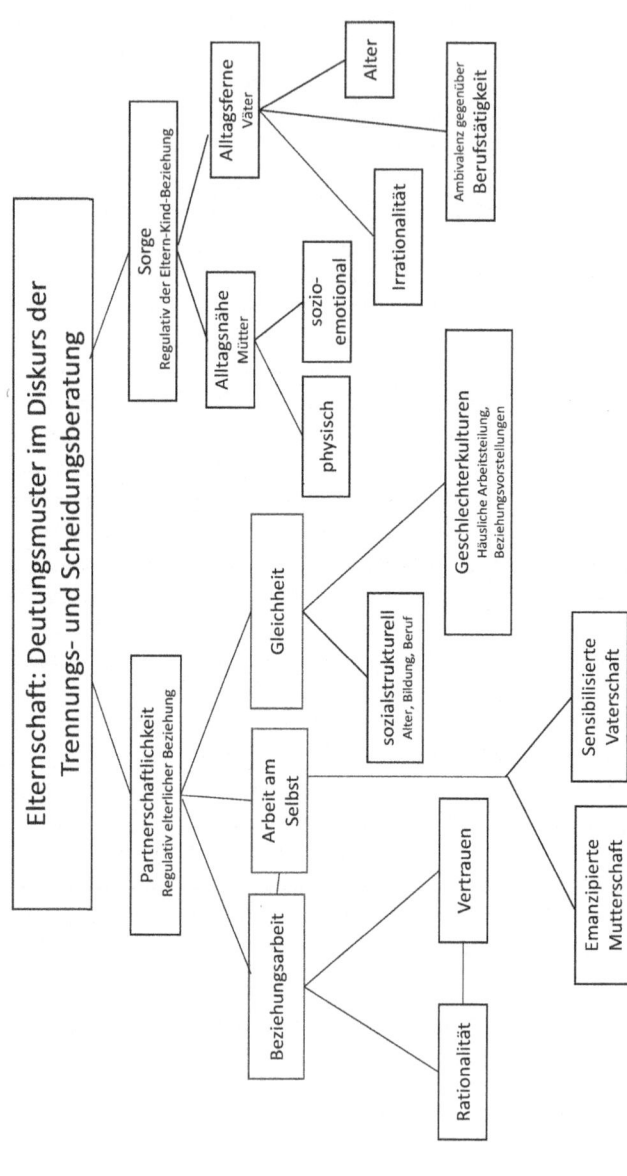

Abb. 1 Die Deutungsmuster *Partnerschaftlichkeit* und *Sorge*

Die diskurseigenen Deutungsmuster *Partnerschaftlichkeit* und *Sorge*[54]

8

Die Deutungsmuster *Partnerschaftlichkeit* und *Sorge* sind als beratungstypische Anleitungen auf dem Weg zur ‚besseren‘ Elternschaft zu lesen. *Partnerschaftlichkeit* fungiert im Diskurs der Beratung als Regulativ der elterlichen Nachtrennungsbeziehung, *Sorge* als Regulativ der Eltern-Kind-Beziehung. In der Familiensoziologie wird auf den Unterschied zwischen Partnerschaft als Beziehungsform und Partnerschaftlichkeit als Regulativ im Sinne einer Leitvorstellung von Paarbeziehung hingewiesen (vgl. Burkart 2000: 177). In der vorliegenden Studie verwende ich den Terminus ‚Regulativ‘ über das Paar hinaus und bezeichne damit auch (beratungstypische) Leitvorstellungen vom Verhältnis zwischen Eltern und Kindern, verdichtet im Deutungsmuster *Sorge*. Diskurstheoretisch lässt sich die Idee des Regulativs als die Verflechtung von interpretativer und instruktiver Wirkung von Diskursen übersetzen (vgl. Keller 2008: 195). In diesem Sinne verdichten die Deutungsmuster *Partnerschaftlichkeit* und *Sorge* typische Deutungs- und Handlungsprobleme, die angesichts des Entstehungskontextes der Daten als relevant für das Feld der Trennungs- und Scheidungsberatung gelten. Im selben Zug formulieren diese Deutungsmuster die Antworten, die Elternschaft als Objekt professionaler Bearbeitung normativ formieren. Im Folgenden werden die Deutungsmuster *Partnerschaftlichkeit* (8.1) und *Sorge* (8.2) vorgestellt und abschließend Sagbarkeiten im Feld der Trennungs- und Scheidungsberatung zusammengefasst (8.3).

---

54 Ergebnisse über die Deutungsmuster *Partnerschaftlichkeit* und *Sorge* liegen bereits in Halatcheva-Trapp (2016a, b und 2017) vor.

© Springer Fachmedien Wiesbaden GmbH, ein Teil von Springer Nature 2018
M. Halatcheva-Trapp, *Elternschaft im Wechselspiel von Deutungsmustern und Diskurs*, Theorie und Praxis der Diskursforschung,
https://doi.org/10.1007/978-3-658-22575-9_9

8.1   Deutungsmuster *Partnerschaftlichkeit*

Das Deutungsmuster *Partnerschaftlichkeit* setzt sich aus drei Kategorien zusammen: *Beziehungsarbeit, Arbeit am Selbst* und *Gleichheit* der ehemaligen Partner. Die ersten zwei bedingen sich gegenseitig: Arbeit am Selbst sollen Mütter und Väter individuell leisten, damit die elterliche Beziehungsarbeit gemeinsam gelingen kann. Diese Interpretation findet sich durchgängig im Datenmaterial, unabhängig davon, ob die Äußerungen der Beratenden das Verhältnis zwischen den Eltern vor oder nach der Trennung thematisieren.

8.1.1   Kategorie *Beziehungsarbeit*: *Rationalität* und *Vertrauen*

Im Kern des Deutungsmusters *Partnerschaftlichkeit* steckt der beraterische Appell nach *Beziehungsarbeit*, gerichtet an das getrennte Elternpaar. Zum Wohle des Kindes sollen Mütter und Väter in/nach Trennung und Scheidung die Fähigkeit entwickeln, in Beziehung zu sich selbst, zum ehemaligen Partner bzw. zur ehemaligen Partnerin sowie zum gemeinsamen Kind zu treten. Diese Kategorie bringt die Omnipräsenz der Paarbeziehung zum Ausdruck, die selbst nach ihrer Auflösung eine Wirkmächtigkeit in der professionalen Rede über Elternschaft besitzt. Mit dem regelmäßigen Bezug auf die sogenannte „Paarebene", die von der „Elternebene" zu trennen sei, wird gelingende Elternschaft als Gegenpol zum Paar entworfen. Diese Unterscheidung stellt eine maßgebende Interpretationsfolie dar, die die praktische Arbeit mit Trennungs- und Scheidungsfamilien steuert und im Interviewmaterial überwiegend im Zusammenhang mit elterlichen Beziehungsdynamiken zur Sprache kommt:

„Also ich glaube, wie soll ich das sagen, ich fordere das ja auch, die Trennung von der emotionalen Mann-Frau-Ebene und die Kompetenz auf der Vater-Mutter-Ebene." (B7: 243-245)

„Und was uns auffiel war, dass viele Dinge, die in der Beziehung schon ein Problem waren, auf der Elternebene fortgeschrieben wurden." (B3: 75-77)

„Also sie können noch nicht miteinander auf dieser Elternebene reden." (B16: 144)

Wie wird die Differenz zwischen Eltern- und Paarbeziehung diskursiv aufgebaut? Welche Inhalte prägen beide „Ebenen"? Welche Variationen erfährt das Verhältnis zwischen „Elternebene" und „Paarebene" im beraterischen Diskurs? Diese Fragen leiten die analytische Annäherung an Elternschaft als partnerschaftlich gestaltete Beziehungsarbeit. Empirisch zeigt sich dabei, dass die Paarbeziehung und ihre Emotionalität eine diskursiv generierte Herausforderung für gelingende Elternschaft darstellen. Das Emotionale wird an das Paar gekoppelt und als Enttäuschung, Wut und Misstrauen geäußert. Als Gegenpol hält der beraterische Diskurs *Rationalität* und *Vertrauen* entgegen, die eine kindeswohlgerechte Elternschaft nach Trennung und Scheidung ermöglichen und stabilisieren sollen:

> *„Jetzt ist es so, dass sie das, was auf der Paarebene passiert, auch so lassen können, aber auf der Elternebene wirklich motiviert sind, also es ist, also sie versuchen sich rein zu versetzten, was das heißt zum Beispiel [...] die Sorge um den Jungen, um den es ja auch geht, die zu teilen und dann und da sitzen, da ziehen die auch an einem gemeinsamen Strang"* (B22: 94-98).

> *„Ja, dass es Paare sein müssen, die irgendwann, egal ob durch die Beratung oder durch eine eigene Einzelberatung, was weiß ich, oder Psychotherapie, die irgendwann sich selbst auch ein bisschen stabilisieren. Die Enttäuschung auch für sich persönlich bearbeiten können. Die ja eindeutig da ist. Also wenn das, das gelingt, dann haben sie natürlich auch bessere Möglichkeiten, sich wieder auf die Elternebene zu verständigen."* (B3: 706-711).

Während der Diskurs Emotionen wie Ärger, Wut und Misstrauen als hinderlich für die Gestaltung einer partnerschaftlichen Elternschaft interpretiert und auf der „Paarebene" ansiedelt, werden *Rationalität* und *Vertrauen* als Kompetenzen gedeutet und auf der „Elternebene" platziert. Als Ansprache an die Eltern bedeutet diese Koppelung, dass die emotionale Beziehungsdynamik zu überwinden und in sachliches, vertrauensbasiertes Handeln zu transformieren ist. Diese Transformation wird im Diskurs mit elterlicher Kompetenz gleichgesetzt. Die diskursiv hergestellten und geforderten Kompetenzen beinhalten vor allem Selbstreflexion und Distanzierung von den eigenen Gefühlen, die im Verlauf oder im Nachklang der Trennung entstanden sind. Erst die Arbeit daran, einzeln und gemeinsam, würde eine partnerschaftliche Elternschaft zulassen und dem Kind gerecht werden.

Mit der Forderung nach einem reflektierten Umgang mit Emotionalität baut der beraterische Diskurs eine Brücke zwischen „Paar"- und „Elternebene" auf. Dem Handeln der getrennten Eltern wird eine Aufwärtsbewegung von der „Paar"- auf die „Elternebene" zugestanden, und daran gilt es – mit professionaler Hilfe wie auch mit eigener Kraft – anzusetzen. Diese Aufwärtsbewegung lässt sich als Ausweg aus der Emotionalität und sukzessive Entwicklung von *Rationalität* und *Vertrauen* als

Modi elterlicher Nachtrennungsbeziehung verstehen. Obwohl sich der Diskurs zwar um eine Versöhnung von Paarbeziehung und Elternschaft bemüht, entkommt er ihrer systematischen Polarisierung jedoch nicht. Das diskursive Verhältnis zwischen „Paar"- und „Elternebene" bleibt angespannt und ruft umso mehr zu *Beziehungsarbeit* im Sinne einer Entwicklung von *Rationalität* und *Vertrauen* auf. Im Folgenden werden die Inhalte und die Interdependenzen beider Subkategorien erläutert.

8.1.1.1 Subkategorie *Rationalität*

Als Kerngedanke von *Beziehungsarbeit* etabliert sich die Erwartung an die Eltern, eine nüchterne Haltung gegenüber dem ehemaligen Partner, gegenüber der Trennung oder der eigenen Trauer und Verletzung zu erlangen. *Rationalität* gilt im beraterischen Diskurs als Mittel der Problemlösung und impliziert einvernehmliche Kommunikation, Verständigung und Aushandlung, oder zumindest die Bereitschaft dafür:

„Und wenn irgendwas ist, können sie sich auch, das deutete sich schon relativ früh an, entweder telefonisch verständigen oder auch, was weiß ich, bei einer Tasse Kaffee, die sie irgendwo zusammen trinken, oder bei einem Schulfest auch Dinge bereden." (B10: 584-587)

„Die treiben es nicht zum Konflikt hoch, beziehungsweise jetzt habe ich so den Eindruck, sie sprechen es frühzeitig an und, und halten es auch aus, es zu besprechen, weil sie wissen, sie sind als Eltern gefragt und das sind sie [...] den Kindern schuldig" (B22: 332-336).

„Also eindeutig die Kommunikation nicht nur hier, wenn die Eltern hier sind, sondern auch im Alltag, denn da läuft es so gut wie gar nichts, außer mal eine SMS oder nur Zettel die über die Kinder hin und her gehen. [...] Also mehr so dieses, dieser sachlichere Blick oder der Umgang, also das denke ich ist eindeutig, also das wäre wichtig." (B16: 391-400)

In diesen Zeilen wird die Etablierung von einem neuen Kommunikationsmodus zwischen den Eltern gefordert. Zunächst gilt es, miteinander ins Gespräch kommen, sei es in Form von vis-a-vis-Treffen, Telefonaten oder Austausch von Nachrichten. Dies darf zudem kein einmaliges oder sporadisches Ereignis bleiben. Vielmehr sollen daraus neue Routinen erwachsen, die selbstverständlich im Alltag der getrennten Mütter und Väter verankert sind. Der Aufbau und die Pflege der Kommunikation seitens beider Eltern sind Aspekte der Beziehungsarbeit, die eine partnerschaftlich gestaltete Elternschaft herstellen. Ferner wird im Kontext der Kommunikation

„Akzeptanz" angesprochen. Der in-vivo-Kode visiert einerseits die reorganisierten Familienverhältnisse an, die als aktuelle und reale Ordnung von beiden Eltern anzuerkennen sind. Andererseits bezieht sich Akzeptanz darauf, die individuelle Vorgehensweise des anderen Elternteils im Umgang mit dem Kind anzunehmen. Handlungspraktisch bedeutet das, auf Abstimmung gelegentlich verzichten zu können, und darauf zu vertrauen, dass der andere Elternteil zwar einen anderen, aber nicht unbedingt schlechteren Kontakt zum Kind hat.

Neben einer durch Verständigung und Konstanz gekennzeichneten Kommunikation bedeutet die Subkategorie *Rationalität* auch einen sachlichen Umgang mit dem emotionalen Erleben der Trennung. Erst die Bewältigung von durch die Trennung ausgelösten Emotionen ermögliche elterliche Verständigung, anderenfalls „tappen beide schnell in die Falle ihrer Emotionalität" (B7: 498). Emotionen sollen gebändigt werden, um zum Wohle des Kindes keine Konflikte aufkommen zu lassen:

„Ich habe fast das Gefühl, wenn es gelänge, da das Streitpotential zu verringern, wäre auf der anderen Elternebene auch eigentlich mehr möglich gewesen. Aber es muss da höllisch zur Sache gehen, was diese ganzen finanziellen Dinge betrifft." (B7: 433-436)

„Ganz schwierig, ganz schwierig. Da ist noch ganz viel so Machtgerangel zwischen den beiden da, und die Jungs sind ja ziemlich schwierig, die Zwillinge, und das ist jetzt so, die bräuchten eigentlich Eltern, die gemeinsam an einem Strang ziehen, und das schaffen die beiden irgendwie nicht." (B18: 77-80)

„Und ich war mir, oder wir waren uns beide sehr sicher, dass sie beide an der Stelle berührbar sind, wie können wir gemeinsam Verantwortung tragen." (B2: 191-193)

Hier bestätigt der Diskurs die Polarisierung von „Paar"- und „Elternebene", indem er die Besinnung der streitenden Eltern auf die gemeinsame Elternschaft als den Weg und das Ziel zeichnet. Versöhnung, Akzeptanz der Trennung und Zusammenschluss mit Blick auf die Kinder sind Elemente einer Gemeinsamkeit, die als Korrektiv ausgelegt wird. Die Idee der Gemeinsamkeit wird zum einem in Gestalt des Kindes personifiziert, zum anderen fungiert sie als Wegweiser für das Handeln der Eltern. Der Diskurs positioniert das Kind als das Bindeglied getrennter Mütter und Väter und entwirft damit Elternschaft als ihre gemeinsame Handlungsperspektive, an der Hier und Jetzt zu arbeiten ist.

Ein wesentlicher und interessanter Bestandteil der diskursiven Interpretation von *Rationalität* ist ihre Verknüpfung mit Geschlecht. In dieser Verknüpfung werden Mütter als sachlich handelnd und denkend gedeutet, während Vätern eine Emotionalität zugeschrieben wird, die die Beziehungsarbeit stören würde:

„Für sie war halt eher klar, also ich will mich von ihm trennen und von daher war, wenn es um Partnerschaft ging, es immer mehr so der Mann, der emotionaler reagiert hat, der den Versuch gestartet hat, der, ja halt wütend war, enttäuscht, frustriert, also die ganze Gefühlspalette, verletzend" (B17: 209-212).

„Was vielleicht weniger gelungen, oder nicht so gelungen ist, die Eltern an einen Tisch zu kriegen und noch mal zu sagen: Sie haben sich getrennt und verdammt noch mal, da können sie jetzt nicht ihre Kinder für in die Pflicht nehmen. Das ist nicht gelungen, so. Da stand die eigene Kränkung, also insbesondere des Vaters, immer wieder im Vordergrund." (B8: 569-573)

„Dann hatte sie so den Planer aufgeschlagen, da hatte sie die Punkte formuliert über was sie reden will, und ich hatte so das Gefühl, dadurch entstand so eine Komplementarität in der Kommunikation, die gar nicht gepasst hat. Ich glaube, er war mehr auf so einer emotionalen Ebene, und sie probierte das immer zu versachlichen, und dadurch passte das so wirklich gar nicht zusammen." (B21:136-140)

„[...] in der Unversöhnlichkeit, in der fehlenden Selbstreflektion des Mannes, was ist mir da passiert, wie habe ich jetzt zu handeln und wie geht mein Leben weiter. [...] Und er auf der Paarebene hängen bleibt und da alles tun wird, um sich weiterhin anwaltlich durch die Mühle drehen zu lassen." (B2: 428-434)

Die Sachlichkeit der Mütter umfasst zum einen die Fähigkeit, starken emotionalen Reaktionen wie Wut und Ärger mittels Einsicht und Vernunft standzuhalten. Zum anderen beinhaltet sie eine strukturierte Herangehensweise, über Probleme im Vorfeld nachzudenken und sie im Beratungsgespräch zu benennen. Die Emotionalität der Väter als Kontrapunkt zur Sachlichkeit der Mütter kommt zum Ausdruck in Formulierungen wie „Ausbrüche", „Kränkung", „immer sehr beleidigt" sowie „mehr auf der emotionalen Ebene" sein. Dass der Diskurs eine Dichotomie aufmacht, die die rationale Haltung von Müttern und die emotionale Haltung von Vätern gegenüberstellt, ist nicht nur im Hinblick auf die Inhalte von *Beziehungsarbeit* aufschlussreich. Als Element des Deutungsmusters *Partnerschaftlichkeit* zeigt die diskursive Dichotomisierung auf, was die Gestaltung einer partnerschaftlichen Elternschaft nach Trennung oder Scheidung sabotieren kann, nämlich die männlich konnotierte Emotionalität. Eine partnerschaftliche Nachtrennungsbeziehung der

Eltern wird durch wirksame Affektregulierung und lösungsorientiertes Vorgehen unterstützt, beides Fähigkeiten, die der beraterische Diskurs als typisch für die Mütter interpretiert. Die Sachlichkeit von Müttern scheint nicht nur der elterlichen Beziehungsarbeit, sondern auch dem Beratungsprozess zugute zu kommen. Der Diskurs hält mit dieser Deutung eine Möglichkeit für die Beratenden offen, professional anzudocken und Elternschaft mitzugestalten, indem Mütter dank ihrer zugeschriebenen Fähigkeit zur Selbstreflexion als Verbündete positioniert werden. Darüber hinaus lässt die geschlechterspezifische Kodierung von *Rationalität* beratungstypische Vorstellungen von Weiblichkeit und Männlichkeit im Kontext elterlicher Trennung erkennen. Indem der Diskurs Mutterschaft mit Sachlichkeit und Vaterschaft mit Emotionalität ausstattet, macht er das emotionale Erleben von Trennung und Scheidung zu einer Genderangelegenheit, wobei das kulturelle Klischee vom sachlichen Mann und von der emotionalen Frau umgedreht wird (vgl. Hausen 1976: 367).[55]

8.1.1.2 Subkategorie *Vertrauen*

Neben der Entwicklung von *Rationalität* impliziert die Kategorie *Beziehungsarbeit* die Herstellung von Vertrauen als eine an die Eltern gerichtete Forderung. Die Subkategorie *Vertrauen* erhält im Diskurs der Beratung vielschichtige, gar ambivalente Interpretationen. Sie beziehen sich zwar überwiegend auf das Verhältnis der getrennten Eltern zum Zeitpunkt der Beratung, verraten aber auch professionale Leitvorstellungen von gelingender Paarbeziehung im Allgemeinen.

Zunächst geht *Vertrauen* über das Alltägliche hinaus und wird als besonderes Moment der Zweisamkeit gedeutet, z. B. als körperliche und seelische Verschmelzung:

„Das ist im sexuellen Bereich, aber ich denke, das gibt es auch darüber hinaus auch im seelischen Bereich, wo es wirklich mal richtig gut miteinander stimmt und schön miteinander ist so, wo wirklich Verbundenheit entsteht. Und so ein Vertrauen auch über die Tiefe der Beziehung. Wo man so weiß, wenn man das verliert, das ist etwas, was man, wo man das Gefühl hat, den Verlust würde man gar nicht ertragen können." (B7: 215-220)

---

55 Das hier rekonstruierte Ergebnis einer irrationalen Männlichkeit im Kontext von Trennung und Scheidung ist als analytische Abstraktion zu verstehen, die Sagbarkeiten und Interpretationen im beraterischen Diskurs zum Ausdruck bringt. Das Ergebnis soll nicht die Emotionalität der betroffenen Männer in Frage stellen.

Eine vertrauensvolle Paarbeziehung wird als schön, innig und tiefgründig entworfen, als sexuelle und emotionale Harmonie, als einmalige und ganzheitliche Verbindung. Diese romantische Lesart von Vertrauen schließt an moderne Liebesdiskurse an, die das Paar als eigenständige Einheit institutionalisieren und die Einzigartigkeit der Liebenden betonen, wie im Kapitel 2 dargelegt.

Vertrauen kursiert zudem als Vorbedingung für Kompromissfähigkeit, welche die Konflikte zwischen den getrennten Eltern abmildern oder entschärfen und dadurch die professionale Arbeit unterstützen kann:

> *„Also mir kam das so vor, wie wenn die durch ihre Unterschiedlichkeit immer wieder in eine Auseinandersetzung um die Unterschiedlichkeit hineingeraten sind und nicht diese Unterschiedlichkeit haben aufheben können durch [...] eine gemeinsame Vertrauensebene, so und vielleicht sogar arbeitsteilig dann diese Unterschiedlichkeit nutzen" (B1: 280-284).*

> *„Und wenn ich das so mit anderen Eltern vergleiche, da war bei den beiden eigentlich wenig Vertrauenswerbung nötig, so in die Richtung, gucken Sie doch mal genau, er ist doch ein guter Vater, oder gucken Sie doch mal genau, sie ist doch eine gute Mutter. Sondern das war eigentlich so schon etwas, was sie mitgebracht haben." (B10: 468-472)*

Die Zuschreibung einer schlichtenden Funktion entfernt *Vertrauen* von dessen romantisierender Deutung. Der Gedanke daran, persönliche Unterschiede nicht zu Gegensätzen aufzubauen, sondern nüchtern und arbeitsteilig mit ihnen umzugehen, versieht die Subkategorie mit einer pragmatischen Konnotation. Gegenseitiges Vertrauen zwischen Mutter und Vater helfe ihnen, und es helfe den Beratenden, indem letztere es als vorhanden attestieren und trotz elterlicher Konflikte als wirksam voraussetzen, wie aus den oben zitierten Zeilen hervorgeht.

Schließlich wird das Fehlen von Vertrauen zwischen den Eltern bereits in der gemeinsamen Zeit vor der Trennung als grundlegendes Problem thematisiert:

> *„Ich glaube, es fehlt, es ist ganz komisch, es fehlt beiden und zwar auch irgendwie beiden, an einer tieferen Vertrauensebene. Ich glaube, irgendwas hat da noch nicht geklappt. Die haben auf einer, die haben eine bestimmte Qualität des Vertrauens, sich Anvertrauens nicht erreicht, das ist für mich so, also ist ne Hypothese, ich kann das nicht beweisen und nicht messen." (B7: 177-181)*

Die Äußerungen knüpfen an das bereits geschilderte Verständnis von Vertrauen als Fundament einer ganzheitlich gelungenen Intimität an. Dieses Fundament wird als Ressource gedeutet, woauf – falls vorhanden – die Beziehungsarbeit stabilisierend zurückgreifen könne. Die Eltern sollen in der Nachtrennungsbeziehung erlernen, einander zu vertrauen. Sie sollen daran arbeiten, das nie vorhandene oder geschrumpfte Vertrauen (wieder) zu gewinnen, indem sie miteinander und nicht gegeneinander handeln. Welche Lösungen sieht der Diskurs für die Entwicklung eines neuen vertrauensvollen Miteinanders vor? In erster Linie geht es darum, dass die Eltern genaue Absprachen oder schriftliche Vereinbarungen in den Beratungsgesprächen treffen und sich im Alltag daran halten:

„Also wir haben immer wieder, ich habe gerade noch mal geguckt, immer wieder Vereinbarungen auch festgelegt, und das hat nicht lange angedauert, dann sind wieder die Vereinbarungen geplatzt. Und dann reagiert er vor allem auch immer sehr beleidigt. Also er sagt dann, dann will ich eben nichts mehr mit den Kindern zu tun haben, dann soll die alleine ihr Ding machen und dann ist es mir jetzt auch mal egal, und obwohl man weiß, es ist ihm nicht egal. Die Jungs sind ihm sehr sehr wichtig, reagiert er dann manchmal so innerlich verletzt" (B18: 80-87).

„[...] und so kam es dann auch beim zweiten Kontakt dann dazu, dass tatsächlich der Herr S. noch mal hier, im Beisein von der Frau L. schriftlich was niedergeschrieben hat und hat noch mal bestätigt, also dass er kein Interesse hat auf das Sorgerecht, alleinige Sorgerecht und auch kein Interesse auf das Aufenthaltsbestimmungsrecht [...] und ja, daraufhin war dann erstmal so, noch mal so eine, ja, wie soll ich sagen, wie so eine Erleichterung." (B16: 41-46)

Im letzten Zitat, aber auch in den oben aufgeführten Äußerungen über die vertrauensbasierte Kompromissfindung, klingt eine Versachlichung von Vertrauen an, die im Kontrast zu dessen Romantisierung steht. Das Ideal eines tiefen, vertrauensvollen Verhältnisses prägt zwar die Interpretation von Elternschaft als Beziehungsarbeit mit, lässt sich jedoch im Fall der elterlichen Trennung diskursiv nicht aufrechterhalten. Vielmehr setzt sich die pragmatische Konnotation durch, die für die Herstellung von Vertrauen auf formalen Wegen steht. Der Diskurs bindet Vertrauen an Bedingungen, die Verbindlichkeit schaffen, wie etwa schriftlich fixierte und unterzeichnete Vereinbarungen zwischen den Eltern. Sichtbar wird an diesem Befund die diskursive Verflechtung von *Rationalität* und *Vertrauen*.

8.1.1.3 Diskursive Verflechtung von *Rationalität* und *Vertrauen*

Der beraterische Diskurs produziert eine versachlichte, zweckrationale Form von Vertrauen, der eine stabilisierende Funktion für die Beziehungsarbeit und die Aushandlung einer partnerschaftlichen Elternschaft zukommt. Wie schriftliche Verträge prinzipiell Ordnung, Transparenz und Selbstverpflichtung sichern sollen, so versehen sie die neu arrangierte familiäre Ordnung im Kontext von Trennung und Scheidung mit Halt und Beständigkeit. Im Diskurs der Beratung minimieren verschriftlichte Übereinkünfte die emotionale Spannung im elterlichen Verhältnis, erhöhen das Vertrauen zwischen den Eltern und beeinflussen damit den Verlauf des Beratungsprozesses. Die Belege aus dem Interviewmaterial weisen darauf hin, dass Beratungserfolg durch die Kooperation zwischen Mutter und Vater definiert und die Möglichkeit zur Verwendung von professionalem Wissen an die elterliche Verständigung gekoppelt wird:

> *„[...] weil wir Vereinbarungen hier getroffen haben, die eingehalten wurden und weil wie gesagt die Eltern hier aus der Beratung, aus den Gesprächen heraus gegangen sind mit einem Gefühl von wir haben hier was miteinander geregelt, wir haben hier was miteinander vereinbart, womit wir leben können und wo wir erst mal wissen, woran wir sind und ja, ich habe halt gemerkt, dass beide das tragen können und dass das auch zum Wohl der Kinder, ja das Beste ist und gut läuft. Ja." (B5: 545-550)*

Die Verflechtung von *Rationalität* und *Vertrauen* zeigt sich zudem an der Konstruktion von Vertrauen als fragil gegenüber Emotionen wie Ärger, Wut und Enttäuschung:

> *„Bei ihr war ganz vorrangig ein unglaublicher Ärger, dass er nicht versteht, was er damit seiner Tochter antut, dass er überhaupt, dass er sowohl, dass sie ihn hier auch eben gesagt hat, auch wenn Du mir nicht glaubst, weil Du sauer auf mich bist, das ist ja schon schlimm genug, aber dass Du dann auch noch nicht mal anderen glaubst, die Marina auch kennen und wissen, wie schlimm das für sie ist, das fand sie, da hat sie großes Unverständnis für und war auch irgendwie sauer." (B4: 246-252)*

Die diskursive Rationalisierung von Vertrauen erfolgt also nicht lediglich entlang der Stiftung vertragsbasierter Verständigung zwischen den Eltern. Sie ruft ebenfalls einen bestimmten Umgang mit durch die Trennung ausgelösten Emotionen auf, mit der Erwartung, letztere zu unterbinden bzw. zu regulieren. Denn Emotionen versperren die Sicht der Eltern auf das eigene Problemverhalten. Sie untergraben außerdem das Vertrauen in den ehemaligen Partner oder in die ehemalige Partnerin und bestimmen die Beratenden, weil extern, als vertrauenswürdiger. In den Aussagen zum Vertrauensthema findet sich eine Selbstpositionierung der Beratenden als Dritte, die gerade durch ihre professionale Neutralität als Instanz der Objektivität in den Konflikt einbezogen werden.

Zusammenfassend bringt der beraterische Diskurs eine widersprüchliche Deutung von *Vertrauen* hervor, die zwischen Vorstellungen von Liebesromantik einerseits und von Vertragsförmigkeit als solider Vertrauensbasis andererseits oszilliert. Die diskursive Romantisierung von Vertrauen im Kontext von Trennung und Scheidung ist ebenso überraschend wie erwartbar. Überraschend deswegen, weil es anzunehmen ist, dass sich in der Beratung von getrennten Eltern die Liebesfrage nicht mehr stellt. Aus einer paarbiographischen Perspektive erscheint die Lesart jedoch erwartbar, weil Trennungen in der Regel die Auflösung von (einer wie auch immer ausgeprägten Form von) Liebesbeziehungen darstellen. Denkt man Paarbeziehung als soziologische Kategorie, die durch die Ansprüche auf Dauerhaftigkeit, Verbindlichkeit und Exklusivität definiert wird (Burkart 2008: 172), bilden Trennung und Scheidung die Abgrenzungsfolie, vor deren Hintergrund der Diskurs seine idealtypischen und idealisierenden Vorstellungen von Intimität entfaltet. Der implizite Rekurs auf Liebe in den Äußerungen der Beratenden bringt eine weitere Dichotomie ins Spiel, die zwischen gelungener und missglückter Paarbeziehung entlang der Idee von Vertrauen unterscheidet. Wohin soll schließlich gelungene Beziehungsarbeit führen?

„Jetzt sitzen die entspannt da, können über Dinge, überlegen können, sind offen, also und es gibt keinen Groll und sie sind wirklich nach vorne gerichtet [...]. Also die sind in einem guten Prozess, also die sind nach vorne gerichtet und wenig blockiert." (B22: 529-532)

„Da glaube ich, gibt es auch jetzt ein entkrampftes, ja Miteinander ist zu viel gesagt, aber entkrampfte Kontakte. Also wenn der Vater sich mal verspätet, dann ist die Tür nicht mehr zu, oder es gibt jetzt, soweit ich weiß, sogar die Möglichkeit, einfach auch schon mal Verschiebungen oder Veränderungen telefonisch zu bereden, was am Anfang gar nicht da war." (B11: 310-314)

Kein Streit, keine Spannungen, sondern gegenseitige Wertschätzung und Vertrauen, Geduld und Offenheit füreinander, Aussprache und Flexibilität, die reorganisierte Familie mit dem Wissen gestalten, „als Eltern gefragt" zu sein (B22: 334) – das macht das ideale Verhältnis zwischen getrennten Müttern und Vätern aus, worauf der beraterische Diskurs mit der Forderung nach Beziehungsarbeit hinsteuert.

8.1.2 Kategorie *Arbeit am Selbst*: *emanzipierte Mutterschaft* und *sensibilisierte Vaterschaft*

Während die Prämisse der Beziehungsarbeit im Sinne von Bemühen um Rationalität und Vertrauen beide Eltern erreichen soll, wird die Forderung nach *Arbeit am Selbst* unterschiedlich ausgelegt, je nachdem, ob sie sich an Mütter oder an Väter richtet. Die Aussagen über Mütter etablieren vor allem ein Thema und das ist der Gewinn an persönlicher Autonomie. Für Väter hingegen bedeutet *Arbeit am Selbst* in erster Linie Entwicklung von Achtsamkeit für die Bedürfnisse des Kindes. Die Subkategorien *emanzipierte Mutterschaft* und *sensibilisierte Vaterschaft* stehen gleichermaßen für den Auftrag und das Resultat einer *Arbeit am Selbst*, die der Diskurs jeweils für Mütter und Väter formuliert.

8.1.2.1 Subkategorie *emanzipierte Mutterschaft*

Die Aussagen über Mütter, verstreut im gesamten Datenmaterial, entwerfen das Bild einer lebensfrohen, starken und reflektierten Frau. Regelmäßig versieht der beraterische Diskurs seine Deutungen von Mutterschaft mit Vitalität, Frohmut und Sympathie, wie etwa: „eine sehr lebendige Frau", „sie machte einen ganz vitalen und fitten Eindruck", „sehr sympathisch", „extrovertiert", „eine relativ starke Frau", „sie hat einen Motor in sich, der sie antreibt", „ihre Lebenskraft, ihre Stärke", „eine sehr lebensfrohe und aufgeschlossene Mutter", „lebenslustig", „unglaublich kraftvoll", „meistert ihre Lebensgeschichte", „versuchte, das Familienhaus mit Leben zu füllen". Diese Äußerungen gewinnen umso mehr an Relevanz für die diskursive Mutterschaftskonstruktion, wenn ihre Kontextuierung im empirischen Material berücksichtigt wird. Sie stammen überwiegend aus Interviewsequenzen, die Mütter und Väter sukzessive beschreiben und dabei einen genderspezifischen Kontrast erzeugen. Das Bild einer energievollen und lebensfrohen Frau *und* Mutter entsteht in Abgrenzung zur Interpretation eines dominanten oder eines resignierten Mannes.

Darüber hinaus werden Müttern Selbstwirksamkeit und Selbstreflexivität zugeschrieben. Dies geschieht in Äußerungen, die das Verhältnis der Mütter zur professionalen Hilfe thematisieren. Zwei Argumente liefert der beraterische Diskurs dafür: erstens suchen Mütter aus eigener Initiative psychosoziale Hilfe auf, und zweitens, nehmen sie den Arbeitsprozess ernst:

> „[...] *Frau Paul eher auf der Reflexionsebene, sehr bereit, selbstreflexiv zu arbeiten und auch zu sehen, wo Bruchstellen für sie sind und waren und wie sie zukünftig sich neu mit ihm formieren möchte, und er in der absoluten Abgrenzung"* (B2: 236-239).

In ihrer „Offenheit", „Erzählfreudigkeit" und „Redegewandtheit" entpuppen sich Mütter als zugänglicher für professionale Hilfe als Väter. Auch diese Argumentation stellt kontrastierende Bezüge her. Väter werden als weniger aktiv in ihrem Verhältnis zur Beratung besprochen, wie ich nachfolgend in der Erläuterung der Subkategorie *sensibilisierte Vaterschaft* zeige. Selbstwirksamkeit, Kraft und Lebensfreude sowie eine selbstkritische Haltung verfestigen sich als typische Attribute von Müttern. Sie bringen die diskursive Interpretation zum Ausdruck, im Unterschied zu Vätern sind sich Mütter stärker der eigenen Verantwortung bewusst und besser in der Lage, an einer kooperativen Nachtrennungsbeziehung zwischen den Eltern zu arbeiten.

Was haben diese Befunde nun mit *emanzipierter Mutterschaft* zu tun? Die Zuversicht, mit der sich der beraterische Diskurs an Mütter wendet, macht es überhaupt möglich, auch Anforderungen zu stellen. Die diskursive Botschaft an Mütter in Trennung und Scheidung lautet: „Schuldgefühle überwinden", „sich vom ehemaligen Partner abgrenzen" und „selbstbewusster werden", „sich weiterentwickeln", „sich durchsetzen" im Verhältnis zu den Kindern. Der Diskurs stattet Mütter nicht nur mit Fähigkeit zur „Selbstkritik", sondern auch mit „Entwicklungspotential" aus. Den Müttern traut der beraterische Diskurs zu, was er von ihnen erwartet. Der Emanzipationsgedanke, auf dem die Subkategorie fußt, ist zweidimensional. Erstens legt ihn der Diskurs als Befreiung aus einer einengenden, belastenden Partnerschaft aus, zweitens als Gewinn an Erziehungskompetenz im Sinne eines souveränen Umgangs mit den Kindern. *Emanzipierte Mutterschaft* appelliert im Kern an die Autonomie der Mütter.

A. Die Trennungsinitiative der Mütter als Ausdruck weiblicher Emanzipation

Die erste Dimension der Subkategorie geht aus Interviews hervor, die die Trennungsinitiative von Müttern thematisieren. Ein diskursives Muster bildet sich durch die Interpretation der Trennung als Wagnis der Frauen, aus der Partnerschaft auszubrechen. Mut, Befreiung, sich trauen und zutrauen – das ist die zentrale Idee der Deutung von emanzipierter Mutterschaft, verankert in der beraterischen Rede über Mütter, die ihre Partner verlassen haben:

„Ich hatte auch überhaupt nicht den Eindruck, dass andere Männer ein Auslöser waren oder ein anderer Mann, sondern eher die Erfahrung, in unserer Kombination, so wie ich mich weiterentwickle, welche Wünsche ich jetzt habe an berufliche Weiterbildung, hat sie da gemerkt, dass sie da an Grenzen stößt und hat sich aus einer, aus so einem sehr zwanghaften Kontext raus bewegt, kraftvoll aber, kraftvoll und mit Umsicht." (B2: 325-331)

„Dann im Laufe der Jahre, dass sie nie den Mut gehabt hat, eigentlich hätte sie sich früher trennen wollen, soweit ich mich erinnere, aber hat sich nicht getraut. Und schon durch dieses ständig Negative und auch Klammernde, glaube ich, hatte sie selber so ein Gefühl, eingeengt und erdrückt zu sein." (B4: 267-271)

„Also in der sich auflösenden Beziehung, denke ich, hat die Mutter eine Menge Autonomie gewonnen, wo so unter Partnerschafts- oder Ehevorzeichen sie sich eher so in der klassischen Frauenrolle mit Abhängigkeiten gesehen hat, und wo er so von seiner Art her den Dominanten so eher ausgeübt hat" (B10: 144-147).

Der beraterische Diskurs markiert die elterliche Trennung als einen durchdachten Schritt von Müttern auf dem Weg zur persönlichen Autonomie. Der Trennungs-entschluss wird biographisch besprochen und als das Resultat eines längeren Abwägens und Abwartens gedeutet. Aus einer weiblichen Perspektive blickt der Diskurs auf die vergangene Partnerschaft zurück, in der Frauen als Unterworfene und Männer als Mächtige positioniert werden – eine Unterscheidung, die unter der Kategorie *Gleichheit* genauer erläutert wird. Zur Präzisierung dieses Befundes möchte ich wiederholt die emotionale Akzeptanz der Trennung aufgreifen, die unter der Kategorie *Beziehungsarbeit* als Problem der Männer thematisiert wurde. Die Aussagen über Mütter und Väter zeigen im Vergleich, dass der Diskurs eine Komplementarität des zeitlichen Erlebens der Trennung konstruiert. Bezogen auf Mutterschaft wird die Trennung durch eine ausgedehnte Vorgeschichte gerahmt, gespeist aus Erfahrungen von Abhängigkeit und Unzufriedenheit in der Partner-schaft. Bezogen auf Vaterschaft hingegen erscheint die Trennung als ein plötzliches Ereignis, zeitlich gerahmt als Problem im Hier und Jetzt mit Blick auf die Zukunft. Während Mütter mittels der Trennung ein Problem lösen, werden Väter mit der Trennung vor ein Problem gestellt, welches noch zu bewältigen ist.

B. Emanzipierung als die Umdeutung einer diskursiven Verunsicherung von Mutterschaft

Die Subkategorie *emanzipierte Mutterschaft* beinhaltet zweitens eine Dimension, die um Erziehungskompetenz und Gewinn an Souveränität im Verhältnis zu den Kindern kreist. Im Unterschied zur Dimension der Befreiung, wodurch der Diskurs die Unterwerfung der Mütter in der Paarbeziehung als Gewinn an Auto-nomie umdeutet, impliziert die zweite Dimension eine diskursive Verunsicherung von Mutterschaft im Verhältnis zu den Kindern. Emanzipierung als Kehrseite der Verunsicherung ist ein Appell nach mehr Konsequenz und Durchsetzung in Erziehungsfragen oder Überwindung von Schuldgefühlen gegenüber dem Kind:

„Und sie sieht das schon auch alles und was auch gerade für die Kinder not-
wendig ist, hat es aber auch manchmal schwer, das wirklich durchzuhalten
oder durchzusetzen. Diese Konsequenz, das ist dann für sie auch ganz schwer."
(B18: 57-60)

„Nach der Trennung war es eher so, von Seiten der Mutter, Schuldgefühl, haben
wir ihn [den Sohn, Anm. d. V.] damit überfordert, überladen, haben wir ihn
im Stich gelassen und sie hat versucht da dran zu bleiben." (B22: 431-433).

„Im mütterlichen Verhalten war in der Anfangszeit etwas schwierig davon
wegzukommen, dass die Rosa bestimmt, wo es lang geht und das in die müt-
terliche Verantwortung reinzunehmen. [...] Das hat sich aber im Laufe der
Beratung mit der Mutter verändern lassen." (B11: 90-95)

„Ich erlebe sie als sehr fürsorgliche Mutter und auf der anderen Seite eben
auch, manchmal als diejenige, die auch mal eine Grenze weniger setzt als sie
vielleicht auch notwendig wäre, und den Kindern manchmal auch zu viele
Entscheidungsfreiheit lässt. [...] Also dieses Konsequente da ein Stück auch
gefehlt hat" (B19: 994-1006).

Die diskursive Verunsicherung von Mutterschaft erfolgt zum einen durch die
Zuschreibung von Inkonsequenz. Letztere wurde als in-vivo-Kode gebildet. Ver-
unsichert wird damit ein Erziehungsideal, welches Beständigkeit, Aktivität und
Klarheit impliziert. Die Interpretation von der Mutter, die ihren Kindern gegenüber wechselhaft handelt, zu wenig Grenzen setzt, zu viel Verantwortung überlässt
und Schuld empfindet, baut auf der Vorstellung von Inkonsequenz als persönlicher Eigenschaft von Frauen auf. In Bezug auf das Vater-Kind-Verhältnis werden
Inkonsequenz und Schuldgefühle ein einziges Mal im gesamten Datenmaterial
erwähnt. Sie sind für die diskursive Konstruktion von Vaterschaft im beraterischen
Diskurs nicht relevant. In Bezug auf Mutterschaft hingegen taucht Inkonsequenz
regelmäßig auf, wenn auch als alleiniger – sagbarer – Kritikpunkt, wie dies später
das Deutungsmuster *Sorge* zeigen wird. Wenn Mutterschaft also überhaupt diskursiv herausgefordert wird, dann durch die Attribuierung eines inkonsequenten
Erziehungsstils. Dieses Thema macht Frauen als Mütter beratungsbedürftig und
zeigt an, wo ihre *Arbeit am Selbst* ansetzen soll.

Verunsicherung erfährt Mutterschaft ferner durch äußere Umstände. Im Da-
tenmaterial sind einige Sorgearrangements festgehalten, in denen die Kinder ihren
Lebensmittelpunkt bei den Vätern haben und sich mit den Müttern in zeitlichen
Abständen treffen. Auch aus solcherart Familiengeschichten bezieht der Diskurs

das Muster einer Verunsicherung. Anders als Inkonsequenz im Sinne eines – hier weiblich konnotierten – persönlichen Defizits meint die Verunsicherung durch äußere Umstände eine Irritation, herbeigeführt durch die räumlich-zeitliche Trennung von Mutter und Kind:

> *„Und ihr wird es sicherlich auch besser gehen, wenn sie nicht so dran nagen würde, was man ja auch verstehen kann, wie gesagt, dass die älteste Tochter nun, das war nun fast der Preis. Dass sie die nun beim Vater gelassen hat. Also das würde jetzt ihr Leben jetzt ein bisschen nachhaltig negativ sicherlich beeinflussen"* (B8: 324-328).

> *„Das Kind lebte beim Vati, und die Kindesmutter rang monatelang einfach um das Kind auf verschiedenen Wegen."* (B12: 9-12)

> *„[...] begleitender Umgang, das war ja am Anfang auch erst so angedacht, wo sich die Mutter wirklich oder wo die Mutter wirklich sehr unsicher war, wie verhält sie sich jetzt diesen Zwillingen gegenüber"* (B16: 103-105).

Im erstzitierten Familienfall leben die zwei jüngeren Kinder bei der Mutter und die älteste Tochter beim Vater. Das Kind im zweiten Fall hat seinen Lebensmittelpunkt beim Vater, die ältere Tochter der Eltern wird nicht thematisiert. Im dritten Familienfall leben Mutter und Tochter zusammen, während die Zwillingssöhne ihren Lebensmittelpunkt beim Vater haben. Die Zitate vermitteln eine Alternative zur Vorstellung von der mütterlichen Allgegenwärtigkeit in der Familie. Die Mutter wird teilweise außerhalb der Familie positioniert und damit auf physischer Distanz zum Kind. Die Selbstverständlichkeit, mit der Kinder und Mütter in gegenseitiger Nähe gedacht werden, wie dies das Deutungsmuster *Sorge* verdeutlichen wird, wird durch die diskursive Verunsicherung brüchig. Dies geschieht durch Beschreibungen der Mütter als um die Kinder „ringend", „kämpfend" und „leidend" oder indem die erzwungene Trennung vom Kind als Ausgleich für die eigenverantwortliche Trennung vom Mann kommentiert wird („das war nun fast der Preis"). Auch hier bietet sich ein aufschlussreicher Vergleich mit den Interpretationen von Vaterschaft an. Während Väter unter der Trennung ihrer Partnerinnen leiden und als Männer angesprochen werden, wie die Subkategorie *Beziehungsarbeit* darlegt, leiden Mütter unter der Trennung vom Kind. Die Vergeschlechtlichung von Leiden, die der beraterische Diskurs erzeugt, basiert auf der Vorstellung von der verletzten männlichen Ehre und der Idee von einer engen Beziehung zwischen Mutter und Kind. An dieser Stelle verschränken sich die Befunde aus der Kategorie *Rationalität* mit denjenigen von *emanzipierter Mutterschaft*.

Die beraterische Rede über Familienarrangements, in welchen die alltägliche Sorge für die Kinder von Vätern getragen wird, mag zwar Mutterschaft diskursiv verunsichern. Trotz dieser Irritation rüttelt der Diskurs an der stabilen Konstruktion einer mütterlich konnotierten Sorge jedoch nicht:

> *„Die Erziehungskompetenz hat sie vielleicht manchmal in den Hintergrund treten lassen, irgendwie, wenn sie dann ihre Krankheit hat oder sehr darunter leidet, dass die älteste Tochter nicht da ist usw. und so fort. So, aber sie ist absolut, also sie hat die Fähigkeit, sie kann das so.* (B8: 222-225)

> *„Die Mutter denke ich ist, ist, ja, eher so die Liebevolle und auch so die Bemutternde halt, so und ich denke mal, wirklich nicht immer die Konsequente, aber schon so, ja, so das Mütterliche, Liebevolle."* (B16: 328-330)

Mit der Problematisierung von Konsequenz und Durchsetzungsvermögen in Erziehungsfragen markiert der Diskurs den einzigen Punkt, an dem sich Mutterschaft als angreifbar herausstellt. Dennoch gelingt es nicht, die Fürsorgekompetenzen von Müttern grundlegend in Frage zu stellen. Vielmehr bekräftigt der Diskurs die Vergeschlechtlichung von Fürsorgekompetenzen, und dies wird in Bezug auf Vaterschaft in der Darstellung des Deutungsmusters *Sorge* noch deutlicher aufgezeigt. Es ließe sich dennoch fragen, wieso der beraterische Diskurs die Interpretation von verunsicherter Mutterschaft produziert, wo er doch viel regelmäßiger die Mutterfigur in ihrer zentralen Zuständigkeit für Sorge stützt. Damit kehren wir zum Emanzipationsappell und Autonomiegedanken der Kategorie *Arbeit am Selbst* zurück. Die diskursive Verunsicherung von Mutterschaft bewegt sich innerhalb der Emanzipationssemantik, die sich in den Aussagen über Mütter diskursiv durchsetzt. Damit wird eine Interpretation von Mutterschaft entfaltet, die auf eine triviale und ambivalente Art und Weise typische Erwartungen an Weiblichkeit vereint: die Unsicherheit als persönliche Eigenschaft und die selbstreflexive Wendung nach Innen als Strategie der Problemlösung von Frauen. Das eigene Selbst wie Umfeld zu hinterfragen und reflexiv zu ergründen, erweist sich als eine typisch weibliche Kompetenz, die hilft, biographische Umbrüche zu bewältigen, wie etwa eine Trennung oder Scheidung. Die Subkategorie *emanzipierte Mutterschaft* bezieht ihre instruktive Wirkung nicht nur aus pragmatischen Handlungsanleitungen, sondern auch aus biographischen Rekursen. Die emanzipierte Mutter ist die Frau, die einen dominanten Mann verlässt und damit konsequent die Machtverhältnisse in der Paarbeziehung umkehrt. Das ist aber auch die Mutter, die sich mit professionaler Hilfe einen konsequenten Erziehungsstil gegenüber den Kindern aneignet. Der Gewinn an Autonomie durch den Trennungsvollzug ist das Indiz, dass ein Autonomiegewinn auch in Bezug auf die Kinder möglich ist. Als diskursive Anrufung bedeutet Autonomie zum einen die Loslösung vom Mann, zum anderen Souveränität im Verhältnis zum Kind.

8.1.2.2 Subkategorie *sensibilisierte Vaterschaft*

Als Auftrag und Ergebnis zugleich erweist sich *sensibilisierte Vaterschaft* als voraussetzungsreicher im Vergleich zur *emanzipierten Mutterschaft*, weil der beraterische Diskurs mehr Zuversicht in Mütter setzt und ihnen mehr Vertrauen als Vätern schenkt. Dies kommt zum Ausdruck in der Art und Weise, wie das Verhältnis zur professionalen Hilfe aufgegriffen wird. Während Müttern diesbezüglich ein höheres Engagement sowie unterstützende Dispositionen wie Aufgeschlossenheit und Fähigkeit zur Selbstkritik zugeschrieben werden, scheinen Väter einen schwierigeren Zugang zur Beratung zu haben:

> *„Wie gesagt, er hat selbst Schuld, wenn er sich keine Hilfe holt, wenn es ihm schlecht geht. Er kann etwas dafür tun, dass es ihm besser geht."* (B8: 395-396)

> *„[…] die ersten Male, er war enorm unter Druck hier. Also es war für ihn sehr unangenehm, im Gegensatz zu jetzt, wo er wirklich sich zurücklehnen kann und überlegen kann. Also das war, hat man gemerkt, das war er auch gar nicht gewohnt, da drüber zu sprechen oder sich drauf einzulassen"* (B22: 379-382).

Über Väter, die einmal die Hürden des Zugangs überwunden und sich auf den Hilfeprozess eingelassen haben, etabliert der beraterische Diskurs ein Thema, nämlich die Entwicklung von Achtsamkeit und Gespür für das Kind und seine Bedürfnisse. Mit dem Postulat der *Arbeit am Selbst* werden Väter vor allem mit dem Auftrag angesprochen, aufmerksam für die Bedürfnisse des Kindes zu werden, nicht nur Freizeitaktivitäten, sondern auch Verpflichtungen im kindlichen Alltag zu übernehmen, aber auch Verständnis für die neue Lebenssituation einer reorganisierten Familie aufzubringen. *Sensibilisierung* lautet die Kernbotschaft des beraterischen Diskurses an Väter, die mithilfe von Beratung, Therapie oder Elternkursen umzusetzen sei. Die Subkategorie ist teilweise als in-vivo-Kode entstanden, wie die Zitate im Folgenden belegen:

> *„Besondere Entwicklungen? Vielleicht das Augenmerk des Kindesvaters auf die Befindlichkeit des Kindes, die auch geschärft wurde durch das Jugendamt. Herr M., bitte passen Sie noch mal mit dem Gewicht auf, das hat er immer so ein bisschen negiert. Dann auch diese Beschulungsproblematik, Förderung des Kindes. Wo er einfach sensibilisiert wurde für das Thema"* (B12: 123-126).

„[...] und ich nehme auch an, dass vielleicht das auch der Grund ist, dass ich ihn jetzt so viel reflektierter erlebe, also ich glaube schon, dass ihm diese Elternkurse was gebracht haben" (B22: 176-178).

„Ich glaube, ihm fehlt so ein bisschen die Feinfühligkeit für eine altersgemäße Bedürfniswahrnehmung bei seinem Sohn." (B9: 175-177)

Konkret bedeutet die Sensibilisierung einerseits eine alltagspraktische Befähigung der Väter zum aktiven Handeln, etwa in Bezug auf schulische Angelegenheiten und Gesundheit des Kindes. Andererseits ist damit die Entwicklung von Empathie gemeint, um sich ins Kind „feinfühlig" hineinversetzen und seine Bedürfnisse wahrnehmen zu können. Was der beraterische Diskurs bei Müttern als gegeben annimmt, vermisst er bei den Vätern: die emotionale Nähe und die Nähe im Alltag, wie das Deutungsmuster *Sorge* detailliert zeigen wird. In der Interpretation der väterlichen *Arbeit am Selbst* schwingt eine Skepsis mit, die jedoch diskursiv umformuliert wird. Dadurch kristallisiert sich *Sensibilisierung* nicht nur als Auftrag, sondern auch als Resultat heraus:

„Und ganz klar ist, dass zwischen dem Tino und seinem Vater über die regelmäßigen Kontakte hier [...] ein Vertrauensverhältnis gewachsen ist. Also das ist zu sehen, so die Herzlichkeit, mit der er seinen Vater begrüßt und umarmt, das ist nix Gespieltes." (B9: 162-165)

„Der Vater versucht halt, wie gesagt, diese alten Werte, Ordnung und Fleiß und Besonnenheit und alles, was damit dazu gehört, versucht diese Werte seinem Sohn zu übertragen, aber manchmal in einer Art und Weise wie ein Holzklotz. Ziemlich unbeholfen und ziemlich grob, und ich habe ja schon gesagt, das habe ich versucht mit ihm zu bearbeiten und ihm da zu helfen, das ein bisschen anders zu sehen und ein bisschen anders zu machen." (B19: 1050-1056)

Von der Sensibilisierung als Ergebnis der *Arbeit am Selbst* und der professionalen Hilfe profitieren nicht nur die Väter. Gelungene *Arbeit am Selbst* seitens der Väter adressiert im Ergebnis auch das Kind und die ehemalige Partnerin und damit die reorganisierte Familie. In der Figur des sensibilisierten Vaters wird der Maßstab für väterliche Sorge als eine Mischung aus Gespür und alltagspraktischer Sachlichkeit entworfen. Ferner bildet *sensibilisierte Vaterschaft* das Indiz für die professionale Erreichbarkeit von Vätern.

Wer ist zusammengefasst der sensibilisierte Vater? Er sieht die Notwendigkeit von professionaler Hilfe ein und entwickelt Bereitschaft, sie aufzusuchen. Nachdem er sie engagiert in Anspruch genommen hat, wird seine Wahrnehmung für die kindlichen Bedürfnisse geschult. Als Vater handelt er aktiv, indem er auch Verpflichtungen im Alltag des Kindes übernimmt. Achtsam und feinfühlig versetzt er sich in sein Kind hinein. Der sensibilisierte Vater ist aber auch der Mann, der über den Schatten seiner Irrationalität springt und gemeinsam mit seiner ehemaligen Partnerin *Beziehungsarbeit* leistet.

Als Bestandteile des Deutungsmuster *Partnerschaftlichkeit* verdichten die Kategorien *Beziehungsarbeit* und *Arbeit am Selbst* diskursiv hervorgebrachte Handlungsanleitungen, gerichtet an Mütter und Väter in Trennung und Scheidung. Als diskurseigene Interpretationen markieren sie die Themen, die als Problem im professionalen Feld der Beratung verhandelt werden. In ihrer instruktiven Wirkung schreiben sie vor, wie das Problem zu lösen ist. Die pragmatische Konnotation ist sowohl für *Beziehungsarbeit* als auch für *Arbeit am Selbst* zentral und macht die funktionale Ähnlichkeit beider Kategorien aus. Beide stecken den Handlungsspielraum ab, in dem sich partnerschaftlich gestaltete Elternschaft abzuspielen hat. Diese Handlungsrelevanz ist in der Kategorie *Gleichheit* schwächer ausgeprägt. Stattdessen fungiert *Gleichheit* primär als Legitimation und greift zu diesem Zweck auf die Biographie der ehemaligen Paarbeziehung zurück.

8.1.3   Kategorie *Gleichheit: sozialstrukturell* und *geschlechterkulturell*

Als dritten Bestandteil des Deutungsmusters *Partnerschaftlichkeit* habe ich die Kategorie *Gleichheit* gebildet. Der Befund wurde ex negativo gewonnen. In den Interviews problematisieren die Beratenden im Grunde die Ungleichheit der Elternpaare und bewerten sie als entscheidend für die Auflösung der Beziehung. Diese Perzeption manifestiert sich zum einen im starken Verweis auf *sozialstrukturelle* Faktoren wie Alter, Bildung und Erwerbsstatus der Eltern. Zum anderen wird die Ungleichheit an paarinternen *Geschlechterkulturen* festgemacht, tagtäglich aktualisiert in der häuslichen Arbeitsteilung oder ablesbar an persönlichen Beziehungsvorstellungen der Eltern. Als Dimensionen sind die *sozialstrukturellen* und die *geschlechterkulturellen Aspekte* von *Gleichheit* miteinander verbunden. Die diskursive Konstruktion geschlechterkultureller Unterschiede bezieht sozialstrukturelle ein. Obwohl der Diskurs um die Unterschiedlichkeit der Eltern kreist und die Bezeichnung ‚Ungleichheit' nahe legt, habe ich die Kategorie positiv benannt. Als Bestandteil des Deutungsmusters *Partnerschaftlichkeit* beinhaltet auch *Gleichheit* problemdefinierende und problemlösende Aspekte, wenn auch letztere weniger ausgeprägt im Vergleich zu *Beziehungsarbeit* und *Arbeit am Selbst* sind. Dennoch funktioniert auch diese Kategorie als diskursiv hervorgebrachtes Korrektiv für Elternschaft nach Trennung und Scheidung. Im Kern von *Gleichheit* steckt die professionale Verhandlung von Machtdynamiken zwischen den Eltern, die hier weniger als Mütter und Väter und vielmehr als Frauen und Männer adressiert werden. In diesem Sinne fängt *Gleichheit* die Virulenz der Geschlechterfrage im beraterischen Diskurs um Elternschaft ein und bringt sie pointierter zum Ausdruck, als die Kategorien *Beziehungsarbeit* und *Arbeit am Selbst* dies tun.

8.1.3.1 Dimension *sozialstrukturelle Gleichheit*

Vor allem der Altersunterschied von bis zu 15 Jahren, aber auch die Unvereinbarkeit der Lebensentwürfe infolge unterschiedlicher Bildungshintergründe und Berufsambitionen der Mütter und Väter wird im Rückblick als problemerzeugend eingeschätzt:

„Ich hab den Eindruck gehabt, dass es auch hier um eine sehr unterschiedliche Partnerschaft ging. Auch in Lebensjahren. [...] und dass aber irgendwann mal dieses ja Gleich und Gleich gesellt sich gern vielleicht besser wäre für die Partnerschaft. Weil er hatte einfach auch berufliche Ambitionen, die sie nicht so geteilt hat, wo sie teilweise sehr enttäuscht war, aber er durchgezogen hat" (B12: 164-170).

„Mutter und Vater haben auch vorher schon große Schwierigkeiten gehabt und auch in ihren Ansichten, die sie haben, weltanschaulich und auch alltägliche Dinge, die waren völlig unterschiedlich [...] und er ist eher so ein melancholischer Typ der Vater, die Mutter eher extrovertiert, geht nach außen und versucht halt im Leben so richtig teil zu nehmen und sich auch zu behaupten, sich zu beweisen, und das ist bei dem Vater eher anders gewesen" (B19: 12-21).

„Dann waren aber die Lebensvorstellung und Erwartungen auf beiden Seiten sehr unterschiedlich. Einmal geprägt durch einen Vater, der in seinem früheren Dasein als Schäfer es gewohnt war, viel mit sich alleine auszumachen. Und eine sehr lebensfrohe und aufgeschlossene Mutter. Und das passte auf Dauer offensichtlich nicht zusammen." (B11: 20-24)

Die Zeilen veranschaulichen, wie die elterliche Unterschiedlichkeit besprochen wird. Der beraterische Diskurs formuliert ein Spektrum von Trennungs- bzw. Scheidungsursachen, dem ein alltagspsychologisches Erklärungsmuster innewohnt: Man passt nicht zusammen. Was genau ist es, das nicht zusammenpasst? Es sind das Lebensalter, die Berufsambitionen, die Weltanschauungen, die Alltagsgestaltung, das Gemüt, die Lebensentwürfe, das Interesse an sozialen Beziehungen. An dieser Stelle greift der Diskurs die Paargeschichte auf und wird biographisierend. Er geht zu den Anfängen der Paarbeziehung zurück und bringt die Mütter und Väter quasi erneut zusammen, um sie legitim auseinanderbringen zu können. Die Paargeschichte wird in einem zeitlichen Zirkel aufgerollt: beginnend im Hier und Jetzt der Nachtrennungssituation über die Vergangenheit des Beziehungsanfangs und dann zurück zur Trennung. Der Problementwurf, der mittels dieser zirkulären Bewegung durch die Paargeschichte erzeugt wird, visiert nicht mehr die Trennung an. Stattdessen wird das Zustandekommen der Beziehung als Problem konstruiert:

„Ja da habe ich eine Phantasie. Also vielleicht erst mal vom Paarmotiv, vom Paarungsmotiv hätte ich jetzt beinahe gesagt. Also ich denke bei ihr war sehr stark vertreten ihr Familienmotiv. Also Kinder haben zu wollen und möglichst einen Mann, der familiengerecht ist. Also der das auch erfüllt, was für die Familie richtig ist. Und bei ihm eher dieses, ich will nun eine attraktive Frau. Er hat auch das, wenn ich es richtig erinnere, auch das Familienmotiv gehabt, aber das war nicht so überbordend, dass das Paarprinzip im Hintergrund war. Und ich denke an der Stelle haben sie sich schon gegenseitig enttäuscht. Was die Erwartungen anbelangt. Also er war sicherlich überfordert in der Projektion, dass er der allround Familienmensch ist. Und sie war absolut überfordert, ganz Frau zu sein. Also da haben sie für meine Begriffe, wenn wir auch dann nicht so ausführlich darüber geredet haben, aber sie haben sich da auch ein wenig verguckt bei der Partnerwahl." (B3: 153-165)

„Na ich vermute mal, Herr Paul hat ja seine Frau in recht hohem, ich glaube, er muss um die fünfzig gewesen sein, als die Kinder geboren wurden, also etwas fortgeschritten. Und ich könnte mir vorstellen, dass beide überwältigt waren von ganz anderen inneren Bildern zueinander und dass die gescheitert sind an realen Wünschen an die jeweilige andere Person. Also die hatten ein Bild von sich und vom anderen im Kopf und dieses Bild wurde ausgeschmückt und bemalt und gemacht, aber die parallele wirkliche Persönlichkeit, die daneben stand, die wurde, also sie wurde jedenfalls nicht mehr wahrgenommen." (B2: 399-406)

Diese Passagen habe ich bewusst in der originalen Länge gelassen, obwohl der zentrale Gedanke auch durch kürzere Sequenzen zu vermitteln wäre. In der Ausführlichkeit wird besser deutlich, wie die Legitimation der elterlichen Trennung diskursiv entfaltet wird. Auffallend ist zum einen, dass die Gründe für das Eingehen der Paarbeziehung als Phantasie und als Vorstellung bezeichnet werden. Es sind beraterische Imaginationen über die Imaginationen von Frauen und Männern, die am Anfang einer Liebesbeziehung stehen. Mit der regelmäßigen Biographisierung der ehemaligen Partnerschaft etabliert der beraterische Diskurs die Unterschiedlichkeit der Eltern als Handlungs- und Deutungsproblem sowohl für sie selbst als auch für die Beratung. Die biographischen Rekurse werden nicht nur als Phantasiebilder der Professionellen geäußert, sondern auch regelmäßig aus der Perspektive der Mütter vorgenommen, wie die Darstellung der Dimension *geschlechterkulturelle Gleichheit* verdeutlicht.

8.1.3.2 Dimension *geschlechterkulturelle Gleichheit*

Unter Geschlechterkulturen verstehe ich in Anlehnung an Pfau-Effinger (2000: 68 f.) kulturell wirksame Leitbilder vom gesellschaftlichen Teilhabe von Frauen und Männern und von der Arbeitsteilung zwischen ihnen, die mit Leitvorstellungen von Generativität und von der Ausgestaltung von Verpflichtungen in Generationenbeziehungen verknüpft sind. Im beraterischen Diskurs um Elternschaft zeichnen sich zwei geschlechterkulturelle Dimensionen der Kategorie *Gleichheit* ab. Thematisiert werden zum einen die paarinterne Arbeitsteilung, zum anderen typische Erwartungen der Eltern an eine Paarbeziehung. Verbunden sind diese Themen durch die Frage nach der Macht:

„Das Paar kannte sich relativ kurz. Dann kamen die Kinder. Es gab eine Vereinbarung der Unterstützung, also du kannst, mach du die Kinder und versuche, dich weiter beruflich zu integrieren, ich unterstütze dich dabei. In der Realität sah es aber ganz anders aus. Dass sie mehr oder weniger zu Hause war, den ganzen Haus und Hof geschmissen hat und die Kinder von A nach B kutschierte, wie das so mit den kleinen Mäusen ist. Und Herr Paul mehr oder weniger sich nur für seine universitären Arbeiten interessierte." (B2: 57-64)

Dass ein familienintern vereinbartes Modell der Arbeitsteilung de facto nicht umgesetzt worden sei, wird diskursiv als Anlass genommen, um die männliche Machtaneignung in Paarbeziehungen zu problematisieren. Die Deutungen vom familienzentrierten Alltag der Mutter, von dessen Unverträglichkeit mit ihren Berufswünschen und dem ausschließlichen Interesse des Vaters für den eigenen Beruf werden auf eine Art und Weise aneinander gekoppelt, die dem Vater eine Machtposition zuspricht. Die ungleiche Verteilung von Zuständigkeiten in und außerhalb der Familie lasse die mütterliche Erwerbsorientierung unerfüllt und dies liege am Handeln des Vaters: „Sie wurde eher wie ein weiteres Kind oder wie ein Hausmädchen behandelt oder wie eine Gouvernante." (B2: 406-408) Was aus dem

Zitat nicht unmittelbar hervorgeht, jedoch den Fall kennzeichnet, ist der größere Altersunterschied zwischen den Eltern. Der Altersabstand von bis zu ca. 15 Jahren ist typisch für sechs Familienfälle, die Gegenstand der Experteninterviews sind. Durch die Problematisierung des Altersunterschieds im Elternpaar wird die sozialstrukturelle Komponente der Kategorie *Gleichheit* mit der geschlechterkulturellen verknüpft. Die Aussagen adressieren die Vaterfigur. Sie lassen ein Bild des deutlich älteren und dominanten (Ehe-)Mannes entstehen, der zu Hause patriarchale Verhältnisse schaffe, aus denen seine Frau ausbrechen wollen würde:

„Also bei Frau Peters weiß ich, dass sie, wie gesagt, in der Ehe durchaus sehr gelitten hat. Sie war diejenige, die das Geld verdient hat. Hat eine volle Stelle, den ganzen Tag arbeitet sie. Er ist Frührentner und hatte, wenn ich das richtig verstanden habe, er hatte auch immer noch die Erwartungshaltung, selbst wenn sie um 17 Uhr nach Hause kommt, dass sie dann auch noch den Haushalt schmeißt, also fühlte sich dann schon sehr belastet, und ich habe noch den Spruch im Kopf, wenn es nach ihm gegangen wäre, dürfte ich mich auch gar nicht groß verabreden. Sie fühlte sich da schon sehr eingenommen und dann, wie gesagt, sie wollte sich dann auch gerne trennen. Und ich glaube Herr Peters hatte dann in der Tat auch eine Freundin." (B8: 55-64)

„Es gab wohl schon seit längerem eine Schräglage, wenn ich mir das Paar äußerlich noch mal vor Augen stelle, glaube ich, wäre die Frage, wie sind die beiden überhaupt zusammengekommen, was hat die beiden zusammengeführt, mit welcher Idee ist Frau Paul an diesen Mann herangetreten. Es waren da vielleicht Vorstellungen von Glückserwartung, wie auch immer, es wirkte eher wie eine Tochter-Vater-Beziehung" (B2: 64-70).

„Der Vater, der ist ja 14 Jahre älter als seine Frau, ist eigentlich so ein gestandener Geschäftsmann, und wie kann man den beschreiben? Der hat so ein bisschen so, ähm ja was Bestimmendes auch. Ich denke, er hat ja dadurch, dass er sein Geschäft hat, hat er auch so in seinem Leben so ein bisschen die Zügel in der Hand." (B18: 34-37)

„Er ist sehr groß und macht ein bisschen auch was her, ich glaube er ist auch, das ist jetzt nur eine Schätzung, 10 Jahre älter als sie, er ist auf jeden Fall älter, wesentlich älter als sie. Also dass er sozusagen der fürsorgende Fels sein sollte und gewandelt hat sich das, könnte ich mir vorstellen eben in dieses Unverrückbare und nicht auf sie zu und nicht einfühlen können, nicht sich was bewegen können." (B3: 277-282)

Die Machtproblematik wird qua Altersunterschied als inhärent der elterlichen Beziehung zugeschrieben und an die asymmetrische Verteilung beruflicher und familiärer Verpflichtungen sowie an die Gestaltung persönlicher Freiräume in der Ehe gebunden. In diesem Zusammenhang thematisiert der Diskurs Frauen, ob erwerbstätig oder nicht, entlang ihrer emotionalen und sozialen Abhängigkeit vom Mann. Im selben diskursiven Zug wird Männlichkeit als beherrschend, vereinnahmend, bevormundend, kontrollierend entwickelt. Der Beginn einer Affäre, interpretiert als Strategie des Vaters, Männlichkeit aufrechtzuerhalten, ist nur ein weiteres Detail, welches das Bild vom patriarchalen Ehemann vervollständigt. Verstärkt wird diese Deutung durch den Verweis auf Liebe, die hier als weibliche Erwartung abgewiesen werde: „Ach so ja, bis gering gewertschätzt vom Ehemann, keine Liebe und psychosomatische Krankheiten zunehmend." (B8: 246-247) In diesem Zusammenhang fällt auf, dass der retrospektive Rekurs auf die Paarbeziehung aus weiblicher Perspektive vorgenommen wird. Berater*innen erzählen von den Partnerschaftsproblemen der Eltern, führen diese auf eine Machtasymmetrie zurück und übernehmen dabei die Perspektive der Mütter. Die Partnerschaftsproblematik wird in der diskursiven Situation des Interviews objektiviert und dabei in der Gestalt des (Ehe-)Mannes personifiziert.

Über die Arbeitsteilung hinaus entsteht die Deutung von einer *geschlechterkulturellen Gleichheit* durch Aussagen, die um typische Erwartungen an eine Paarbeziehung zirkulieren. Die Idee einer männlichen Dominanz taucht wiederholt auf, erhält jedoch eine Umdeutung und Relativierung. Relativiert wird die männlich konnotierte Macht durch Geschichten über Mütter, die aus eigener Initiative ihre (älteren) Partner verlassen haben:

„Da biss sich etwas. Das selbstbestimmte Auftreten von der Frau vielleicht mit ideologischen Vorstellungen, was haben Frauen letztendlich in diesem Leben an der Seite eines bedeutsamen Mannes für eine eigene Bedeutung, dass er das nicht zulassen wollte. Und daran ist diese Familie ein Stück gebrochen." *(B2: 417-421)*

„[...] und er, dass er eigentlich eine junge Frau errungen hat, und die verhielt sich nun völlig nonkonform seiner eigenen Vorstellung. [...] Nonkonform so ein bisschen, ja. Sie entwickelte sich weiter und da hat er sie aufgeben müssen an dem Punkt. Er hatte gehofft und da ist sie aber gegangen." (B12: 183-187)

Der Trennungsentschluss von Müttern, den ich als diskursives Element *emanzipierter Mutterschaft* im Sinne von Befreiung und Ausbruch bereits besprochen habe, eröffnet eine alternative Deutung von der Machtaneignung im elterlichen Paar. Zwar setzt diese Deutung weiterhin an die Väter als Machtinhaber in der ehemaligen Partnerschaft an. Es sind ihre Vorstellungen von Partnerschaft und Familie, die als Problem genannt werden und mit dem diskursiv erzeugten Bild der „selbstbestimmten" und „non-konformen" Mütter nicht harmonieren. Problematisiert wird dadurch eine spezifische Art von Ungleichheit, die auf die Disharmonie in den subjektiven Erwartungen der Eltern an eine Paarbeziehung zurückgeführt wird. Am Entwurf dieser Ungleichheit arbeitet der Diskurs strategisch wiederholt mit einer genderkonnotierten Polarisierung, nämlich zwischen der jüngeren selbstbewussten, dennoch in der Ehe unterworfenen Frau, die perspektivisch agiere und sich fortbewege, und dem bedeutend älteren und dominanten Mann, der in seinen konservativen Vorstellungen feststecke. Das Bild von der weiblichen „Weiterentwicklung", typisch für die Mutterschaftskonstruktionen im Interviewmaterial, gewinnt dann an besonderer Schärfe, wenn die Experteninterviews von Müttern handeln, die ihre Partnerschaft mit einem deutlich älteren Mann selbst beendet haben. Damit legitimiert der Diskurs den Trennungsentschluss der Mütter und wirbelt die Machtdynamik zwischen den Geschlechtern auf. Die Machtpositionierung innerhalb der Paarbeziehung wird von den Vätern zu den Müttern verschoben. Strategisch unterstützt wird die diskursive Verschiebung durch die Koalition von Beraterinnen und Müttern. Mutterschaft gewinnt die Sympathien desjenigen Strangs im beraterischen Diskurs, der von weiblichen Professionellen geführt wird. Die Solidarisierung äußert sich im manifestierten Verständnis für die Trennungsinitiative der Mütter, indem sich Beraterinnen in die Situation ihrer Klientinnen hineinversetzen und das Sprechen über Beziehungsprobleme stellvertretend übernehmen.

Setzen wir die Kategorie *Gleichheit* ins Verhältnis zu den oben präsentierten Kategorien und Subkategorien des Deutungsmusters *Partnerschaftlichkeit*, lässt sich zusammenfassend feststellen, wie die diskursive Konstruktion von Mutterschaft entlang von Aussagen über die Beziehungen zum ehemaligen Partner und zum Kind stabilisiert wird. Hinsichtlich der Konstruktion von Vaterschaft verdeutlichen die Inhalte von *Gleichheit*, wie der beraterische Diskurs regelmäßig Männlichkeit aus einer Machtperspektive herausgreift. Die Idee einer männlichen Dominanz in der Partnerschaft, diskursiv gestützt durch das Alter und die als anachronistisch gedeuteten Geschlechtervorstellungen der Väter, hat große Bedeutung für die diskursive Konstruktion von väterlicher Sorge, wie ich später am Deutungsmuster *Sorge* erläutern werde. Indem Väter als Männer beschrieben werden, die sich in der Partnerschaft wenig an Familienarbeit beteiligen und ein Machtverhältnis gegenüber den ehemaligen Partnerinnen etablieren, erschafft sich der Diskurs eine Argumentationsbasis, um väterlichen Wünschen nach der Hauptverantwortung für die Kinder entgegenzuarbeiten. Vom Verhalten als (Ehe-)Männer in der Paarbeziehung wird auf das Verhalten als Väter in der Elternschaft geschlossen.

Schließlich verdichtet die Kategorie *Gleichheit*, anders als *Beziehungsarbeit* und *Arbeit am Selbst*, in erster Linie keine Handlungsanleitungen, die im Hinblick auf die Herstellung einer neuen Familienordnung an die Eltern gerichtet werden. Pragmatik und Lösungsorientierung des beraterischen Diskurses treten hier in den Hintergrund. Als einflussreiche Interpretation setzt sich stattdessen ein Narrativ durch, welches biographische Stationen der Paarproblematik generiert. Zusammengehalten wird das Narrativ durch ein Fragezeichen: Wie konnte die Paarbeziehung überhaupt zustande kommen? Ausgehend von Hier und Jetzt nimmt der Diskurs einen Rückbezug zur Vergangenheit und produziert Geschichten von ungleichen Frauen und Männern und vom Scheitern ihrer Partnerschaft. Die Trennung wird als logische und nachvollziehbare Konsequenz einer inhärenten Paarasymmetrie gezeichnet. Ob Unterschiede im Alter, in der Erwerbsorientierung, in den Vorstellungen von Familie oder in den persönlichen Lebens- und Geschlechterentwürfen der Mütter und Väter – in der Retrospektive erweisen sie sich als unausweichliche, subjektiv nicht beeinflussbare Gegebenheiten, die zur Trennung führen müssen. Der beraterische Diskurs begründet die Unausweichlichkeit der Trennung, indem er nicht die Auflösung der Partnerschaft, sondern ihre Entstehung in Frage stellt. Wozu sind die Legitimationen nötig? Die Konstruktion von Ungleichheiten in der Paarbeziehung hat über die biographisierende Problemdefinition hinaus eine pädagogisierende Bedeutung. Im Hinblick auf die Zukunft werden die Eltern in die Pflicht genommen, trotz gescheiterter Beziehung und schwierigen, weil ungleichen Voraussetzungen, eine partnerschaftliche Elternschaft zum Wohl des Kindes zu entwickeln. Diese Antizipation ist die instruktive Botschaft der Kategorie *Gleichheit*. Sie knüpft implizit an die einleitend diskutierte Unterscheidung von „Paar"- und „Elternebene" an. Der beraterische Diskurs produziert eine Akzeptanz und Legitimation der Konflikte zwischen Mann und Frau, solange sie ausschließlich auf der „Paarebene" aktualisiert werden. Die Ansprache an Vater und Mutter positioniert sie hingegen *gleich*ermaßen auf der „Elternebene", wo der Blick auf das Kind als handlungsleitende Vorgabe für beide *gleich*ermaßen gilt.

8.2   Deutungsmuster *Sorge*

Als zweites Deutungsmuster und als Regulativ der Eltern-Kind-Beziehung im Spezialdiskurs um Elternschaft wurde *Sorge* rekonstruiert. Inhaltlich verdichtet dieses Deutungsmuster Interpretationen von elterlicher Sorge sowie Zuschreibungen von Fürsorgequalitäten, die jeweils Mütter und Väter adressieren. Strukturell zeigt sich hier eine spezifische Verflechtung von interpretativer und instruktiver Wirkung des Diskurses und dies liegt an der Funktion der diskursiven Strategien. Infolge dessen ist die Komplexität des Deutungsmusters *Sorge* eine andere als die des Deutungsmusters *Partnerschaftlichkeit*. Sie entsteht nicht primär über die Inhalte, die im Deutungsmuster verwoben sind, sondern vielmehr über die diskursiven Strategien ihrer Herstellung. Im Deutungsmuster *Partnerschaftlichkeit* sind die instruktiven Botschaften des beraterischen Diskurses in den Kategorien *Beziehungsarbeit*, *Arbeit am Selbst* und *Gleichheit* samt ihren Subkategorien gefasst worden. Damit erweisen sie sich als die Hauptträger professionaler Anrufung, Normierung und Befähigung in Bezug auf Elternschaft nach Trennung und Scheidung. Im Deutungsmuster *Sorge* sind die diskursiven Strategien hingegen durch eine größere Aussagekraft gekennzeichnet. In der problematisierenden Verknüpfung von Alter, Emotionalität und Geschlecht sowie Erwerbsstatus bzw. Beruf und Geschlecht, in der kindzentrierten Argumentation und der Verwendung eines jeweils anderen Vokabulars in den Beschreibungen von mütterlichen und väterlichen Aktivitäten – alles diskursiv eingesetzte Mittel der Bedeutungserzeugung – wird der Maßstab guter elterlicher Sorge formuliert. Das Instruktive des Deutungsmusters wird hauptsächlich durch die diskursiven Strategien erzeugt und transportiert. In der Art und Weise, wie sie *Sorge* inhaltlich als physische und sozio-emotionale Nähe entwerfen und gleichwohl vergeschlechtlichen, was ich nachfolgend zeigen werde, stecken sie die Grenzen ab, innerhalb derer involvierte Elternschaft nach Trennung und Scheidung diskursiv ermöglicht oder eingeschränkt wird. Das Deutungsmuster liefert auf inhaltlicher wie struktureller Ebene brisante Befunde. Inhaltlich deswegen, weil *Sorge* regelmäßig als Typik von Mutterschaft verhandelt wird, und strukturell wegen der diskursiven Mechanismen, auf die dabei zurückgegriffen wird.

Die Darstellung im Folgenden trägt der inhaltlichen und strukturellen Beschaffenheit des Deutungsmusters *Sorge* Rechnung. Ausgehend von dessen Kern *Alltagsnähe*[56] als Typik von Mutterschaft werde ich die Befunde über die *Alltagsferne*

---

56 Ich stütze mich nicht auf einen soziologischen Alltagsbegriff, sondern auf einen empirischen. Im Datenmaterial wird der Alltag als Zeiten der aktiven Ausübung von elterlicher Sorge verstanden. Diese Zeiten werden durch kürzere und fragmentierte

von Vätern entfalten und dabei insbesondere auf die diskursiven Mechanismen ihrer Herstellung eingehen.

8.2.1 Die *Alltagsnähe* der Mütter und die *Alltagsferne* der Väter

Sorge bedeutet im Kern *Alltagsnähe*, die an elterliche Zeitressourcen geknüpft und Müttern als selbstverständlich zugeschrieben wird. Dennoch erweisen sich die Väter als die Hauptfiguren der beraterischen Rede über Elternschaft nach Trennung und Scheidung. Vaterschaft wird permanent hinterfragt und in Begriffen von *Alltagsferne* und geringer Fürsorgekompetenz thematisiert. Die Alltagsnähe der Mütter und die Alltagsferne der Väter bilden die diskursiven Achsen von elterlicher Sorge als beraterisches Deutungs- und Handlungsproblem. Gewonnen wurde dieses Ergebnis zum einen auf Basis von Äußerungen, die Mütter und Väter separat adressieren und ihre Fürsorgequalitäten beschreiben. Darüber hinaus wurden auch kontrastierende Formulierungen herangezogen, in denen mit gegenseitiger Bezugnahme kommentiert wird, wie Mütter und Väter ihre Elternrollen ausfüllen, wie zum Beispiel hier:

> *„Bei Frau Paul habe ich da überhaupt keine Bedenken, die wird das in ihrer Umsichtigkeit in irgendeiner Form machen, auch mit Rücksicht auf die Interessen, Wünsche der Kinder, und Herr Paul eher wie ein Fremdling, der aber auch bemüht ist, mit Kindern umzugehen."* (B2: 198-201)

> *„Also die Mutter mit einer hohen Kompetenz und auch mit einer großen Fürsorglichkeit und Klarheit. Der Vater ist eher gewährend, nachgiebig."* (B11: 137-138)

Folgende Äußerungen über Mütter sind in die Kategorie *Alltagsnähe* eingeflossen: „auf dem Laufenden" sein und „ganz dicht mit den Kindern" leben, „umsichtig" und „rücksichtsvoll" im Umgang mit den Kindern, „wirklich den Blick auf Erziehungsfragen, Grenzen und Fürsorglichkeit" haben, „das volle Programm" mit den Kindern im Fokus haben, über „hohe Kompetenz", „Fürsorglichkeit" und „Klarheit" verfügen, „achtet auf Ordnung, Tagesrhythmus und Gesundheit" der Kinder, „übernimmt im Unterschied zum Vater die Schule und die Hausaufga-

---

Umgangszeiten unterbrochen, die das Kind mit dem Elternteil verbringt, bei dem es nicht seinen gewöhnlichen Lebensmittelpunkt hat.

ben", „sieht alles, was für die Kinder notwendig ist", ist „für die Pflicht zuständig", erweist sich „über die Jahre als verlässliche Person", erzieht in „Selbständigkeit" und durch „Ermutigung", „hat für die Kinder eine Feinfühligkeit entwickelt", ist „erste Ansprechpartnerin der Kinder", hat eine „sehr enge Beziehung zu den Kindern", „ist toleranter als der Vater", „inkonsequenter als der Vater", „setzt mal eine Grenze weniger", „sehr genau und sehr behütend, legt wirklich auf sehr viele Dinge großen Wert", „macht sich ein bisschen fein immer zurecht, lebt auch nach außen, hat trotzdem das Herz an der richtigen Stelle".

Die Väter werden in den Experteninterviews wie folgt beschrieben: „Fremdling", zu Hause „da und doch nicht da" sein, „bemüht, mit den Kindern umzugehen", im Verhältnis zu den Kindern „wie ein Beobachter, der sich trotzdem der Situation stellt", er kann mit dem Kind „schon was anfangen", aber auch „kann nicht wirklich mit dem Sohn was anfangen", macht „manchmal zu viel des Guten", „versucht, sich mit dem Kind zu beschäftigen, sich mit ihm abzugeben", „den Kindern Räume lassen, sich auszuprobieren", der Vater „schenkt dem Kind das, was ihm selber Spaß macht", „ihm fehlt die Feinfühligkeit für seinen Sohn", „weniger Erzieher und mehr ein freundschaftlicher Kumpel", „eher nachgiebig und gewährend", „überverantwortlich", „überbehütend", „muss möglichst viel steuern", „denkt sich auch mal ein Abenteuer aus", „bei ihm können die Kinder rumtoben, es gerät mal was aus dem Ruder", „bietet das Gegenprogramm zur Mutter, die sehr genau und behütend ist", „liebevoll und verständnisvoll", „will seinem Sohn ein guter Vater sein", mit dem Sohn „gemeinsam Computer und Playstation spielen", im Kontakt mit dem Kind „unbeholfen, aber motiviert", „geht auf die Tochter wirklich kindgemäß, spielerisch ein", „unbeholfen, wie ein Holzklotz", „verantwortungsvoll", „hat ein ganz inniges Verhältnis zum Kind", „interessiert zu erfahren, was mit dem Kind wirklich ist", „ein liebevoller, verständnisvoller Vater". Die Zitate sind im gesamten Interviewmaterial verstreut, wobei manche aus ein und demselben Interviewprotokoll stammen, auch wenn sie völlig verschiedene Bewertungen über die Sorge eines Vaters enthalten.

Die Zitate aus dem Datenmaterial verdeutlichen, wie unterschiedlich über Mütter und Väter gesprochen wird, wenn es um ihr Verhältnis zum Kind geht. Den Müttern werden explizit Fürsorglichkeit und Aufmerksamkeit für das Kind zugeschrieben, sei es in Bezug auf Schule, Gesundheit, Erziehung oder generell in Bezug auf den kindlichen Alltag („sieht alles, was für die Kinder notwendig ist", „das volle Programm"). Die Aufmerksamkeit der Mütter wird als allumfassend und zuverlässig ausgelegt. Adjektive wie „feinfühlig", „klar", „rücksichtsvoll", „umsichtig", „tolerant", „behütend" benennen die Art und Weise, wie Mütter gegenüber den Kindern handeln. Es sind nicht nur Beschreibungen, sondern auch Wertungen, die mütterliche Sorge als emotionale Zugewandtheit herstellen. Schließlich übermitteln die Äußerungen die Vorstellung von physischer und sozio-emotionaler Nähe zwischen Müttern und Kindern („ganz dicht mit den Kindern leben", „auf dem Laufenden" sein, „erste Ansprechpartnerin", „sehr enge Beziehung"). Insgesamt erzeugt die Sammlung an Zitaten ein eindeutiges Bild von Fürsorgekompetenz, die sich von der aktiven Präsenz der Mütter im kindlichen Alltag speist. Einzig die Inkonsequenz in Erziehungsfragen scheint aus dem Muster dieser Deutung von Sorgequalitäten zu fallen. Selbst das ist nicht als Zerrfaktor, sondern als stimmige Komponente mütterlicher Sorge zu betrachten, die in ihrer diskursiven Gesamtgestalt bestätigt wird. Die Auslegung von Inkonsequenz als typische mütterliche Schwäche und als sagbarer Bezugspunkt eienr diskursiven Verunsicherung von Mutterschaft wurde bereits in der Diskussion der Subkategorie *emanzipierte Mutterschaft* erläutert. Dort wurde gezeigt, dass ein inkonsequenter Erziehungsstil von Müttern zwar problematisiert und als Gegenstand professionaler Bearbeitung ernst genommen wird. Dieses Problem führt jedoch nicht zur diskursiven Destabilisierung der grundlegenden Überzeugung einer gelingenden mütterlichen Sorge.

Die Formulierungen über Väter hingegen zeichnen ein skeptisches und uneinheitliches Bild von väterlicher Sorge. Als typisch verfestigt sich einerseits eine diskursive Infragestellung, die durch die Positionierung des Vaters auf Distanz zum Alltag der Kinder entsteht („Fremdling", „Beobachter", „da und doch nicht da"). Aufrechterhalten wird die Distanz noch durch die Deutung einer Ungeschicklichkeit im Umgang mit dem Kind (mit dem Kind „etwas anfangen können", „bemüht", „versucht, sich mit dem Kind zu beschäftigen", „wie ein Holzklotz", „unbeholfen"). Ferner findet die diskursive Infragestellung von Vaterschaft Ausdruck im Schwanken zwischen zu weiter und zu enger Grenzziehung, als ob Väter nicht in der Lage wären, das richtige Maß an Grenzsetzung für die Kinder zu finden. Gesprochen wird vom „Überbehüten", vom Wunsch, „möglichst viel zu steuern" und von einer „Überverantwortung" der Väter. Zugleich ist aber auch die Rede von „Nachgiebigkeit", vom „Gewähren" und „zu viel des Guten". Als ,Schwachstellen' väterlicher Sorge lokalisiert der beraterische Diskurs also zum einen die Ferne der Väter, die physisch und sozio-emotional konnotiert wird. In direkter Verbindung damit steht die Herstellung von Nähe und Distanz im Hinblick auf erzieherische Grenzziehung. In der Thematisierung von Grenzziehung als Teil eines sorgenden Erziehungsstils treffen sich die Deutungen von Mutterschaft und Vaterschaft. Damit erzeugt der beraterische Diskurs ein gemeinsames Problem von Müttern und Vätern, gekleidet in unterschiedliches Vokabular. Für Mütter greift er auf die als typisch weiblich konnotierte Inkonsequenz zurück, für Väter hält er den Mangel an Gespür bereit, wie viel an erzieherischer Einmischung gut für das Kind ist.

Andererseits baut die diskursive Deutung von väterlicher Sorge nicht nur auf Skepsis auf. Ihr gegenüber steht die explizite Formulierung von Anerkennung, die der Diskurs für gemeinsame Aktivitäten von Vater und Kind gewährt. In ihrer Ausrichtung auf Spiel und Spaß („Abenteuer", „rumtoben", „freundschaftlicher Kumpel", „Computer und Playstation", „auf die Tochter spielerisch eingehen") konstituiert diese Anerkennung den Typus eines Freizeitvaters. Auch die Deutung einer emotionalen Zugewandtheit der Väter ihren Kindern gegenüber kristallisiert sich heraus. Sie ist zwar nicht so dominant wie in den Aussagen über Mutterschaft, wird aber dennoch zum Thema gemacht („liebevoll", „verständnisvoll", „inniges Verhältnis" von Vater und Kind). Für die diskursive Konstruktion von väterlicher Sorge bedeutet dies zusammengefasst, dass der beraterische Diskurs sie nicht ausschließt, aber Einschränkungen für ihre Ausübung vorsieht. Diskursiv ermöglicht wird väterliche Sorge in einem ausgewählten Segment des kindlichen Alltags und das ist die Freizeit. Anders sieht die Konstruktion von mütterlicher Sorge aus, weil sie vom Diskurs als allumfassend im kindlichen Alltag aktiviert wird.

Übersetzen wir diesen Befund in die simple Frage, wer was kann, lautet die Antwort: Mütter können den Alltag für die Kinder und mit den Kindern organisieren, Väter können Freizeit mit den Kindern verbringen. Der beraterische Diskurs ordnet Zuständigkeiten zu und produziert damit Geschlechtertypiken von Elternschaft. Was dabei deutlich wird, sind die Relevanzsetzungen, die in der beraterischen Rede vorgenommen werden. Die Konventionen, die den Diskurs steuern, zeigen sich beim Vergleich dessen, was jeweils in Bezug auf Mütter und Väter thematisiert und was nicht thematisiert wird. Berufstätigkeit ist kein relevantes Thema für mütterliche Sorge, ebenso wenig Großeltern und deren Unterstützung in der Kinderbetreuung. Auch die Partnerschaftsproblematik vor oder im Zuge der Trennung erweist sich als irrelevant. Deutungen von Weiblichkeit und Deutungen von Mutterschaft sind so eng und stimmig miteinander verflochten, dass sie keinen diskursiven Konfliktpunkt bilden. Die Verhandlungen von väterlicher Sorge sind hingegen deswegen so ambivalent, weil sie Vaterschaft und Männlichkeit permanent gegeneinander ausspielen. Ein berufstätiger Vater als Lebensmittelpunkt der Kinder scheint nur dann diskursiv akzeptiert zu werden, wenn er über die Unterstützung von Großeltern verfügt. Ein „dominanter" und „manipulativer" Mann, der seine (deutlich jüngere) Partnerin unterwerfe, dürfe zwar in zeitlichen Abständen seine Kinder treffen, aber nicht mit ihnen zusammenleben. Mit diesen Beispielen sind die diskursiven Strategien angesprochen, mittels derer der beraterische Diskurs seine Interpretationen von väterlicher Sorge aufbaut. Wie einleitend dargestellt, haben diese Strategien eine starke Aussagekraft. In der Art und Weise, wie sie einzelne Themen miteinander verknüpfen, sind sie nicht nur dafür verantwortlich, den Weg der Entstehung von Deutungen zu veranschaulichen und intersubjektiv nachvollziehbar zu machen. Die Verknüpfungen sind selbst Deutungsfiguren. Als aussagekräftige Mechanismen der Bedeutungserzeugung sind die hier rekonstruierten diskursiven Strategien eine Heuristik zum Umgang mit dem Datenmaterial *und* zugleich ein inhaltliches Ergebnis. An der Herstellung von väterlicher Sorge als *Alltagsferne* sind zwei diskursive Strategien maßgeblich beteiligt, die ich im Folgenden präsentiere: zum einen die diskursive Verknüpfung von Alter, Emotionalität und Geschlecht, zum anderen die von Alltagszeit und Geschlecht.

8.2.2 Die diskursive Herstellung von *Alltagsferne* als Problem väterlicher Sorge

Die Selbstverständlichkeit, mit der im beraterischen Diskurs alltagsrelevante Fürsorgequalitäten den Müttern zugeschrieben werden, geht einher mit einem stärkeren Redebedürfnis über Vaterschaft. Das Inhaltsspektrum des Deutungsmusters *Sorge* wird an der Vaterfigur entfaltet, und zwar überwiegend entlang sozialstruktureller Aspekte wie Alter, Erwerbsstatus und Art der Berufstätigkeit. Verstärkung bekommt diese Typik durch die systematische Problematisierung von Irrationalität.

8.2.2.1 Eindeutige Verknüpfung von Alter, Emotionalität und Geschlecht

Die Eindeutigkeit, mit der die Themen, kodiert jeweils als Alter, Emotionalität und Geschlecht, diskursiv verknüpft werden, veranschaulicht, wie über Väter gesprochen wird, wenn sie deutlich älter als ihre ehemaligen Partnerinnen und von letzteren verlassen worden sind.[57] Das fortgeschrittene Alter der Väter und das emotionale Erleben der Trennung entfaltet der beraterische Diskurs als normative Folie zur Beurteilung ihrer Sorgequalitäten. Indem die Verbindung von Alter und Emotionalität nur in Bezug auf Vaterschaft und nicht auf Mutterschaft vorgenommen wird, produziert sie Einschränkungen für ihre aktive Ausübung. Im Kern bringt die diskursive Verknüpfung von Alter, Emotionalität und Geschlecht die Deutungsfigur einer verletzten Männlichkeit hervor, die als Hindernis für gute Vaterschaft ausgelegt wird. Ähnlich wie *Partnerschaftlichkeit* durch die (ehemalige) Paarbeziehung der Eltern diskursiv herausgefordert wird, so erweist sich die verletzte männliche Ehre älterer Väter als eine diskursive Herausforderung für väterliche *Sorge*. Im Datenmaterial findet sich keine Fallverhandlung, in der die Kränkung des Vaters und dessen Schwierigkeiten, die Trennung emotional zu bewältigen, so intensiv problematisiert werden, wie in den Fällen mit einem größeren Altersunterschied zwischen den Eltern.

---

57 Gemeint sind Väter im Alter um die 60 Jahre, deren Kinder 2-9 Jahre alt sind.

Zur besseren Übersichtlichkeit in der Darstellung werde ich zunächst vier Familienfälle aufführen, die die Konstruktion verletzter Männlichkeit verdeutlichen. Daraufhin füge ich je Fall ein weiteres Zitat hinzu, um aufzuzeigen, wie die diskursive Verweisbewegung von Männlichkeit zur Vaterschaft vollzogen wird. In Bezug auf das Sorgearrangement illustrieren die Zitate jeweils eine andere Konstellation. Im ersten Fall (B12) lebt das Kind nach der elterlichen Trennung beim Vater. Im zweiten (B4) und dritten (B2) bilden die Mütter den Lebensmittelpunkt der Kinder, womit die Väter nicht einverstanden sind und eine Änderung anstreben. Im vierten Fall (B8) lebt die älteste Tochter beim Vater, beide jüngeren Kinder bei der Mutter. Jeweils anders ist auch die Erwerbssituation der Väter. Was die vier Fälle musterhaft verbindet, ist das Alter der Väter von ca. 60 Jahren, der Altersunterschied zwischen den Eltern von bis zu 15 Jahren sowie die Trennung bzw. Scheidung auf Initiative der Mütter. Das ist die sozialstrukturelle Grundlage der diskursiven Interpretation von Vaterschaft, die von der Verbindung von Alter, Emotionalität und Geschlecht getragen wird. Eine weitere Gemeinsamkeit ergibt sich aus der Rahmung der Fälle durch das Ereignis der Trennung, die als ein emotional nicht bewältigtes Problem der Väter interpretiert wird. Deren Wunsch, nach der Trennung das Aufenthaltsrecht für die Kinder zu haben, bezieht der Diskurs auf das konflikthafte Verhältnis der Eltern und deutet ihn als einen strategischen Zug gegen die Mütter:

„Ich hatte den Eindruck, dass der Kindesvater es langfristig nicht überwinden konnte, dass seine Partnerin auch gegangen ist. Wie sie gegangen ist, dass sie nicht gedachte, zurückzukehren, und er sich gehörnt fühlte. Und er behielt, sag ich einfach mal so, das Kind ein. Und er konnte es nicht verhehlen, wie er am Drücker saß. Die Kindesmutter rang mit dieser Situation und appellierte auch immer wieder an ihr Mutterecht, ihr Elternrecht, und er machte es ihr in meinen Augen auch bewusst schwer, dass er sie auflaufen ließ auch bei Umgängen.“ (B12: 49-56)

„Und die Familiensituation war, was ich so erinnere, ein bedeutend älterer Vater, ein bedeutend älterer Mann, 15 Jahre älter, 18 Jahre älter. Und sie hat sich getrennt nach langwierigen Streitereien und ich glaube Suizidandrohungen seinerseits. Ja, Suizidversuch, sagte sie, er habe einen Suizidversuch gemacht, nachdem sie ihm angekündigt habe, dass sie sich trennen wolle. Daraufhin habe er eben auf diese Art und Weise versucht, sie an ihn an sich zu binden.“ (B4: 17-23)

„Herr Paul war etwas überrascht, dass seine Frau sich trennen wollte. [...] Ja, von den Kindern selber wussten wir nicht sehr viel, außer dass Herr Paul sehr

gezielt sagte, seine Frau könne gehen, aber die vier oder fünf Kinder würden bei ihm bleiben. [...] war ein großes Fragezeichen, wie er auf die Idee kam."
(B2: 21-42)

„Also an Besonderheiten fiel mir auf, ein schwieriger Mensch, wo ich so ein bisschen, ja also er ist absolut immer noch gekränkt, hat die Trennung überhaupt nicht akzeptiert, und da ist so viel Hass da, dass das ganz, ganz schwer ist so eine sachliche Kommunikation zu führen, [...]. Psychisch in jedem Fall auffällig, ich habe ihn ja nun nicht persönlich kennen gelernt, aber schon das Gespräch am Telefon hat mir schon einen solchen Eindruck vermittelt, ja." (B8: 41-48)

Welches Konzept von Vaterschaft zeichnet sich in diesen Zeilen ab? In erster Linie wird Männlichkeit und nicht Vaterschaft verhandelt. Väter werden als Männer angesprochen, die vom Trennungsentschluss ihrer Partnerinnen „überrascht" und „gekränkt" worden sind. Sich „gehörnt" fühlen und deswegen „am Drücker" sein, weder sich beherrschen noch sachlich kommunizieren können, „Hass" empfinden und die Trennung weder „akzeptieren" noch „überwinden", die Mutter emotional erpressen – in den Zitaten ist von einer emotional und sozial labilen Männlichkeit die Rede. Der Verlust der Paarbeziehung soll durch Aktivierung der Vaterschaft ausgeglichen werden. Im Kern der diskursiven Deutung verbinden sich die Kränkung und die Rachemotive der Väter mit dem Versuch, die männliche Ehre wiederherzustellen. Kann ein Mann, der die emotionale Belastung der Trennung nicht überwunden hat, ein guter Vater sein? Das ist die Frage, die der Diskurs unter der Hand stellt, wenn in seinen Fokus ältere und emotional „gekränkte" Väter geraten:

„Ich könnte nicht sagen, dass er gänzlich autoritär erzogen hat. Ich könnte aber auch nicht sagen demokratisch. Ich würde auch hier sagen, nicht immer kontinuierlich. Weil er vielleicht das Gefühl hatte, auch manchmal Schuldgefühle, was ausbügeln zu müssen. Ich gehe aber mal davon aus, dass er den Michael anders erzogen hat als die Tochter. [...] Also, vielleicht so ein bisschen mehr in Watte gepackt, oder so. Er ist ja noch ein übergewichtiges Kind." (B12: 88-95)

„Und er, ja, er stilisiert sich, ich glaube, dass er in seinem wirklichen Inneren zutiefst enttäuscht ist, er wäre jetzt wirklich gerne Vater und zwar mit Haut und Haaren 24 Stunden, wo ich mal Beklemmungsgefühle bekam, weil wenn er die Möglichkeit bekäme, das arme Kind. Das wäre überbetreut, versorgt, gedingensbumens, also das wäre fatal. Deswegen ist es schon ganz gut, dass sie dafür sorgt, dass schon der Kontakt zum Vater bestehen bleibt, aber dass er nicht diese Zugriffs----, wirklich im wahrsten Sinne des Wortes denke ich Zu-

griffsmöglichkeit auf Marina hat, weil der erdrückt die und überträgt ganz viel.
Legt also das, was er denkt und meint, legt er ihr in den Mund." (B4: 146-154)

„Als symbolischer Vater wichtig, sehr wichtig, das glaube ich hat sie auch
innerlich angenommen, dass sie von diesem Mann diese Kinder bekommen
hat. [...] als symbolischer Vater wichtig und als ‚Altersvater' im Lebensfluss
unbeholfen." (B2: 388-391)

„Ja, das Schwierige für die Frau ist, dass er die Trennung nicht akzeptiert, so.
Und immer, wenn es dann Gespräche gab, oder wie auch immer, wie gesagt,
dass man eben nicht sachlich mit ihm reden kann. Und dass er die Kinder so
manipuliert, so. Das ist eben halt belastend." (B8: 342-345)

Die beraterische Rede kreist im Vordergrund um eine patriarchale und verletzte
Männlichkeit und macht sie zur normativen Folie der Interpretation von väterlicher
Sorge. Wiederholt funktioniert die elterliche Paarbeziehung als strategische Stütze
des Diskurses, um Elternschaft zu entwerfen und dabei die Fürsorgequalitäten von
Vätern anzuzweifeln.

Allerdings ist es nicht so, dass den Vätern die Möglichkeit einer Präsenz und
gelungenen Aktivität im Alltag der Kinder prinzipiell abgesprochen wird. Der
Diskurs räumt zwar eine Beteiligung ein, indem er das Zusammenwohnen von
Vater und Kind dort, wo es nach der Trennung einvernehmlich geregelt wurde,
nicht problematisiert. Er setzt dieser Beteiligung aber klare Grenzen und lässt sie
in Form des Umgangs-, nicht jedoch des Aufenthaltsrechts zu. Warum? Weil der
beraterische Diskurs den älteren und emotional verletzten Vätern nicht die sozialen
und emotionalen Ressourcen für das richtige Maß an Sorge zutraut. Das Motiv
einer ‚richtigen Dosierung' von Nähe und Distanz wurde bereits oben erwähnt
und mit einigen Äußerungen über Väter in Bezug auf erzieherische Grenzziehung
illustriert. Hier taucht es erneut auf und zwar als das Produkt zweier diskursiver
Strategien: Die Verknüpfung von Geschlecht, Lebensalter und Emotionalität und
die kindzentrierte Argumentation treffen an dieser Stelle aufeinander. Das Kind
als diskursive Deutungsfigur wird in den zitierten Vaterschaftsfällen als „über-
gewichtig", „erdrückt", und „überbetreut", als die „heilige Kuh" entwickelt. Die
Präsenz des Vaters als Lebensmittelpunkt des Kindes wird als eine ‚Überpräsenz'
und als negativ besetzte Dominanz definiert. Die Frage, die implizit gestellt wird,
lautet: Wie viel väterliche Sorge ist gut für ein Kind? Und wie ist sie zu gestalten?
Auch hier strukturiert die Verbindung von Alter, Emotionalität und Geschlecht
die Deutungen und wird als wesentlich für einen – „nicht immer kontinuierlichen",
„überbehütenden" oder „unbeholfenen" – Erziehungsstil der Väter thematisiert.

Hinzu kommen psychische Komponenten, wie „Schuldgefühle" oder „Manipulationsversuche", all dies inhaltliche Aspekte der diskursiven Herstellung einer alltagsfernen väterlichen Sorge. Das konstruierte Übermaß an Zeit und Sorge auf der Seite des Vaters scheint so sehr von der Vorstellung einer Beraterin von kindgerechter Betreuung abzuweichen, dass sie kein zutreffendes Wort dafür findet: Das Kind „wäre überbetreut, versorgt, gedingsenbumens, also das wäre fatal" (B4: 149-150). Die Konstruktion eines Übermaßes bezieht der Diskurs also nicht auf die Vorhaben der Väter, sich um die Kinder im Alltag zu kümmern, sondern auf die Auswirkungen auf die Kinder, die in der beraterischen Rede antizipiert werden. Im Ergebnis entsteht das Bild einer besitzergreifenden und übergriffigen Sorge, die die persönlichen Grenzen des Kindes überschreitet. Hier stoßen wir noch einmal auf die diskursive Problematisierung männlicher Irrationalität, die an dieser Stelle von der Paarbeziehung auf die Beziehung zum Kind ausgeweitet wird. Ins Machtszenario zwischen den ehemaligen Partnern, welches wir bereits aus dem Deutungsmuster *Partnerschaftlichkeit* kennen, involviert der Diskurs nun auch die Kinder. Die Mütter werden als ihre rationalen Beschützerinnen positioniert, im gleichen Zug wird den älteren und emotional verletzten Vätern die Fähigkeit zur alltäglichen Sorge abgesprochen.

Die strategische Verknüpfung von Alter, Emotionalität und Geschlecht ruft jedoch nicht allein Restriktionen für gelingende Vaterschaft hervor. Als positiver Gegenhorizont taucht die Gestalt eines Vaters auf, der im Verhältnis zum Kind als Großvater positioniert wird:

„Ja, so in meiner Wahrnehmung eher das Großväterliche. Ja, und das ist ja auch attraktiv für Kinder. Das ist auch eine Stärke, denke ich, von beiden, also wenn er nicht zu Lasten seiner eigenen Befindlichkeit diese ganze väterliche Seite untergraben hat, dann sind die beiden so unterschiedlich, dass es schon wieder ein absoluter Gewinn sein kann für die Kinder." (B2: 364-369)

Das höhere Lebensalter allein, ohne den problematisierenden Bezug auf die elterliche Trennung bzw. auf ihre ehemalige Paarbeziehung, gewinnt an Relevanz und Ermöglichungspotential in der Konnotation mit der Großvaterrolle, die wiederum regelmäßig als gut für die Kinder ausgelegt wird.

Zusammenfassend konstituiert die Rede über ältere und infolge der Trennung emotional gekränkte Väter einen Ehrendiskurs. Im Zentrum der Vaterschaftskonstruktionen steht die verletzte Ehre von Männern, deren patriarchale Position in der Paarbeziehung entmachtet worden sei. Um dies auszugleichen, so die diskursive Argumentation, wollen nun die verlassenen Väter aktiv für ihre Kinder da sein. Sie wollen der alleinige familiäre Lebensmittelpunkt der Kinder sein. Nirgendwo sonst im Datenmaterial wird das Kind so sehr als Sinnstifter im Leben der Eltern positioniert, wie dies im Fall des hier rekonstruierten Vaterschaftstypus passiert. So zeichnet der Diskurs einen Typus des getrennten oder geschiedenen ‚alten' Mannes, für den involvierte Vaterschaft einen neuen Sinnhorizont darstellt, ein Versprechen, die persönliche Kränkung zu bewältigen und Macht wiederzuerlangen. In der diskursstrategischen Verknüpfung von Alter, Geschlecht und Emotionalität wird väterliche Sorge vor dem Hintergrund der gescheiterten Partnerschaft problematisiert, wobei von Männlichkeit auf Vaterschaft geschlossen wird. Dabei entsteht eine Vaterfigur, die weder *Beziehungsarbeit* noch *Arbeit am Selbst* leistet. Unterstützt wird die diskursive Konstruktion des alltagsfernen Vaters durch eine kindzentrierte Argumentation. Letzteres zeigt sich daran, dass in den Experteninterviews aus der Sichtweise von Kindern gesprochen wird und dabei die Kinder namentlich genannt werden. Der diskursive Rückgriff auf die Kinderperspektive markiert einen Bruch in der Argumentationsstruktur und konstituiert einen alternativen Deutungsstrang zum paarzentrierten Diskurs. Dennoch sticht selbst in den Verhandlungen von elterlichen Fürsorgequalitäten die Relevanz der aufgelösten Paarbeziehung hervor und verfestigt den Eindruck, dass Elternschaft nach Trennung und Scheidung vor dem Hintergrund der (ehemaligen) Partnerschaft problematisiert wird.

8.2.2.2 Ambivalente Verknüpfung von Alltagszeit und Geschlecht am Beispiel von Berufstätigkeit

Eine derartige Regelmäßigkeit in der Deutung, die durch die diskursive Verknüpfung von Alter, Emotionalität und Geschlecht entsteht, findet sich im Hinblick auf die *Berufstätigkeit* von Vätern in Trennung und Scheidung nicht. Vielmehr wird *Berufstätigkeit* mal als negativer, mal als positiver Horizont für Vaterschaft ausgelegt. Diese Ambivalenz kennzeichnet eine weitere diskursive Strategie, mittels derer väterliche Sorge als alltagsfern erscheint. Es handelt sich um die Verbindung von Alltagszeit und Geschlecht.

A. Väterliche Sorge und Berufstätigkeit: ein unmögliches Verhältnis

Im Kern der Interpretation einer Unvereinbarkeit von väterlicher Sorge und Berufstätigkeit nach elterlicher Trennung stehen ausschließlich Problematisierungen von physischer wie gedanklicher Abwesenheit. Diese Abwesenheit wird auf die Erwerbstätigkeit und auf die Spezifik des ausgeübten Berufs zurückgeführt und mündet in der Herstellung eines Gegensatzes von Familien- und Berufsleben. Das prägnanteste Beispiel dafür bietet der Fall eines Vaters, der als Universitätsprofessor für Archäologie⁵⁸ tätig ist:

„Herr Paul war sehr formal, sehr hölzern in der Sprache, im Kontakt, irgendwie eher wie ein verhuschter Archäologe, fernab von dieser Welt und nicht mit irdischen, lebendigen Dingen beschäftigt, sondern etwas anders, sehr hölzern, wenig realitätsbezogen." (B2: 83-86)

„[...] dass er tatsächlich in einem universitären Leben, also dass berufliche Identität für ihn ausgesprochen wichtig ist. [...] Auch so häufig, wie er das hervorhob, dass er sich terminlich zeitlich, dass wir uns nach ihm auch zu richten hätten, war auch deutlich, ich bin nicht von dieser ordinären Welt, ich lebe in anderen Sphären und es gibt da eine Hierarchie, so was drückte er aus." (B2: 287-298)

„Vielleicht auch eine Selbstüberschätzung bei ihm, dass er vielleicht nur aus ,ich will die Kinder haben, ich habe das schon immer gesagt' sich etwas zumutet, bei dem er wirklich nicht überschauen kann, was es heißt, mit den kleinen Küken da zurecht zu kommen. Also die Vielschichtigkeit dieser Kinder im Blick zu haben." (B2: 377-381)

Als Anker der Deutung von väterlicher Sorge dient in diesem Beispiel die Art des ausgeübten Berufs. Dem Vater wird eine starke Berufsorientierung beigemessen, die alltagspraktisch als nicht vereinbar mit Familienleben eingeschätzt wird. Die Argumentation dreht sich erstens um die räumliche Mobilität und das Arbeitspensum des Vaters, der in seiner Position als Universitätsprofessor zeitlich außerordentlich eingespannt sei. Zweitens forscht er in einem kulturwissenschaftlichen Fachgebiet, welches als realitätsfremd gedeutet wird. Dem familiären Alltag als eine „irdische, lebendige" Angelegenheit wird die Archäologie als Wissenschaft über alte und ferne Kulturen entgegengesetzt. Einkaufen, Termine im Kindergarten wahrnehmen, Kleidung wechseln – das sind die Belange des Alltags, die für den Vater fremd und fern seien. Abgerundet wird dieses Bild von der Bezeichnung des Vaters als „Fremdling" (B2: 201). Die Konstruktion eines Gegensatzes zwischen Familienleben und (wissenschaftlichem) Berufsleben drückt aus und legitimiert zugleich die Zweifel an den väterlichen Fürsorgequalitäten. Verdeutlicht wird damit, dass der Wunsch des Vaters, allein für die Kinder da zu sein, als nicht realisierbar bewertet wird. Hier schmelzen Deutungen von Beruf und Geschlecht in einer diskursiven

---

58 Das ist die anonymisierte Bezeichnung des Fachgebiets.

Strategie zusammen, was die Frage aufwirft, wie die Konstruktion aussehen würde, wenn dies der Beruf einer Mutter wäre.

B. Väterliche Sorge und Berufstätigkeit: eine gelingende Ergänzung

Berufstätigkeit und Sorge für das Kind erweisen sich für Väter in Trennung und Scheidung auch als vereinbar. Die diskursiv hergestellte Vereinbarkeit zeichnet sich jedoch durch Abstufungen aus, die je nach Familienfall unterschiedlich kontextuiert werden. In allen drei Fällen, die ich im Folgenden diskutiere, spielt sich aktive Vaterschaft in der Freizeit ab.

Die Deutung von Berufstätigkeit als positivem Horizont von Vaterschaft zeigt sich am Beispiel eines selbständigen Unternehmers, der einen regelmäßigen Kontakt zu seinen Kindern pflegt. Das Bild der väterlichen Sorge wird über die gemeinsam mit den Zwillingen (14-jährige Jungen) verbrachte Zeit – ihre Freizeit – entworfen. Die Erwerbstätigkeit als Unternehmer wird nicht als Restriktion für die Vaterschaft gedeutet, sondern als Quelle finanzieller Ressourcen, die der Vater-Kind-Beziehung eine Exklusivität verleiht. Sie verschafft den Kindern Zugänge zur Konsumwelt, die sie bei der Mutter nicht bekommen, wie etwa Kauf von Markenkleidung oder Besuche von Sportveranstaltungen. Hier treffen wir auf die Konstruktion eines Freizeitvaters, der Alltagsverpflichtungen weder selbst übernimmt noch den Kindern auferlegt:

„*Also nach der Trennung auf jeden Fall. Ich vermute aber auch während der Ehe, dass er so: Ich bin hier der hart arbeitende Mann und ich habe viel zu tun und dann will ich eben auch Spaß mit meinen Kindern haben, so vermute ich das, war das dann auch in der Ehezeit, ja.*" (B18: 54-57)

„*[...] der Vater hat auch viel Verantwortung der Mutter so übergeben. Der Vater hat so die schönen Sachen gemacht, und die Mutter hat so, wie läuft es in der Schule, Hausaufgaben usw., hat eher diese Dinge dann übernommen.*" (B18: 43-46)

„*Aber ansonsten glaube ich schon, dass der Vater auch ein ganz inniges Verhältnis [zu den Kindern, Anm. d. V.] hat.*" (B18: 177-178)

An diesem Beispiel zeigt sich eine weitere Ambivalenz der Vaterschaftskonstruktionen im beraterischen Diskurs, die mit der bereits besprochenen geschlechterspezifischen Auslegung von *Arbeit am Selbst* in Verbindung steht. Die Forderung nach Sensibilisierung im Sinne von mehr Engagement der Väter im kindlichen Alltag scheint hier an Relevanz zu verlieren und wird nicht als Einschränkung gelingender Vaterschaft gedeutet. Interessant ist auch, dass der größere Altersunterschied zwischen den Eltern keine Problematisierung erfährt.

Ein weiterer Familienfall belegt, wie Sorge in Verbindung mit der berufsbedingten Abwesenheit der Väter gebracht, und dabei nicht als Problem thematisiert wird, welches ihre Fürsorgequalitäten fundamental in Frage stellt:

> *„Ja, ja, ich denke der Vater ist eher derjenige, der vieles den Großeltern überlässt, zwar Dinge mit dem Anton eben unternimmt, aber es ist so, dass die Großeltern eine große Rolle eben spielen für den Anton, weil der Vater ja abends nie vor sieben oder acht Uhr zu Hause ist."* (B17: 298-301)

Durch die Anwesenheit von Großeltern und ihre Betreuung scheinen die längeren Arbeitszeiten des Vaters kein Problem darzustellen. In diesem Fall, der einzige im Datenmaterial, in dem es um ein Wechselmodell[59] geht, wird der Vater explizit als „mehr so ein Familienmensch" (B17: 146) und „mehr Vater als Partner" (ebd.: 90) beschrieben. Besonders aufschlussreich ist hier, wie der Diskurs erneut eine Dichotomisierung zwischen Paarbeziehung und Elternschaft erzeugt. Dies geschieht zwar weiterhin im Kontext der Sorge für das Kind, dennoch nicht in einer Art und Weise, die das Scheitern der Paarbeziehung als Anlass nimmt, die väterliche Sorge anzuzweifeln. Vermittelt wird hingegen die Idee einer gelingenden Vaterschaft trotz misslungener Partnerschaft:

> *„Der Vater, wie würde ich ihn sonst noch bezeichnen, also als liebevollen Vater, als verständnisvollen Vater, ja, als Vater, der mehr Vater als Partner ist, der in seiner Arbeit aufgegangen ist und, ja, seine Frau in dem Sinne nicht als Partnerin, sage ich mal, also so wie ich ihn kennen gelernt habe, könnte ich mir das so vorstellen, obwohl er sehr geduldig eben war, ne, aber sicher das, was die Frau sich erhofft hat, konnte er ihr halt nicht eben nicht geben"* (B17: 89-94).

Auch diese Zeilen sind ein Beispiel für die paarzentrierte Argumentation des Diskurses, wenn auch die Argumentation umgedreht wird. Der Mann, der von seiner Partnerin verlassen worden ist, wird als Vater bestätigt. Die Bezeichnung „Familienmensch", die alltagsprachlich sowohl das Verhältnis zwischen Partnern als auch das Verhältnis zwischen Eltern und Kindern anvisiert, wird hier primär auf die Elternschaft bezogen.

---

59 Bei diesem Sorgerechtsmodell lebt das Kind abwechselnd bei der Mutter und beim Vater und verbringt dort gleich viel Zeit. Der Wechsel erfolgt z. B. alle dreieinhalb Tage oder wöchentlich.

Auch ein dritter Familienfall spricht für die Deutung einer Verträglichkeit zwischen berufsbedingter Abwesenheit der Väter und aktiver Vaterschaft, obwohl der Fall durch Spannungen zwischen den Eltern vor und nach der Trennung gekennzeichnet ist:

„Ja, ich finde, die [Arbeitsteilung, A. d. V.] war so ganz, eigentlich so ganz sympathisch, finde ich. Also das ist ja so ein häufiges Konstrukt. Sie hat, glaube ich, Teilzeit gearbeitet oder arbeitet nur noch Teilzeit und war dann auch sehr viel für das Kind da. Und er hat den Job draußen gemacht. [...] was ich auch völlig in Ordnung finde. Ich weiß aus gutem Grund, so viele, die den ganzen Tag über arbeiten, können genauso liebevolle Väter sein und ja." (B7: 278-285)

„Der Mann, der Vater ist sehr impulsiv, sehr vital auch und er lastet sehr viel Schuld der Mutter an. Die geraten auch immer wieder schnell in Streit" (B7: 22-24).

„Und der Vater ist allerdings im Konfliktfall, ist der härter so, also mit Sicherheit und zwar auch so weit, dass der tatsächlich auch zur Gewalttätigkeit neigt, so impulsiv. Also ich traue dem auch zu, dass der sich bedrohlich seinem Kind, also sehr viel bedrohlicher, also ich sage mal, wenn man sich anguckt, vor wem hat das Kind im Streitfall mehr Angst, dann würde ich sagen, Levin hat im Streitfall mehr Angst vor seinem Vater als vor seiner Mutter." (B7: 382-389)

Interessant an diesem Beispiel ist zum einen die selbstreferentielle Begründung des Beraters, wenn er die elterliche Berufstätigkeit thematisiert. Die Bekräftigung von berufstätiger Vaterschaft erfolgt durch den Verweis auf die eigene Lebenserfahrung als berufstätiger Vater. Damit lässt das Datenmaterial auch auf Seite der Männer eine Solidarisierung erkennen.[60] Die geäußerte Sympathie für die elterlichen Arbeitsverhältnisse – Teilzeitarbeit der Mutter, ganztägige Beschäftigung des Vaters – reproduziert Geschlechterstereotype von Berufstätigkeit und lässt zudem die alltagspraktische Vereinbarkeit als eine Frauenfrage erscheinen. Zum anderen wird das Konfliktverhalten des Vaters als gewalttätig kommentiert, was jedoch im gesamten Verlauf der Falldarstellung keine Verbindungslinien zur väterlichen Sorgequalitäten zieht. Die väterliche Sorge wird in diesem Fall prinzipiell anerkannt. Die Ambivalenz der Vaterschaftskonzeption, die der beraterische Diskurs in den Fallverhandlungen produziert, ist kaum zu übersehen.

---

60 Die diskursive Solidarität zwischen Müttern und Beraterinnen wurde in der Darstellung des Deutungsmusters *Partnerschaftlichkeit* erläutert.

In diesen Aussagen erhärtet sich ein Vaterschaftstypus, der sich als Freizeitvater oder Zu-Erzieher bezeichnen lässt. Der Vater ist zwar im Leben der Kinder präsent, jedoch in einem zeitlichen Rahmen, der den kindlichen Alltag nicht vollständig umfasst. Vielmehr wird väterliche Sorge in vorgesehenen Zeitinseln aktiviert, die mit dem Umgangsrecht konform sind und keinen Widerspruch zum Aufenthaltsbestimmungsrecht der Mütter bilden. Der beraterische Diskurs definiert das Verhältnis zwischen getrennten berufstätigen Vätern und ihren Kindern zeitlich und befüllt diese Zeit inhaltlich mit Themen wie Konsum und Vergnügen. Solange aktive Vaterschaft im Rahmen eines regelmäßigen Umgangs stattfindet und keine Ausweitung der Aktivität darüber hinaus anstrebt, wird sie vom Diskurs nicht nur nicht problematisiert, sondern auch anerkannt. Diesem Typus von aktiver Vaterschaft, die in der Freizeit ausgeübt wird, kommt zudem eine diskursive Aufweichung von Männlichkeit zu.

8.3 Zusammenfassung: Sagbarkeiten im Feld der Trennungs- und Scheidungsberatung

Mit der Rekonstruktion der Deutungsmuster *Partnerschaftlichkeit* und *Sorge* habe ich gezeigt, durch welche Typiken die beraterische Rede über Elternschaft inhaltlich strukturiert ist und mittels welcher diskursiven Strategien diese Typiken hervorgebracht werden. Im Folgenden rekapituliere ich zusammenfassend die wichtigsten Aspekte der Deutungsmuster, zeige Verbindungslinien auf und gehe auf die diskursiven Strategien ein.

Das Deutungsmuster *Partnerschaftlichkeit* gewinnt an Gestalt durch seine Komponenten *Beziehungsarbeit, Arbeit am Selbst* und *Gleichheit*. Alle drei formulieren diskurseigene Deutungs- und Handlungsprobleme, die sich im Datenmaterial musterhaft herausbilden und als relevant für das Feld der Trennungs- und Scheidungsberatung zu erachten sind. *Beziehungsarbeit, Arbeit am Selbst* und *Gleichheit* bezeichnen die Themen, woran die professionale Bearbeitung von Elternschaft ansetzt, und benennen zugleich die Lösungen, die der beraterische Diskurs für ebendiese Deutungs- und Handlungsprobleme produziert. *Beziehungsarbeit* visiert das elterliche Verhältnis nach der Trennung an und impliziert die Entwicklung von *Rationalität* und *Vertrauen* als solide Ressourcen der Eltern mit Blick auf das gemeinsame Kind. Hintergrund dieser Ansprache ist die zentrale und handlungsleitende Unterscheidung zwischen einer „Paarebene" und einer „Elternebene" in der beraterischen Rede. Die sachliche, einvernehmliche und kontinuierliche Kommunikation zwischen den getrennten Eltern in kindbezogenen Fragen verortet der Diskurs auf der „Elternebene" und bewertet sie als Kompetenz, die mit dem Kindeswohl konform ist. Die Entwicklung dieser Kompetenz – individuell und gemeinsam – wird durch die Emotionalität der ehemaligen Paarbeziehung diskursiv herausgefordert. Die emotionale Dynamik zwischen den Müttern und Vätern verortet der beraterische Diskurs auf der „Paarebene". Damit wird hier auch der Beratungsbedarf angesiedelt. Die Interpretation einer diskursiven Herausforderung von Elternschaft entsteht ferner durch die Koppelung von Emotionalität und Geschlecht. Eindeutig und persistent etabliert der beraterische Diskurs die Deutungsfiguren der sachlich denkenden und handelnden Mutter und des irrationalen, in seiner Wut und Enttäuschung gefangenen Vaters. Der persönliche Umgang mit der Trennung wird vergeschlechtlicht und indirekt mit Sorgequalitäten verknüpft, wie die Kategorie *Arbeit am Selbst* zeigt. Die Gleichsetzung von Frauen mit Müttern scheint für den Diskurs nicht nur unproblematisch, sondern auch selbstverständlich und unhintergehbar zu sein. Väter hingegen werden separat als Männer verhandelt, wobei die Positionierung ein konflikthaftes Verhältnis konstituiert. Der Diskurs spielt Männlichkeit gegen Vaterschaft aus, indem er die vergangene Paarbeziehung der Eltern aus einer Machtperspektive (um-)deutet. Frauen als Unterworfene und Männer als Patriarchen vor der Trennung, Frauen als stark und emanzipiert, Männer als verletzt und gekränkt nach der Trennung – entlang der Machtthematik zwischen den Geschlechtern pendelt der Diskurs zwischen Vergangenheit und Gegenwart und erzählt die Paargeschichte aus der Perspektive der Mütter. Im Ergebnis erscheint die Trennung als Problemlösung für die Mütter und als ein zu lösendes Problem für die Väter. Die diskurseigene Präferenz für die Mutterfigur, die sich im Datenmaterial durchsetzt, äußert sich im spezifischen Vokabular, welches den Müttern mehr Reflexivität, Selbstwirksamkeit und Klarheit im Vergleich zu den Vätern zuschreibt. Der Autonomieappell an die Mütter, zentral für die Subkategorie *emanzipierte Mutterschaft*, ist weniger als Forderung und vielmehr als Erwartung und Vertrauen zu lesen. Anders und viel voraussetzungsvoller steht der beraterische Diskurs den Vätern gegenüber. Die Subkategorie *sensibilisierte Vaterschaft* drückt aus, dass Arbeit am Selbst für die Väter vor allem die Öffnung für professionale Hilfe impliziert. Sensibilisierung stellt ein selbstauferlegter Auftrag der Professionellen dar. Zugleich ist sie als ein gemeinsam erreichtes Ergebnis im Bündnis mit den Vätern zu verstehen: die Entwicklung von Achtsamkeit für die kindlichen Bedürfnisse, sowohl alltagspraktisch als auch emotional.

Die pragmatische Ausrichtung der Kategorien *Beziehungsarbeit* und *Arbeit am Selbst* wird in der Kategorie *Gleichheit* abgeschwächt. Hier sind wiederum die biographisierenden Rekurse auf die vergangene Paarbeziehung am deutlichsten wirksam. Mit der Thematisierung einer Ungleichheit von Lebensentwürfen, sozioökonomischen Lebenslagen und individuellen Beziehungsvorstellungen der Eltern verschiebt der beraterische Diskurs den Ausgangspunkt und die zeitliche Perspektivität seiner Argumentation. Nicht mehr die vollzogene Trennung und das Aushandeln einer gelingenden, kindorientierten Elternschaft für die Zukunft als reorganisierte Familie stehen im Vordergrund. Die Kategorie *Gleichheit* visiert das elterliche Verhältnis vor der Trennung an und nimmt die Anfänge der ehemaligen Partnerschaft als relevantes Thema auf. Die Paarbiographie wird erzählerisch durch die Zeit ausgerollt und als Begründung für eine – von heute aus betrachtet – naheliegende Trennung herangezogen. Der Diskurs, der so sehr an Befähigung und damit auf die Zukunft der gemeinsamen Elternschaft ausgerichtet ist, nimmt wiederholt biographische Rückbezüge zur Vergangenheit der Paare vor. Dennoch besitzt auch *Gleichheit* eine pragmatische Konnotation. Sie ergibt sich daraus, dass die Unterschiede zwischen den Eltern als konfliktträchtig diskursiv objektiviert und dadurch legitimiert werden. Die pädagogisierende Botschaft des Diskurses an die Mütter und Väter lautet, die Konflikte auf der „Paarebene" zu verlagern (genauer: dort zu lassen) und in der Gemeinsamkeit als Eltern den Blick auf das Kind zu richten, oder: zum Wohle des Kindes zwischen der „Paar"- und der „Elternebene" handlungspraktisch und nachhaltig zu differenzieren.

Unter dem Dach des Deutungsmusters *Partnerschaftlichkeit* synchronisiert der beraterische Diskurs typische Problemdefinitionen und Handlungsanleitungen und erschafft den Idealtypus einer gelingenden Elternschaft nach Trennung oder Scheidung. Es ist die Gestalt eines rationalisierten Verhältnisses zwischen Frau und Mann, die sich weder durch die Emotionalität der vergangenen Paarbeziehung noch durch eine wie auch immer ausgeprägte Unterschiedlichkeit irritieren lassen. Stattdessen arbeiten Frauen und Mütter (weiterhin) an ihrer Autonomie in der reorganisierten Familie. Männer hingegen lernen, ihre Irrationalität im Kontakt mit der ehemaligen Partnerin zu überwinden und als Väter feinfühlig und aufmerksam im Kontakt mit dem Kind zu werden. Das gemeinsame Gespräch – kontinuierlich, verständigungsorientiert und anerkennend – bildet den Anker einer partnerschaftlich geführten Elternschaft, die erst noch und gerade mittels des Gesprächs die Herausbildung neuer Routinen bedarf.

Im Vergleich zu *Partnerschaftlichkeit* ist das Deutungsmuster *Sorge* inhaltlich und strukturell anders aufgebaut. Seine Darstellung fällt kürzer als die Darstellung von *Partnerschaftlichkeit* aus. Die Inhalte des Deutungsmusters *Sorge* sind weniger differenziert und reichhaltig. Hier produziert der beraterische Diskurs keine Handlungsanleitungen, sondern Problemdefinitionen und Bewertungen mit deutlicher moralischer Konnotation. Elterliche Sorge wird als *Alltagsnähe* konzipiert und erfährt dabei eine Vergeschlechtlichung: Als alltagsnah erweisen sich die Mütter, indem sie als physisch, sozial und emotional zugewandt besprochen werden. Väter werden hingegen als alltagsfern entworfen. Die Präferenz für die Mutterfigur und die kritische Haltung des beraterischen Diskurses gegenüber der Vaterfigur, die sich bereits im Deutungsmuster *Partnerschaftlichkeit* herauskristallisierten, gewinnen nun an konkreter und ambivalenter Gestalt. Wichtig zu betonen ist, dass *Alltagsnähe* und *Alltagsferne* keine grundsätzliche Polarisierung in Bezug auf die Qualität elterlicher Sorge zum Ausdruck bringen. Vielmehr geht es um graduelle Unterschiede in der Selbstverständlichkeit, mit der die Sorge der Mütter und der Väter diskursiv ausgestattet wird. Das bedeutet, dass die *Alltagsferne der Väter* nicht unbedingt mit Nicht-Gelingen von Sorge gleichgesetzt wird. Mit der Konstruktion dieser Deutungsfigur steckt der beraterische Diskurs den situativen und raum-zeitlichen Rahmen ab, in dem sich aktive Vaterschaft abspielt bzw. abzuspielen hat: als kontinuierliche Umgangskontakte zwischen Vater und Kind, die typischerweise als gemeinsam verbrachte Freizeit verlaufen, und mit zuverlässiger Unterstützung durch die Großeltern. Dass gelingende väterliche Sorge diskursiv eine voraussetzungsvolle Angelegenheit darstellt, wird vor allem an den Strategien sichtbar, die der Diskurs für ihre Herstellung abruft. Die eindeutige Verknüpfung von Geschlecht, Emotionalität und Alter, die die verletzte männliche Ehre (insbesondere bei älteren Vätern) zur Interpretationsfolie von Vaterschaft macht, sowie die regelmäßig vollzogene, aber ambivalent ausgelegte Verbindung von Geschlecht und Alltagszeit am Beispiel der Berufstätigkeit von Vätern, sind die Hauptstützen der diskursiven Konstruktion einer nicht selbstverständlichen väterlichen Sorge. Dazu kommt die kindzentrierte Argumentation als ein weiteres rhetorisches Mittel. Der beraterische Diskurs produziert selbst dort Einschränkungen, wo diese Strategien nicht aktualisiert werden, zum Beispiel in Bezug auf die verhältnismäßig gering problematisierende *Sensibilisierung* von Vaterschaft. Ihre schärfsten Konturen gewinnen die diskursiv hervorgebrachten Restriktionen in den Fällen, in denen Väter den Lebensmittelpunkt der Kinder sein wollen.

Alles in allem erzeugt die beraterische Rede eine Vaterfigur, die unter dauerhafter Spannung steht. Sie ist einem Legitimationszwang ausgesetzt, kann aber auch Adressat impliziter und expliziter Anerkennung sein. Durch das starke Redebedürfnis über Vaterschaft und väterliche Sorge, charakteristisch für das Datenmaterial, werden Väter zu diskursiven Hauptfiguren positioniert, die im selben interpretativen Zug zu familiären Randfiguren gemacht werden. Mutterschaft hingegen wird kaum in Frage gestellt. Vaterschaft wird facettenreicher entworfen als Mutterschaft und umso stärker problematisiert, wenn Väter die Absicht haben, mit ihren Kindern nach der Trennung gemeinsam zu leben. Der zentrale diskursive Ort von Vaterschaft ist das Deutungsmuster *Sorge*. Der Diskurs um Mutterschaft ist hingegen ein Diskurs um Emanzipation im Sinne von Gewinn an persönlicher Autonomie im Privaten. Der Verhandlungsort ist die Subkategorie *Arbeit am Selbst*. Hier wird

Mutterschaft am ausführlichsten besprochen, im Kontext eines inkonsequenten Erziehungsstils bewertet und (geringfügig) problematisiert, denn hier benötigt Mutterschaft professionale Befähigung von außen.

Diskussion 9

Der beraterische Diskurs um Elternschaft entwickelt zwei Deutungsmuster, die ich *Partnerschaftlichkeit* und *Sorge* genannt habe. Ersteres fokussiert die elterliche Nachtrennungsbeziehung, zweiteres die Eltern-Kind-Beziehung. Damit entwirft der Diskurs zwei sozio-emotionale Räume, die sich um das Kind als gemeinsames Thema verdichten. Die Darstellung der Ergebnisse zeigte, dass das Deutungsmuster *Partnerschaftlichkeit* ausführlicher und detailreicher ist, während das Deutungsmuster *Sorge* weniger umfangreich und ausdifferenziert in seinen Inhalten und seiner Struktur ist. Diese Unterschiede werden im Folgenden in Form von einer weiteren Abstraktion diskutiert, die die Kernaussagen beider Deutungsmuster soziologisch auf den Punkt bringt. Das ist erstens die Paarzentrierung des beraterischen Diskurses um Elternschaft (9.1) und zweitens die Bedeutung der Kategorie Geschlecht für das Verhältnis des untersuchten Diskurses und den herausgearbeiteten Deutungsmustern (9.2).

9.1 Partnerschaftlichkeit, Elternschaft und die Persistenz des Paares

Das partnerschaftliche Beziehungsmodell, womit spätmoderne Familien- und Paarbeziehungen angerufen werden, gehört zum Tenor beraterisch-therapeutischer Diskurse. Das Rationalisieren von Gefühlen, ihre Überführung in Prinzipien der politisch-öffentlichen Demokratie wie Verhandlung und Egalität, die Suche nach Balance zwischen Autonomie und Gleichberechtigung, das stetige und vertrauensbasierte Gespräch und nicht zuletzt das Verständnis von Konflikten als inhärenten Bestandteilen der Interaktion in Familien und Liebespaaren werden als wichtigste Dimensionen von Partnerschaftlichkeit etabliert (vgl. Ostner/Pieper 1980b; Mahlmann 1991; Giddens 1993; Illouz 2009). Auch der hier untersuchte

© Springer Fachmedien Wiesbaden GmbH, ein Teil von Springer Nature 2018
M. Halatcheva-Trapp, *Elternschaft im Wechselspiel von Deutungsmustern und Diskurs*, Theorie und Praxis der Diskursforschung,
https://doi.org/10.1007/978-3-658-22575-9_10

Spezialdiskurs um Elternschaft (re-)produziert diese Themen. Adressat ist allerdings nicht mehr das (eheliche) Liebespaar, sondern das Elternpaar nach Trennung und Scheidung. Für eine partnerschaftlich geführte Elternschaft gibt der beraterische Diskurs vernunftgesteuerten Umgang mit der Trennung sowie Einhaltung von Reziprozitäts- und Gerechtigkeitsprinzipien vor. Soziologisch lässt sich dieser Befund anhand des Verhältnisses von Liebe und Partnerschaftlichkeit erklären, welches in der Familiensoziologie als konträr diskutiert wird. Romantische Liebe als Ideal und Partnerschaftlichkeit als Prinzip der Alltagsorganisation erfüllen jeweils andere Funktionen für die Stabilisierung einer Paarbeziehung. Während Partnerschaftlichkeit an Aushandlungs- und Entscheidungsprozesse gebunden sei, könne Liebe Asymmetrien zulassen und abfedern (Burkart 2000: 179 f.; vgl. auch Leupold 1983; Burkart/Koppetsch 2001). Der paarbiographische Übergang von Liebe zu Partnerschaftlichkeit wird als eine Rationalisierung der Beziehung beschrieben. Partnerschaftlichkeit stellt ein „unspezifisches Sinnangebot" (Koppetsch 2005:105) dar – unspezifisch deswegen, weil es für alle sozialen Beziehungen herangezogen werden kann. Der beraterische Diskurs projiziert also Partnerschaftlichkeit als Sinnangebot auf Familien in Trennung und Scheidung, gerade weil die elterliche Beziehung nicht mehr auf Liebe beruht.

An dieser Stelle sei ein weiteres Ergebnis aufgegriffen, welches im Deutungsmuster *Partnerschaftlichkeit* enthalten ist. Es geht um dessen interne Ausdifferenzierung und Ausführlichkeit, die im Vergleich zum Deutungsmuster *Sorge* stärker ausgeprägt sind. Ich betrachte dies als Indikator dafür, dass die elterliche Nachtrennungsbeziehung einen prominenteren Platz im Spezialdiskurs um Elternschaft als die Eltern-Kind-Beziehung einnimmt. Über die professionale Praxis sagt dies aus, dass Beratende in erster Linie an der Gestaltung des Verhältnisses zwischen den ehemaligen Partner*innen arbeiten. Ganz im Sinne des im Jahr 1998 reformierten Sorgerechts produziert der untersuchte Spezialdiskurs Anleitungen für eine verständigungsorientierte, kooperative und einvernehmliche Beziehung zwischen den getrennten Müttern und Vätern. Das Elternpaar steht im Fokus des Diskurses und erhält eine Art Gatekeeper-Funktion: Der Fortbestand und die Qualität der Beziehung im Elternpaar garantiert den Fortbestand und die Qualität der Eltern-Kind-Beziehungen. Mit dem Deutungsmuster *Partnerschaftlichkeit* antwortet der beraterische Diskurs folglich auf die Faktizität der elterlichen Trennung. Es steuert auf die Stabilisierung des Elternpaares hin, welches für die gemeinsamen Kinder auf Dauer aufrechterhalten werden soll. Aus einer kulturhistorischen Perspektive bleibt das „Paar als biblische Norm" (Métral 1981: 241) diskursiv unantastbar. Die Kontinuität der elterlichen Dyade wird durch die Rahmung mit dem Kindeswohl legitimiert. Die Paarzentrierung des beraterischen Diskurses resultiert aus der

Kindzentrierung des rechtlichen Diskurses im Zuge der Einführung des gemeinsamen Sorgerechts nach Trennung und Scheidung als Regelfall.

Die Persistenz des Paares bringt Widersprüche des beraterischen Diskurses ans Licht, die im Deutungsmuster *Partnerschaftlichkeit* integriert sind. Die Widersprüche durchziehen die heuristische Unterscheidung zwischen „Elternebene" und „Paarebene", die regelmäßig im Datenmaterial zur Sprache kommt und in dieser Studie als Aspekt der Kategorie *Beziehungsarbeit* analysiert wurde. Die Unterscheidung soll den Eltern die Veränderungen im familiären Beziehungsgefüge veranschaulichen und sie motivieren, die Sorge und die Verantwortung für die gemeinsamen Kinder kontinuierlich und konsensfähig zu übernehmen. Die Analyse zeigt, dass diese Ebenentrennung inhaltlich nicht stringent und empirisch nicht haltbar ist. Sie problematisiert die Paarbeziehung („Paarebene") und setzt die Elternschaft („Elternebene") voraus. Das Elternpaar, welches kein Liebespaar mehr ist, wird dabei ausgeblendet. Ihm wird in dieser Unterscheidung kein Platz zugewiesen und dies liegt an der pauschalen Vorstellung vom Paar als einem (hier nicht mehr existenten) Liebespaar. Die soziale Figur des Paares, vereint durch romantische Liebe und Sexualität, ist kulturell so wirkmächtig, dass es im beraterischen Diskurs keine Nuancierungen zulässt, die das Elternpaar als eigenständige, vom Liebespaar entkoppelte Figur sagbar machen. Dies verwandelt das Paar pauschal in eine Unsagbarkeit, betont dessen Irrelevanz und zugleich jedoch dessen Problematik. Denn die „Paarebene" bildet im untersuchten Diskurs einen Ort der Konflikte, die als typisch für ehemalige, oft zerstrittene Paare und als natürliche Erscheinung von Beziehungskonstellationen nach einer Trennung oder Scheidung gelten. Der beraterische Diskurs arbeitet sich an der „Paarebene" ab und bewegt sich dabei in zwei entgegengesetzte Richtungen: Das Paar soll diskursiv aufgelöst und gleichzeitig verfügbar gemacht werden – beides zum Wohle des Kindes. Die Auflösung betrifft das getrennte Liebespaar oder die „Paarebene", die Verfügbarkeit betrifft das partnerschaftliche Elternpaar oder die „Elternebene". Die Persistenz des Paares im Diskurs oszilliert zwischen Unsagbarkeit und Sagbarkeit.

Aus wissenssoziologischer Perspektive ergibt sich dieses diskursive Dilemma zwei analytische Stolpersteine. Erstens wird das Paar durch dessen Pauschalisierung als ehemaliges Liebespaar auf die Vergangenheit fixiert und aus dem Zeithorizont des Hier und Jetzt wie auch der Zukunft ausgeschlossen. Es sei schließlich für die gemeinsame Elternschaft und auch für die Beratung irrelevant. Damit wird jedoch ein Teil der Gegenwart ausgeblendet, denn Paare haben auch nach der Trennung ihre Geschichte, die die dyadische Biographie und Identität konstituiert – auch diejenige des Elternpaares im Hier und Jetzt. Aus der Sicht einer interpretativen Familiensoziologie durchlaufen auch reorganisierte Familien Prozesse der Nomosbildung, die eine Umdeutung der Zeithorizonte und Neurahmung der Verhältnisse einschließen. Die pauschale Negation des Paares klammert diese biographische und identitäre Dimension aus. Die „Paarebene", das eigentliche Deutungs- und Handlungsproblem des beraterischen Diskurses, soll zugunsten der „Elternebene" neutralisiert werden und entzieht sich dadurch der professionalen Bearbeitung, die sie paradoxerweise doch so nötig hat.

Der zweite analytische Stolperstein betrifft die Thematisierung von Konflikten zwischen den getrennten Müttern und Vätern. Im untersuchten Spezialdiskurs dient das Sprechen über Konflikte nicht der ehelichen Harmonie (Mahlmann 1991: 306) oder der moralischen Entlastung (Illouz 2009: 207), sondern der Pädagogisierung des Elternpaares. Konflikte werden intensiv verhandelt mit dem Ziel, von der „Elternebene" gelöst zu werden, da sie mit Blick auf das Kind als destabilisierend gelten. Weil Elternschaft idealerweise ein konfliktfreier sozio-emotionaler Raum sein soll, werden Konflikte diskursiv auf die „Paarebene" verlagert. Letztere wird durch das Sprechen über Konflikte und ihre Assoziierung mit der gescheiterten Liebesbeziehung sagbar gemacht. Die Positionierung von Konflikten auf der „Paarebene" als ihr legitimer Ort soll Mütter und Väter zur Reflexion des eigenen Verhaltens bewegen, um zwischen vergangener Paarbeziehung und gemeinsamer Elternschaft im Hier und Jetzt, aber auch in der Zukunft, zu unterscheiden. In der Konsequenz entsteht eine inkonsistente professionale Anleitung zum Umgang mit Konflikten. Elterliche Konflikte als Paarkonflikte zu definieren, indem sie als Ergebnis einer Interaktion gehandhabt werden, die als Paarinteraktion bereits gescheitert ist und scheitern musste, wie die Befunde zur Kategorie *Gleichheit* zeigen, ist ein Zirkelschluss. Die Unterscheidung zwischen „Paarebene" und „Elternebene" ist als analytisches Werkzeug gedacht, mit dem Beratende den Fall professional bearbeitbar halten und die Eltern erreichen wollen. Handlungspraktisch ist sie im Kontext von Sorgerechtskonflikten jedoch nicht umsetzbar. Sie würde nur dann funktionieren, wenn es keine Konflikte mehr gäbe, was wiederum die Unterscheidung obsolet machen würde.

Die vorliegende Analyse zeigt, dass die strikte Unterscheidung zwischen Paarbeziehung und Elternschaft sich im Diskurs nicht aufrechterhalten lässt. Inhaltlich konsistent wäre vielmehr eine integrative Perspektive, die die Eltern auch als Paar, als Elternpaar, explizit ernst nimmt und verdeutlicht, wie stark das Gelingen einer partnerschaftlichen Elternschaft nach Trennung und Scheidung auf die Qualität der Paarbeziehung angewiesen ist. Das ist die eigentliche Botschaft, die mit der Paarzentrierung des Diskurses zum Ausdruck gebracht wird. Mit Paarbeziehung ist freilich nicht mehr die (eheliche) Liebesbeziehung gemeint, sondern die elterliche „Nach-Zweierbeziehung" (Lenz 2009: 185), das persönliche Verhältnis zwischen zwei Menschen, die durch gemeinsame Kinder miteinander verbunden sind – idealtypisch betrachtet. Denn die Trennungs- und Scheidungsberatung arbeitet mit einem Idealtypus von Familie, vermittelt durch die Kindschaftsrechtsreform in der Vorstellung, dass zwei leibliche Eltern das Beste für das Kind sind, dass beide die Verantwortung für das Kind gemeinsam tragen wollen und dies im Alltag tatsächlich tun. Beratung ist ebenso wie Rechtsprechung eine Interpretation der Wirklichkeit, der „nur diejenige Normativität innewohnt, welche die Vorstellung des Menschen in sie hineingelegt hat." (Schwab 2003: 174) Die Normativität, die im hier diskursiv aktualisierten Idealtypus von Familie enthalten ist, bezieht sich auf die Vorstellung von einer Kernfamilie, die die Einheit der Kategorien (zwei-geschlechtliches) Paar, Ehe, romantische Liebe, Sexualität wie auch Familie ‚unter einem Dach' impliziert. In der beraterischen Rede fungiert das Ideal der Kernfamilie als komplexitätsreduzierende Interpretationsfolie für die Ausgestaltung von Eltern-schaft nach Trennung und Scheidung: „Mit dem Abrücken von der Kernfamilie erhöhen sich die Komplexitäten elterlichen Handelns" (Stein-Hilbers 1994: 63). Die genannten Kategorien, die seit der Erfindung des Paares (Knibiehler 2012: 410) und dem Einzug der Liebe in die Ehe (Ariés 1986) zu einer Einheit im gesellschaftlichen Wissensvorrat zusammengewachsen sind, sind allerdings historisch kontingent. Die Verbindungslinien und die Anschlussstellen zwischen ihnen variieren und sind von unterschiedlicher Festigkeit. Sie stellen keine ontologische Gegebenheit dar, sondern symbolisch verfügbare und handlungspraktisch gestaltbare soziale Phänomene. Dies lehren familien- und kulturhistorische Studien, die die Vielfalt von Elternschaftskonzepten quer durch Raum und Zeit belegen (vgl. etwa Burguiére u. a. 1996-1998). Gegenwärtig finden im Alltag zunehmend alternative Modelle Verbreitung, wie etwa multiple Elternschaft (vgl. Bergold u. a. 2017) und multilokale Nachtrennungsfamilien (vgl. Schlinzig 2017). Eine historische Kontextuierung ist an dieser Stelle insofern wichtig, als sie zeigt, dass die Zentrierung des beraterischen Diskurses auf die elterliche Dyade nicht selbstverständlich ist, sondern mit dessen Fokussierung auf die Kernfamilie das bürgerliche Familien- und Geschlechter-modell reproduziert.[61] Die „Vorstellung des Zwei-Seins" gründet auf der Idee der Geschlechterdifferenz, wie die französische Philosophin und Historikerin Genevieve Fraisse (2012: 75) erläutert. Und in der Tat, dies verdeutlichen die Ausführungen im Folgenden, obwohl das reformierte Sorgerecht die geschlechtsneutrale Elternschaft

---

61 Dass dieses Modell im langen 19. Jahrhundert vielmehr ein Ideal als reale Lebenspraxis abbildete, zeigen zum Beispiel Coontz (1992) sowie die mikrohistorischen Studien von Trepp (1996a, b) und Habermas (2000). Hausen (2012: 608) schreibt über „anhaltende Spannungen, Widersprüche und Konflikte bei der kulturellen Verständigung darüber, welche Normen das Frausein und das Mannsein in der Gesellschaft regeln sollten, wie diese Normen von einzelnen Frauen und Männern gelebt werden konnten und tatsächlich gelebt wurden." Habermas (2000: 15) warnt vor der „Gefahr, die Alterität bürgerlicher Erfahrungs- und Lebenswelten zu übersehen".

adressiert (Stein-Hilbers 1999: 282; Scheiwe 2006: 53)[62], wendet sich der Diskurs der Trennungs- und Scheidungsberatung an das zweigeschlechtliche Elternpaar und formuliert für Mütter und Väter jeweils andere Interpretationen von Sorge sowie Instruktionen für deren Ausübung.

9.2   Elterliche Sorge – und Geschlecht

Das Deutungsmuster *Sorge* fungiert im untersuchten Spezialdiskurs als Regulativ der Eltern-Kind-Beziehung. Im Vergleich zu *Partnerschaftlichkeit* ist es inhaltlich und strukturell anders aufgebaut. *Sorge* ist weniger umfangreich und weniger aus-differenziert, aber auch weniger konsistent. Letzteres war eine Herausforderung für den Prozess der Rekonstruktion. Inhaltlich bedeutet *Sorge* im beraterischen Diskurs *Alltagsnähe*, die den Müttern als selbstverständlich eigen zugeschrieben wird. Die Väter werden als *alltagsfern* entworfen. Über sie wird mehr und anders gesprochen als über die Mütter, sodass das Inhaltsspektrum von *Sorge* überwiegend entlang der Thematisierung von Vaterschaft entfaltet wird. Dieses Deutungsmuster beinhaltet eine vergeschlechtlichte Sorgetypologie und ist – anders als *Partnerschaftlichkeit* – weniger pragmatisch und vielmehr gefüllt mit Bewertungen der elterlichen Fürsorgepotentiale. Mütter werden als die besseren Fürsorgerinnen entworfen. Ihre Alltagsnähe wird vorausgesetzt, ihre Zeitressourcen nicht angezweifelt. Der beraterische Diskurs stabilisiert elterliche Sorge qua körperlicher, räumlicher und zeitlicher Präsenz als eine Typik von Mutterschaft. Im Umkehrschluss zu behaupten, dass Vätern die Sorgequalitäten prinzipiell abgesprochen werden, wäre allerdings verkürzt, obwohl dies teilweise durch die stetige Kontrastierung zwischen Müttern und Vätern im Datenmaterial nahegelegt wird. Die alltagsferne Sorge von Vätern ist ebenso eine Form von Sorge, und zwar eine, für die der Diskurs andere Bedin-gungen vorgibt. Der Unterschied zwischen mütterlicher *Alltagsnähe* und väterlicher *Alltagsferne* liegt darin, dass erstere eine Selbstverständlichkeit darstellt, während zweitere eine Abstufung von Selbstverständlichkeiten impliziert, die je nach Kon-ventionalisierungsgrad aktive Vaterschaftsausübung ermöglicht oder einschränkt. Konkret heißt dies, dass die diskurseigene Interpretation von Mutterschaft die

---

62   Kritisch zur Interpretation von Geschlechterbeziehungen im reformierten Kind-
     schaftsrecht vgl. Stein-Hilbers (1994, 1999). Die Autorin sieht eine Festschreibung von
     Ungleichheiten zwischen den Geschlechtern, weil das gemeinsame Sorgerecht unter
     der Prämisse des Kindeswohls und der Egalität der Eltern bestehende Unterschiede in
     der Lebensführung von Frauen und Männern ignoriere, bedingt u. a. durch getrennte
     Zuständigkeiten für Familie und Arbeit (Stein-Hilbers 1999: 282 f.).

alltagsnahe Sorge in ihrer uneingeschränkten Ausübung impliziert. An die Interpretation von Vaterschaft sind hingegen Instruktionen gekoppelt, die die faktische Sorgeausübung in ausgewählten Lebensbereichen vorsehen, in anderen hemmen. Väterliche Sorge zum Beispiel, praktiziert als gemeinsame Freizeit mit dem Kind während der regelmäßigen Umgangskontakte, erweist sich als konventionalisierter als väterliche Sorge in Form von gemeinsamem Wohnen von Vater und Kind nach der elterlichen Trennung. Obwohl gegenwärtige Diskurse zunehmend auch Väter als Sorgende anrufen, werden Erziehung und Sorge für die Kinder im Alltag sowie die Verantwortung für ihr physisches und emotionales Wohlbefinden weiterhin primär von Müttern erwartet (Correll 2010; Lenz/Scholz 2013; Tolasch 2016).[63] Empirisch zeigt sich, wie eng Deutungen von elterlicher Sorge und Deutungen von Geschlecht miteinander verflochten sind und welche handlungspraktischen Instruktionen für die Geschlechter mit diesen Deutungen transportiert werden.

9.2.1 Die Bedeutung von Geschlecht für die Wechselwirkung von Deutungsmustern und Diskurs

Im Diskurs der Trennungs- und Scheidungsberatung kommt der Kategorie Geschlecht eine ausgeprägte Wirkmächtigkeit zu. Diese Kategorie ist der Schlüssel zur Wechselwirkung vom untersuchten Diskurs und herausgearbeiteten Deutungsmustern – methodologisch sowie empirisch. In methodologischer Hinsicht liefert Geschlecht die gegenstandspezifische Erklärung dieser Wechselwirkung. Geschlecht ist der Mechanismus, der die Verzahnung von Elternschaft als Diskurs auf der einen Seite und von *Partnerschaftlichkeit* und *Sorge* als diskurseigenen Deutungsmustern auf der anderen Seite erzeugt. Erst über Vergeschlechtlichung erweist sich Elternschaft überhaupt als diskursivierbar. Die beraterische Rede über Elternschaft ist eine Rede über Mutterschaft und Vaterschaft, über Weiblichkeit und Männlichkeit. Ein erstes Indiz dafür war die Notwendigkeit, zu Beginn der Forschung die Fragestellung zu modifizieren (vgl. Kapitel 7.3). In empirischer Hinsicht spielt Geschlecht eine zentrale Rolle für die inhaltliche Realisierung des Diskurses und modelliert die Kohärenz der diskursiv entworfenen Mutter- und Vaterfigur. Der

---

63 Auf der Ebene der gelebten Praxis bewirkt das gemeinsame Sorgerecht keine Erhöhung der Kontakte zwischen Vater und Kind nach der elterlichen Trennung, und die Hauptverantwortung für die Kinder wird von den Müttern getragen, wie Kostka (2006: 88 f.) unter Berufung auf US-amerikanische Studien schreibt. Rechtssoziologisch wird in diesem Zusammenhang die Frage nach dem wechselseitigen Verhältnis von Rechtsnormen, Leitbildern und Lebenspraxis diskutiert (vgl. Schütze 2003; Schwab 2003; Kostka 2006; Scheiwe 2006).

beraterische Diskurs bringt eine interpretativ und instruktiv gefestigte Mutterfigur hervor – rationalisierungsfähig und reflektiert, selbstoptimierend, partnerschaftlich, fürsorglich und alltagsnah. Die Problematisierung von Mutterschaft in Bezug auf einen inkonsequenten Erziehungsstil bringt zwar eine leichte Inkonsistenz in die sonst ungebrochene Affinität des beraterischen Diskurses für die Mütter. Die Kohärenz der Deutung bleibt dennoch erhalten und stabilisiert Sorge als eine Typik von Mutterschaft. Die Mutterfigur löst Widersprüche auf und vereint zuverlässig (emanzipierte) Weiblichkeit und (sorgende) Mutterschaft. Durch ihre ausgeprägte Kohärenz lässt sich die diskurseigene Mutterfigur als ein eigenständiges Deutungsmuster betrachten, fundiert durch die kulturelle Vorstellung von der ‚guten Mutter', wie die Studien von Schütze (1986) und Tolasch (2016) ebenfalls schlussfolgern. Die Vaterfigur im Diskurs der Trennungs- und Scheidungsberatung erreicht hingegen die interpretative und instruktive Geschlossenheit der Mutterfigur nicht. Vielmehr muss sie sich gegen Vorstellungen von Männlichkeit behaupten. Irrationalität, Dominanz, zu hohes Alter, zu viel Zeit, zu wenig Zeit, geringes Gespür, zu viel Nähe, zu viel Distanz, wenig Verpflichtungen im Alltag, viel Spaß in der Freizeit – der (Ex-)Mann und der Vater werden diskursiv gegeneinander ausgespielt und in eine mehrdeutige Gestalt ‚untergebracht', die wenig Kohärenz und Konsistenz besitzt. Die Vaterfigur bleibt gewissermaßen offen und ‚verrückbar'. Sie verfügt nicht über die Geschlossenheit der Mutterfigur, die der beraterische Diskurs (re-)produziert. Vaterschaft erweist sich als deutungsbedürftig*er* als Mutterschaft und damit als ein Handlungs- und Deutungsproblem mit geringem Grad an Konventionalisierung.

9.2.2 Geschlechterwissen im Diskurs der Beratung

Wie lässt sich die diskursive Verzahnung von Elternschaft, Partnerschaftlichkeit, Sorge und Geschlecht wissenssoziologisch und geschlechtertheoretisch einordnen? Welches Geschlechterwissen transportiert der beraterische Diskurs? Welche Handlungs- und Deutungsprobleme werden im Zuge dessen formuliert? Der Diskurs produziert ungleiche Zuständigkeiten von Müttern und Vätern, indem er kulturell etablierte Vorstellungen von Weiblichkeit und Männlichkeit reproduziert und zugleich umdeutet. Reproduziert wird zum einen die Figur einer Mutter, die als Frau selbstverständlich die Hauptverantwortung für die Kinder trägt. Reproduziert wird zum anderen die Figur eines Vaters, der sich als Mann selbstverständlich mehr Zeit und Engagement für den Beruf nimmt und seinen Kindern eher ein Spielkamerad und Zu-Erzieher ist. Dies bedeutet, dass die Trennung der Eltern den Anlass für eine diskursive Re-Traditionalisierung der Geschlechterbeziehungen gibt. Das Wissensproblem, was der beraterische Diskurs damit formuliert, ist die Fortführung der gemeinsamen Sorge bei Auflösung der elterlichen Liebesbeziehung und Erweiterung der Kernfamilie auf zwei räumlich separierte Kerne, in denen das Kind abwechselnd lebt. Diese Situation ist historisch neu und bringt Familienbeziehungen von neuer und komplexer Qualität hervor (Sieder 2003: 131). Der Diskurs antwortet darauf, indem er Mütter und Väter als komplementäre Figuren entwirft und ihnen getrennte Zuständigkeitssphären zuteilt. Mit Blick auf das Kind und dessen Wohl wird „das Bedürfnis nach einer verlässlichen Ordnung" (Hausen 2012: 608) der Geschlechter in der Lesart des bürgerlichen Familienideals artikuliert. Während der beraterische Diskurs Mütter qua Geschlecht ‚natürlicherweise' der Familie zuordnet, werden Väter außerhalb des familialen Alltags positioniert und hauptsächlich im Kontext von Berufstätigkeit besprochen. Frauen als Mütter erweisen sich als die zentralen Akteurinnen der reorganisierten Familie. Die Mutterfigur wird stark gemacht und dies sowohl im Zuge pragmatischer Zuschreibungen als auch – und infolge dessen – im Zuge diskursiv-symbolischer Festschreibungen. Wissenssoziologisch ist dieser Befund ein Indiz für die kulturelle Wirkmächtigkeit des Mythos von der Mutter, die zu ihrem Kind gehört (Knaut 2016: 567) – ein Mythos, der „weitergetragen, und mit immer neuen, der jeweiligen Epoche angepassten Deutungsmustern stabilisiert und unterfüttert" (ebd.) wird. Im gesellschaftlichen Wissensvorrat bildet Mütterlichkeit „das zäheste Element" (Schütze 1988: 131 f.) von Weiblichkeit, die im Konzept polarisierter Geschlechtercharaktere (Hausen 1976) als emotional gedacht wird. An dieser Stelle bringt der beraterische Diskurs eine Umdeutung hervor. Die Vorstellungen von emotionaler Weiblichkeit und sachlicher Männlichkeit werden im Zuge der elterlichen Trennung umgepolt. Männer als Väter werden mit Irrationalität versehen, Frauen als Mütter mit Rationalität ausgestattet – im Sinne einer Fähigkeit zur gelingenden Ausgestaltung der gemeinsamen Sorge, die nach elterlicher Trennung maßgeblich auf Absprachen und Koordination im Alltag angewiesen ist. Aus einer geschlechtertheoretischen Perspektive wird Differenz stabilisiert, indem die Genderkonnotation persönlicher Eigenschaften transformiert wird.

Die Mutteraffinität des Diskurses bestatigt Familie als eine „geschlechtliche Anerkennungsarena" (Meuser/Behnke 2013: 88). Auf dieser Arena erweisen sich Väter als diejenigen, die auf Anerkennung angewiesen sind. Geschlechtertheoretisch lässt sich dies mit dem komplexen Verhältnis von Vaterschaft als Institution einerseits und Väterlichkeit und Männlichkeit als sozialen Konstrukten andererseits erklären. Die „Widersprüchlichkeit von Vaterschaft" (Bereswill u. a. 2006: 7) resultiert zum einen daraus, dass Väterlichkeit im Sinne einer emotionalen, körperlichen und fürsorglichen Zuwendung zum Kind in Idealen von Männlichkeit nicht enthalten ist (ebd.: 10). Zum anderen bildet Vaterschaft eins der zentralen Merkmale hegemonialer Männlichkeit und wird dabei mit dem Aspekt des Familienernährers konnotiert

(Meuser 2009: 87). Die gesellschaftlich etablierte Figur des Familienernährers wird jedoch außerhalb der Familie verortet und impliziert deswegen die Semantik der Väterlichkeit nicht: „Vaterschaft manifestiert sich nicht in einem Engagement in der Familie, sondern für die Familie: in der Erfüllung der Ernährerrolle." (ebd.: 83) Dieses komplexe Verhältnis von Vaterschaft, Väterlichkeit und Männlichkeit reproduziert der beraterische Diskurs, indem er die Verschränkung von Berufs- und Elternrolle stärker thematisiert als Aspekte einer sorgenden Väterlichkeit.[64]

Zusammenfassend zeigen die Befunde dieser Studie sowohl Reproduktionen als auch Transformationen von Geschlechterwissen. Die Mutterfigur des beraterischen Diskurses, die das Gelingen der gemeinsamen Sorge nach elterlicher Trennung durch ihre zugeschriebene Rationalität verspricht, ist ein neues altes Bild. Der Verweisungszusammenhang von Weiblichkeit und Mütterlichkeit wird zwar in diesem Bild diskursiv reproduziert. Die Reproduktion vollzieht sich jedoch in einem neuen Rahmen, der durch die rechtlich vorgesehene Beteiligung der Väter gegeben ist. Ihre Zentralität gewinnt die Mutter dadurch, dass sie Verantwortung und Sorge für die Kinder mit dem Vater teilen soll. Nicht ein prinzipieller Ausschluss der Väter, sondern gerade deren Beteiligung, worauf sowohl Recht als auch Beratung abzielen, erzeugt die Brisanz der hier rekonstruierten diskursiven Entwürfe von Elternschaft. Die Idee einer „Korrelativität von Vater und Mutter" (von Braun 1985: 242) wird im Diskurs aufrechterhalten, indem die Semantik der Geschlechterdifferenz aktualisiert wird. Vaterschaft und Mutterschaft werden aus der jeweiligen „Unvollständigkeit" (ebd.) heraus diskursiv konstituiert und in die Figur des vollständigen Elternpaares gebracht. Beides – Korrelativität und Geschlechterdifferenz – sichert die Dyade ab. Letztere symbolisiert im bürgerlichen Familienideal die Vollkommenheit der Ehe (Coontz 2006: 232), im untersuchten Spezialdiskurs die Vollkommenheit des Elternpaares nach Trennung oder Scheidung.

Die Relevanz von Geschlecht in dieser Forschung ist abschließend ein Ergebnis, welches aus der analytischen Arbeit mit den empirischen Daten resultiert, die durch die WDA geleitet wurde. In theoretisch-methodologischer Hinsicht zeigt dies die

---

64 Die geschichtliche Veränderung der Konzeptionen sowie Alltagspraktiken von Vaterschaft und die Bewegung der Vaterfigur vom Zentrum der neuzeitlichen Familie zur Peripherie der bürgerlichen Familie zeichnet Trepp (1996b) nach und diskutiert den Eigensinn von Lebensentwürfen gegenüber vorherrschenden Diskursangeboten. Ausführlich zur Geschichte der Vaterschaft vgl. Knibiehler (1996). Zur parallelen Entwicklung geschlechtlicher Kodierungen von Vaterliebe und Mutterliebe seit der Neuzeit vgl. Opitz (2002). Angesichts des medialen Wandels und der damit einhergehenden Regulierung von Redeweisen schlägt die Historikerin vor, die „Geschichte der Gefühle als eine Geschichte des Sprechens und Schweigens über Gefühle" (ebd.: 159) zu untersuchen. Über Mutterliebe und Vaterliebe im Bürgertum vgl. auch Schütze (1988).

Wirkmächtigkeit von Geschlechterwissen für die diskursive Konstruktion von Elternschaft in der Beratung. Der Befund veranschaulicht empirisch die inhaltliche und geschichtliche Verschränkung von Wissens- und Geschlechterordnungen (vgl. von Braun/Stephan 2013: 11) und im Zuge dessen die Mythologisierung von Familie durch das Denken „in Genealogien, Abhängigkeiten und Verbindungen" (Stephan 2013: 391). Vorstellungen von einer Kernfamilie, von Leiblichkeit und vom gemeinsamen Dach gehören zu den prominentesten Familienmythen. Sie haben die Funktion, kulturelle Praxis zu stabilisieren, auch und gerade dann, wenn tradierte Denkmodelle brüchig werden (Cyprian 2003: 11). Diese Mythen scheinen im untersuchten Spezialdiskurs auf und fließen in die professionale ‚Definition der Situation' ein.

Schlusswort   10

> „Es gibt sie nicht, *die* Familie, aber es existieren
> verschiedene Diskurse, um über sie zu sprechen."
> (Ley/Borer 1992: 88, Hervorheb. im Original)

Wie wird über Elternschaft in der Trennungs- und Scheidungsberatung gesprochen? Welche Deutungsmuster strukturieren die beraterische Rede, wie werden sie
diskursiv gebildet und gehandhabt? Mit dieser Fragestellung folgt die Studie einem
wissenssoziologisch-diskursanalytischen Zugang zur Erforschung von Elternschaft.
Theoretisch-methodologische Annahmen und methodische Realisierung fußen auf
der Verbindung von WDA, Deutungsmusteranalyse und GTM. Daraus entwickelt
die Studie eine eigene Heuristik, die es möglich macht, die Wechselwirkung von
Deutungsmustern und Diskurs empirisch zu erschließen. Die Ergebnisse der Analyse,
die Deutungsmuster *Partnerschaftlichkeit* und *Sorge*, sind theoriehaltige Konzepte,
die Elternschaft als Bedeutungszusammenhang im untersuchten Spezialdiskurs
konstituieren. Sie sind als gegenstandsbezogene Theorie mittlerer Reichweite zu
verstehen, die mit den empirischen Daten entwickelt wurde und für den Bereich
der Trennungs- und Scheidungsberatung relevant ist. Der Prozess dieser Theorie-
entwicklung ist selbst theoriegeleitet, denn er ist eingebettet in den konzeptionellen
Rahmen der WDA. Die empirisch begründete Theoretisierung von Elternschaft in
Kategorien von *Partnerschaftlichkeit* und *Sorge* erfolgte also nicht allein datenbasiert,
sondern auch im Rückgriff auf einen theoretisch-methodologischen Ansatz, der
das Verstehen dieser Daten ermöglicht. Relevanz und Aussagekraft der Befunde
resultieren aus deren sozio-historischen und institutionellen Verankerung sowie
dem methodisch kontrollierten und gegenstandsadäquaten Weg der Generierung.

So ertragreich die Verbindung von WDA, Deutungsmusteranalyse und GTM
für das Erkenntnisinteresse der Studie ist, so erschöpft sie nicht das volle Spektrum an diskurstheoretisch fundierten Analysemöglichkeiten. Mit dem Fokus auf
diskurseigenen Deutungsmustern wird nur ein Teil vom Interpretationsrepertoire

© Springer Fachmedien Wiesbaden GmbH, ein Teil von Springer Nature 2018
M. Halatcheva-Trapp, *Elternschaft im Wechselspiel von Deutungsmustern und
Diskurs*, Theorie und Praxis der Diskursforschung,
https://doi.org/10.1007/978-3-658-22575-9_11

des Spezialdiskurses um Elternschaft rekonstruiert. Weitere Elemente wie Phäno-
menstrukturen oder narrative Muster werden mit diesem Vorgehen nicht erfasst.
Auch ein Mapping des Diskurses, wie von Clarke (2012) vorgeschlagen, lässt sich
in dieser Studie nicht realisieren. Um Aussagen über den Diskursverlauf und über
Machtkonstellationen im Feld der Beratung, wie etwa Koalitionenbildung oder
Verfügbarkeit von Ressourcen zu treffen, wäre ein umfangreicherer Datenkorpus
erforderlich. Die Dokumente sollten einen längeren Zeitraum abdecken und über
die Interviewtranskripte hinaus auch andere Datensorten einschließen. Die Arbeit
mit Experteninterviews wurde hingegen von einem anderen Forschungsvorhaben
geleitet. Es ging darum, die Trennungs- und Scheidungsberatung als ein durch
gesellschaftliche Diskurse strukturiertes professionales Feld und zugleich als einen
Ort der Diskurs(re)produktion auf handlungsleitende Interpretationen von Elternschaft zu untersuchen. Das Augenmerk richtete sich auf Redeweisen professionaler
Akteur*innen, die den praktischen Prozess der Beratung vollziehen und dabei mit
ihrem Wissen und Handeln einen Spezialdiskurs realisieren. Die Studie zeigte,
was Elternschaft im Diskurs bedeutet und wie diese Bedeutungen methodisch
rekonstruiert werden können. Sie liefert eine gegenwärtige wissenssoziologische
Momentaufnahme von einem kulturell situierten und wandelbaren Prozess der
Konstruktion von Elternschaft als symbolischer Ordnung.

Literaturverzeichnis

Abbott, A. (1988): The System of Professions. An Essay on the Division of Expert Labor. Chicago: University of Chicago Press.

Alemann, A. v. (2015): Gesellschaftliche Verantwortung und ökonomische Handlungslogik. Deutungsmuster von Führungskräften der deutschen Wirtschaft. Wiesbaden: Springer VS.

Ariès, P. (1986): Liebe in der Ehe. In: ders./Béjin, A./Foucault, M. u. a. (Hrsg.): Die Masken des Begehrens und die Metamorphosen der Sinnlichkeit. Zur Geschichte der Sexualität im Abendland. Frankfurt am Main: Fischer, S. 164–175.

Badinter, E. (1981): Die Mutterliebe. Geschichte eines Gefühls vom 17. Jahrhundert bis heute. Frankfurt am Main: Büchergilde Gutenberg.

Barabas, F. K./Erler, M. (2002): Die Familie. Lehr- und Arbeitsbuch für Familiensoziologie und Familienrecht. Weinheim/München: Juventa.

Bauer, P./Weinhardt, M. (2017): Familienbilder in der psychosozialen Beratung. Familienbezogene Orientierung in frühen Phasen beraterischen Kompetenzerwerbs. In: Bauer, P./Wiezorek, C. (Hrsg.): Familienbilder zwischen Kontinuität und Wandel. Analyse zur (sozial-)pädagogischen Bezugnahme auf Familie. Weinheim/Basel: Beltz Juventa, S. 166-180.

Bauer, P./Wiezorek, C. (2007): Zwischen Elternrecht und Kindeswohl. In: Ecarius, J. (Hrsg.): Handbuch Familie. Wiesbaden: VS Verlag, S. 614–636.

Bauer, P./Wiezorek, C. (2009): Familienbilder professioneller SozialpädagogInnen. In: Villa, P.-I./Thiessen, B. (Hrsg.): Mütter – Väter: Diskurse, Medien, Praxen. Münster: Westfälisches Dampfboot, S. 173–190.

Beck, U./Beck-Gernsheim, E. (1990): Das ganz normale Chaos der Liebe. Frankfurt am Main: Suhrkamp.

Beck-Gernsheim, E. (1980): Das halbierte Leben. Männerwelt Beruf – Frauenwelt Familie. Frankfurt am Main: Fischer.

Behning, U. (1996): Zum Wandel des Bildes „der Familie" und der enthaltenen Konstruktion von „Geschlecht" in den Familienberichten 1968-1993. In: Zeitschrift für Frauenforschung 14(3), S. 146–156.

Bereswill, M./Rieker, P. (2008): Selbstreflexion im Forschungsprozess und soziologische Theoriebildung. In: Kalthoff, H./Hirschauer, S./Lindemann, G. (Hrsg.): Theoretische Empirie. Zur Relevanz qualitativer Sozialforschung. Frankfurt am Main: Suhrkamp, S. 399–431.

© Springer Fachmedien Wiesbaden GmbH, ein Teil von Springer Nature 2018
M. Halatcheva-Trapp, *Elternschaft im Wechselspiel von Deutungsmustern und Diskurs*, Theorie und Praxis der Diskursforschung,
https://doi.org/10.1007/978-3-658-22575-9

Bereswill, M./Scheiwe, K./Wolde, A. (2006): Einleitung. In: dies. (Hrsg.): Vaterschaft im Wandel. Multidisziplinäre Analysen und Perspektiven aus geschlechtertheoretischen Sicht. Weinheim/München: Juventa, S. 7–18.

Berger, P. L./Kellner, H. (1965): Die Ehe und die Konstruktion der Wirklichkeit. Eine Abhandlung zur Mikrosoziologie des Wissens. In: Soziale Welt 16(3), S. 220–235.

Berger, P. L./Luckmann, T. (1980 [1966]): Die gesellschaftliche Konstruktion der Wirklichkeit. Eine Theorie der Wissenssoziologie. Frankfurt am Main: Fischer.

Bergmann, M. M./Eberle, T. S. (Hrsg.) (2005): Qualitative Forschung, Archivierung, Sekundärnutzung: Eine Bestandsaufnahme. In: Forum: Qualitative Sozialforschung (FQS) 6(2).

Bergmann, J. R. (2014a): Der Fall als Fokus professionellen Handelns. In: ders./Dausendschön-Gay, U./Oberzaucher, F. (Hrsg.): »Der Fall«. Studien zur epistemischen Praxis professionellen Handelns. Bielefeld: transcript, S. 17–33.

Bergmann, J. R. (2014b): Der Fall als epistemisches Objekt. In: ders./Dausendschön-Gay, U./Oberzaucher, F. (Hrsg.): »Der Fall«. Studien zur epistemischen Praxis professionellen Handelns. Bielefeld: transcript, S. 423–440.

Bergmann, J. R./Dausendschön-Gay, U./Oberzaucher, F. (Hrsg.) (2014a): »Der Fall«. Studien zur epistemischen Praxis professionellen Handelns. Bielefeld: transcript.

Bergmann, J. R./Dausendschön-Gay, U./Oberzaucher, F. (2014b): Einleitung. In: dies. (Hrsg.): »Der Fall«. Studien zur epistemischen Praxis professionellen Handelns. Bielefeld: transcript, S. 9–13.

Bergold, P./Buschner, A./Mayer-Lewis, B./Mühling, T. (Hrsg.) (2017): Familien mit multipler Elternschaft. Entstehungszusammenhänge, Herausforderungen und Potentiale. Opladen: Barbara Budrich.

Bethmann, S. (2013): Liebe – Eine soziologische Kritik der Zweisamkeit. Weinheim/Basel: Beltz Juventa.

Bidlo, O. (2015): Geerbte Felddaten. Möglichkeiten und Grenzen der Analyse. In: Poferl, A./Reichertz, J. (Hrsg.): Wege ins Feld. Methodologische Aspekte des Feldzugangs. Essen: Oldib, S. 375–383.

Bock, G./Duden, B. (1977): Arbeit aus Liebe – Liebe als Arbeit. In: Beiträge zur 1. Sommeruniversität für Frauen. Berlin.

Bögelein, N. (2016): Deutungsmuster von Strafe. Eine strafsoziologische Untersuchung am Beispiel der Geldstrafe. Wiesbaden: Springer VS.

Bogner, A./Littig, B./Menz, W. (2014): Interviews mit Experten. Eine praxisorientierte Einführung. Springer VS.

Boris, E./Parrenas, R. S. (Eds.) (2010): Intimate Labors. Cultures, Technologies, and the Politics of Care. Stanford California: Stanford University Press.

Bösel, M. (1980): Lebenswelt Familie. Ein Beitrag zur interpretativen Familiensoziologie. Frankfurt am Main: Campus.

Braun, C. v. (1985): Nicht ich. Logik, Lüge, Libido. Frankfurt am Main: Neue Kritik.

Braun, C. v./Stephan, I. (2013): Einführung Gender@Wissen. In: dies. (Hrsg.): Gender@ Wissen. Ein Handbuch der Gender-Theorien. 3. Auflage. Köln/Weimar/Wien: Böhlau Verlag, S. 11–53.

Bräuninger, B./Lange, A./Lüscher, K. (1997): „Krieg zwischen den Generationen?" Die Darstellung von Generationsbeziehungen in ausgewählten Sachbuchtexten. Arbeitspapier Nr. 26, Universität Konstanz, Forschungsbereich Gesellschaft und Familie.

Burgess, E. W. (1926): The Family as a Unity of Interacting Personalities. In: The Family 7, S. 3–9.

Burguiére, A./Klapisch-Zuber, C./Segalen, M./Zonabend, F. (Hrsg.) (1996–1998): Geschichte der Familie. Ausgabe in vier Bänden. Frankfurt am Main/New York: Campus.

Burkart, G. (2008): Familiensoziologie. Konstanz: UVK.

Burkart, G. (2000): Arbeit und Liebe. Über die Macht der Liebe und die Arbeit an der Partnerschaft. In: Hahn, K./Burkart, G. (Hrsg.): Grenzen und Grenzüberschreitungen der Liebe. Studien zur Soziologie intimer Beziehungen II. Opladen: Leske + Budrich, S. 165–198.

Burkart, G. (2002): Stufen der Privatheit und die diskursive Ordnung der Familie. In: Soziale Welt 53(4), S. 397–414.

Burkart, G./Koppetsch, C. (2001): Geschlecht und Liebe. Überlegungen zu einer Soziologie des Paares. In: Heintz, B. (Hrsg.): Geschlechtersoziologie. Kölner Zeitschrift für Soziologie und Sozialpsychologie, Sonderheft 41. Opladen: Westdeutscher Verlag, S. 431–453.

Cicourel, A. V. (1976): The Social Organization of Juvenile Justice. 2. Auflage. London: Heinemann.

Cicourel, A. V. (1978): Mark. In: Kohli, M. (Hrsg.): Soziologie des Lebenslaufs. Neuwied: Luchterhand, S. 291–310.

Clarke, A. (2012): Situationsanalyse. Grounded Theory nach dem Postmodern Turn. Wiesbaden: Springer VS.

Coontz, S. (1992): The Way We Never Were. American Families and the Nostalgia Trap. New York: Basic Books.

Coontz, S. (2004): In schlechten wie in guten Tagen. Die Ehe – eine Liebesgeschichte. Bergisch Gladbach: Lübbe.

Correll, L. (2010): Anrufungen zur Mutterschaft. Eine wissenssoziologische Untersuchung von Kinderlosigkeit. Münster: Westfälisches Dampfboot.

Correll, L. (2009): „Es ruft nichts nach mir". Frauen ohne Kinder und der gesellschaftspolitische Ruf nach Elternschaft. In: Thiessen, B./Villa, P.-I. (Hrsg.): Mütter – Väter: Diskurse, Medien, Praxen. Münster: Westfälisches Dampfboot, S. 259–274.

Corti, L./Witzel, A./Bishop, L. (Hrsg.) (2005): Sekundärnutzung qualitativer Daten. In: Forum Qualitative Sozialforschung / Forum: Qualitative Social Research 6(1), http://www.qualitative-research.net/index.php/fqs/issue/view/13 (Zugriff 28.09.2016).

Cyprian, G. (2003): Familienbilder als Forschungsthema. In: dies./Heimbach-Steins, M. (Hrsg.): Familienbilder. Interdisziplinäre Sondierungen. Opladen: Leske + Budrich, S. 9–19.

Dettenborn, H. (2007): Kindeswohl und Kindeswille. Psychologische und rechtliche Aspekte. München: Ernst Reinhardt.

Deutscher Bundestag (1997): Beschlussempfehlung und Bericht des Rechtsausschusses (6. Ausschuss) zur Reform des Kindschaftsrechts vom 10.09.1997. Drucksache 13/8511. Online verfügbar unter http://dip21.bundestag.de/dip21/btd/13/085/1308511.pdf (Zugriff: 30.06.2014).

Diabaté, S./Lück, D. (2014): Identifikation und Wirkungsweise auf generatives Verhalten. In: Zeitschrift für Familienforschung 26(1), S. 49–69.

Dienel, C. (2003): Die Mutter und ihr erstes Kind – individuelle und staatliche Arrangements im europäischen Vergleich. In: Zeitschrift für Familienforschung 15(2), S. 120–145.

Dietrich, P. S./Fichtner, J./Halatcheva, M./Sandner, E. (2010): Arbeit mit hochkonflikthaften Trennungs- und Scheidungsfamilien. Eine Handreichung für die Praxis. München: Deutsches Jugendinstitut e. V.

Dimbath, O. (2008): Symbolische Ordnungen. In: Willems, H. (Hrsg.): Lehr(er)buch Soziologie. Für die pädagogischen und soziologischen Studiengänge. Band 1. Wiesbaden: VS, S. 269–287.

Donzelot, J. (1980): Die Ordnung der Familie. Frankfurt am Main: Suhrkamp.

Dreßler, S. (2018): Mutterschaft aus Sicht von Müttern. Die Vielgestalt kollektiven Orientierungswissens. Weinheim: Beltz Juventa. (im Druck)

Dreßler, S. (2013): Bedrohung oder Fundament der Ehe? Gleichberechtigung im politisch-rechtlichen Diskurs und in Eheratgebern der 1950er Jahre. In: Scholz, S./Lenz, K./ Dreßler, S. (Hrsg.): In Liebe verbunden. Zweierbeziehungen und Elternschaft in populären Ratgebern von den 1950ern bis heute. Bielefeld: transcript, S. 99–126.

Dreßler, S. (2017): Zwischen ‚gleichberechtigter Elternschaft' und ‚mütterlicher Deutungshoheit'. Kollektive Orientierungen unter Müttern im akademischen Milieu. In: Tolasch, E./ Seehaus, R. (Hrsg.): Mutterschaften sichtbar machen. Sozial- und kulturwissenschaftliche Beiträge. Opladen: Barbara Budrich, Reihe Geschlechterforschung für die Praxis, S. 109–123.

Duttweiler, S. (2007): Sein Glück machen. Arbeit am Glück als neoliberale Regierungstechnologie. Konstanz: UVK.

Duttweiler, S. (2004): Beratung. In: Bröckling, U./Krasmann, S./Lemke, T. (Hrsg.): Glossar der Gegenwart. Frankfurt am Main: Suhrkamp, S. 23–29.

Ehrenreich, B./English, D. (1978): For Her Own Good. 150 Years of the Expertes' Advice to Women. New York: Anchor Press.

Elberfeld, J. (2011): »Patient Familie«. Zu Diskurs und Praxis der Familientherapie (BRD 1960-1990). In: Maasen, S./Elberfeld, J./Eitler, P./Tändler, M. (Hrsg.): Das beratene Selbst. Zur Genealogie der Therapeutisierung in den »langen« Siebzigern. Bielefeld: transcript, S. 97–136.

Elberfeld, J. (2012): Subjekt/Beziehung: Patriarchat – Partnerschaft – Projekt. Psychowissen und Normalisierungspraktiken im Diskurs der Paartherapie (BRD 1960–1990). In: Tändler, M./Jensen, U. (Hrsg.): Das Selbst zwischen Anpassung und Befreiung. Psychowissen und Politik im 20. Jahrhundert. Göttingen: Wallstein, S. 85–114.

Farge, A./Foucault, M. (1989): Familiäre Konflikte: Die »Lettres de cachet«. Aus den Archiven der Bastille im 18. Jahrhundert. Frankfurt am Main: Suhrkamp.

Feldmann-Neubert, C. (1991): Frauenleitbild im Wandel 1948-1988. Von der Familienorientierung zur Partnerrolle. Weinheim: Deutscher Studienverlag.

Fichtner, J./Dietrich, P. S./Halatcheva, M./Hermann, U./Sandner, E. (2010): Kinderschutz bei hochstrittiger Elternschaft. Wissenschaftlicher Abschlussbericht. München: Deutsches Jugendinstitut e. V. Online verfügbar unter http://www.dji.de/fileadmin/user_upload/bibs/6_ HochkonflikthaftigkeitWissenschaftlicherAbschlussbericht.pdf (Zugriff: 21.06.2017).

Fichtner, J. (2014): Systemische Hochkonfliktberatung bei Trennungsfamilien. In: Bauer, P./Weinhardt, M. (Hrsg.): Perspektiven sozialpädagogischer Beratung. Weinheim: Belz-Juventa, S. 146–161.

Fineman, M. A. (1991): The Illusion of Equality. The Rhetoric and Reality of Divorce Reform. Chicago/London: The University of Chicago Press.

Flick, S./Sutterlüty, F. (Hrsg.) (2017): Der Streit ums Kindeswohl. Weinheim/Basel: Beltz Juventa.

Foucault, M. (1975): Der Fall Rivière. Materialien zum Verhältnis von Psychiatrie und Strafjustiz. Frankfurt am Main: Suhrkamp.

Foucault, M. (2012): Die Ordnung des Diskurses. Frankfurt am Main: Fischer.

Foucault, M. (2001): Die Macht und die Norm. In: Gente, P./Paris, H./Weinmann, M. (Hrsg.): Short Cuts 3: Michel Foucault. Frankfurt am Main: Zweitausendeins, S. 39–55.

Garz, D./Kraimer, K. (Hrsg.) (1991): Qualitativ-empirische Sozialforschung. Konzepte, Methoden, Analysen. Opladen: Westdeutscher Verlag.

Fraisse, G. (2012): Von der sozialen Bestimmung zum individuellen Schicksal. Philosophiegeschichte zur Geschlechterdifferenz. In: dies./Perrot, M. (Hrsg.): Geschichte der Frauen. Band 4: 19. Jahrhundert. Berlin: Haffmans & Tolkemitt, S. 64–95.

Geideck, S./Liebert, W.-A. (Hrsg.) (2003): Sinnformeln. Linguistische und soziologische Analysen von Leitbildern, Metaphern und anderen kollektiven Orientierungsmustern. Berlin/New York: de Gruyter.

Gerth, H./Mills, C. W. (1973): Motivvokabulare. In: Steinert, H. (Hrsg.): Symbolische Interaktion. Arbeiten zu einer reflexiven Soziologie. Stuttgart: Ernst Klett, S. 156–161.

Giddens, A. (1993): Wandel der Intimität. Sexualität, Liebe und Erotik in modernen Gesellschaften. Frankfurt am Main: Fischer Taschenbuch Verlag.

Giesel, K. D. (2007): Leitbilder in den Sozialwissenschaften. Begriffe, Theorien und Forschungskonzepte. Wiesbaden: VS.

Glaser, B. G. (1962): Secondary Analysis. A Strategy for the Use of Knowledge from Research Elsewhere. In: Social Problems 10(1), S. 70–74.

Glaser, B. G./Strauss, A. L. (2005): Grounded Theory. Strategien qualitativer Forschung. 2. Auflage. Bern: Hans Huber.

Gubrium, J./Holstein, J. (1993): Phenomenology, Ethnomethodology, and Family Discourse. In: Boss, P. G./Doherty, W. J./LaRossa, R./Schumm, W. K./Steinmetz, S. K. (Eds.): Sourcebook of Family Theories and Methods. A Contextual Approach. New York/London: Plenum Press, S. 651–672.

Habermas, R. (2000): Frauen und Männer des Bürgertums. Eine Familiengeschichte (1750–1850). Göttingen: Vandenhoeck & Ruprecht.

Halatcheva-Trapp, M. (2016a): Grounded Theory Methodologie und Deutungsmusteranalyse – am Beispiel der Erforschung von Elternschaftsdiskursen in der Familienberatung. In: Equit, C./Hohage, C. (Hrsg.): Handbuch Grounded Theory – von der Methodologie zur Forschungspraxis. Weinheim: Beltz Juventa, S. 361–378.

Halatcheva-Trapp, M. (2016b): Elternschaftsdiskurse in der Trennungs- und Scheidungsberatung. Eine Deutungsmusteranalyse. In: Bosančić, S./Keller, R. (Hrsg.): Perspektiven wissenssoziologischer Diskursforschung. Wiesbaden: Springer VS, S. 191–202.

Halatcheva-Trapp, M. (2017): Alltagsnähe und Autonomie. Mutterschaft als Deutungsfigur im Diskurs der Trennungs- und Scheidungsberatung. In: Tolasch, E./Seehaus, R. (Hrsg.): Mutterschaften sichtbar machen. Sozial- und kulturwissenschaftliche Beiträge. Opladen: Barbara Budrich, Reihe Geschlechterforschung für die Praxis, S. 289–302.

Hamborg, S. (2015): Experteninterviews als Material einer vergleichenden Diskursanalyse in lokalen, bildungspolitischen Räumen. Vortrag auf der Tagung „Die diskursive Konstruktion der Wirklichkeit II. Interdisziplinäre Perspektiven einer wissenssoziologischen Diskursforschung", Universität Augsburg, 26.03.2015.

Haraway, D. J. (1996): Situiertes Wissen: die Wissenschaftsfrage im Feminismus und das Privileg einer partialen Perspektive. In: Scheich, E. (Hrsg.): Vermittelte Weiblichkeit. Feministische Wissenschafts- und Gesellschaftstheorie. Hamburg: Hamburger Edition, S. 217–248.

Hausen, K. (1976): Die Polarisierung der „Geschlechtercharaktere" – Eine Spiegelung der Dissoziation von Erwerbs- und Familienleben. In: Conze, W. (Hrsg.): Sozialgeschichte der Familie in der Neuzeit Europas. Stuttgart: Ernst Klett, S. 363–393.

Hausen, K. (2012): Nachwort. In: Fraisse, G./Perrot, M. (Hrsg.): Geschichte der Frauen. Band 4: 19. Jahrhundert. Berlin: Haffmans & Tolkemitt, S. 607–621.

Helle, H. (1980): Soziologie und Symbol. Verstehende Theorie der Werte in Kultur und Gesellschaft. Berlin: Duncker & Humblot.

Herma, H. (2009): Liebe und Authentizität. Generationswandel in Paarbeziehungen. Wiesbaden: VS.

Hermanns, M./Hille, B. (1987): Familienleitbilder im Wandel: normative Vorgaben u. Selbstkonzepte von Eltern u. Jugendlichen. München: Verlag Deutsches Jugendinstitut.

Hildenbrand, B. (1983): Alltag und Krankheit. Ethnographie einer Familie. Stuttgart: Klett-Cotta.

Hildenbrand, B./Jahn, W. (1988): „Gemeinsames Erzählen" und Prozesse der Wirklichkeitskonstruktion in familiengeschichtlichen Gesprächen. In: Zeitschrift für Soziologie 17(3), S. 203–217.

Hinz, M. (2014): Mutter- und Vaterbilder im Familienrecht des BGB 1900-2010. Frankfurt am Main u. a.: Peter Lang.

Hitzler, R. (1994): Wissen und Wesen des Experten. Ein Annährungsversuch – zur Einleitung. In: ders./Honer, A./Maeder, C. (Hrsg.): Expertenwissen. Die institutionalisierte Kompetenz zur Konstruktion von Wirklichkeit. Opladen: Westdeutscher Verlag, S. 13–29.

Hitzler, R./Honer, A./Maeder, C. (Hrsg.) (1994): Expertenwissen. Die institutionalisierte Kompetenz zur Konstruktion von Wirklichkeit. Opladen: Westdeutscher Verlag.

Hitzler, R./Honer, A. (Hrsg.) (1997a): Sozialwissenschaftliche Hermeneutik. Eine Einführung. Opladen: Leske + Budrich.

Hitzler, R./Honer, A. (1997b): Einleitung: Hermeneutik in der deutschsprachigen Soziologie heute. In: dies. (Hrsg.): Sozialwissenschaftliche Hermeneutik. Eine Einführung. Opladen: Leske + Budrich, S. 7–27.

Hohenester, B. (2000): Dyadische Einheit. Zur sozialen Konstitution der ehelichen Beziehung. Konstanz: UVK.

Hoffmann-Riem, C. (1989): Das adoptierte Kind. Familienleben mit doppelter Elternschaft. 3. Auflage. München: Fink.

Hoffmann-Riem, C. (1980): Die Sozialforschung einer interpretativen Soziologie – Der Datengewinn. In: Kölner Zeitschrift für Soziologie und Sozialpsychologie 32(2), S. 339–372.

Holstein, J. A. (1988): Studying "Family Usage": Family image and discourse in mental hospitalization decisions. In: Journal of Contemporary Ethnography 17(3), S. 261–284.

Honegger, C. (Hrsg.) (1978): Die Hexen der Neuzeit. Studien zur Sozialgeschichte eines kulturellen Deutungsmusters. Frankfurt am Main: Suhrkamp.

Honegger, C. (1991): Die Ordnung der Geschlechter. Die Wissenschaften vom Menschen und das Weib 1750-1850. Frankfurt am Main: Campus.

Honer, A. (1994): Das explorative Interview. Zur Rekonstruktion der Relevanzen von Expertinnen und anderen Leuten. In: Schweizerische Zeitschrift für Soziologie 20(3), S. 623–640.

Horvath, D. (2000): Bitte recht weiblich! Frauenleitbilder in der deutschen Zeitschrift Brigitte 1949–1982. Zürich: Chronos.

Hughes, E. (1963): Professions. In: Daedalus 92(4), S. 655–668.

Hull, I. V. (1996): Sexuality, State, and Civil Society in Germany 1700-1815. Ithaca New York: Cornell University Press.

Hull, I. V. (1988): ‚Sexualität' und bürgerliche Gesellschaft. In: Frevert, U. (Hrsg.): Bürgerinnen und Bürger. Geschlechterverhältnisse im 19. Jahrhundert. Göttingen: Vandenhoeck & Ruprecht, S. 49–66.

Huschka, D./Knoblauch, H./Oellers, C./Solga, H. (Hrsg.) (2103): Forschungsinfrastrukturen für die qualitative Sozialforschung. Berlin: Scivero.

Illouz, E. (2009): Die Errettung der modernen Seele. Therapien, Gefühle und die Kultur der Selbsthilfe. Frankfurt am Main: Suhrkamp.

Ingoldsby, B. B./Smith, S. R./Miller, J. E. (2004): Exploring Family Theories. Los Angeles: Roxbury Publishing.

Jensen, O./Welzer, H. (2003): Ein Wort gibt das andere, oder: Selbstreflexivität als Methode [58 Absätze]. Forum Qualitative Sozialforschung / Forum: Qualitative Social Research, 4(2), Art. 32, http://nbn-resolving.de/urn:nbn:de:0114-fqs0302320 (Zugriff: 05.07.2017).

Jurczyk, K./Rerrich, M. S. (Hrsg.) (1993): Die Arbeit des Alltags. Beiträge zu einer Soziologie der alltäglichen Lebensführung. Freiburg: Lambertus.

Jurczyk, K./Lange, A./Thiessen, B. (Hrsg.) (2014): Doing Family. Warum Familienleben heute nicht mehr selbstverständlich ist. Weinheim/Basel: Beltz Juventa.

Kahlert, H. (2008): Demokratisierung der Gefühle. Strukturierungstheoretische Erkundung des Wandels der Intimität in der Spätmoderne. In: Niekrenz, Y./Villányi, D. (Hrsg.): LiebesErklärungen. Intimbeziehungen aus soziologischer Sicht. Wiesbaden: VS, S. 182–196.

Karsten, M.-E./Otto, H.-U. (1996): Einleitung: Die sozialpädagogische Ordnung der Familie. In: dies. (Hrsg.): Die sozialpädagogische Ordnung der Familie. Beiträge zum Wandel familialer Lebensweisen und sozialpädagogischer Interventionen. 2. Auflage. Weinheim: Juventa, S. 9–34.

Kassner, K. (2003): Über aktuelle Ansätze zur Erforschung kollektiver Sinnzusammenhänge. In: Geideck, S./Liebert, W.-A. (Hrsg.): Sinnformeln. Linguistische und soziologische Analysen von Leitbildern, Metaphern und anderen kollektiven Orientierungsmustern. Berlin/New York: de Gruyter, S. 37–57.

Kaufmann, J.-C. (1994): Schmutzige Wäsche. Zur ehelichen Konstruktion von Alltag. Konstanz: UVK.

Keller, R. (2008): Wissenssoziologische Diskursanalyse. Grundlegung eines Forschungsprogramms. 2. Auflage. Wiesbaden: VS.

Keller, R. (2009): Müll – die gesellschaftliche Konstruktion des Wertvollen. Ein diskursanalytischer Vergleich der öffentlichen Diskussion über Hausmüll in Deutschland und Frankreich. 2. Auflage. Wiesbaden: VS.

Keller, R. (2011): Diskursforschung. Eine Einführung für SozialwissenschaftlerInnen. 4. Auflage. Wiesbaden: VS.

Keller, R. (1994): Verstreute Expertisen. Psychologisches Wissen und Biographiekonstruktion. In: Hitzler, R./Honer, A./Maeder, C. (Hrsg.): Expertenwissen. Die institutionalisierte Kompetenz zur Konstruktion von Wirklichkeit. Opladen: Westdeutscher Verlag, S. 62–73.

Keller, R. (1997): Diskursanalyse. In: Hitzler, R./Honer, A. (Hrsg.): Sozialwissenschaftliche Hermeneutik. Eine Einführung. Opladen: Leske + Budrich, S. 309–333.

Keller, R. (2007): Diskurse und Dispositive analysieren. Die Wissenssoziologische Diskursanalyse als Beitrag zu einer wissensanalytischen Profilierung der Diskursforschung [46 Absätze]. Forum Qualitative Sozialforschung / Forum: Qualitative Social Research, 8(2), Art. 19, http://nbn-resolving.de/urn:nbn:de:0114-fqs0702198 (Zugriff: 08.11.2011).

Keller, R. (2012): Der menschliche Faktor. Über Akteur(inn)en, Subjektpositionen, Subjektivierungsweisen in der Wissenssoziologischen Diskursanalyse. In: ders./Schneider, W./Viehöver, W. (Hrsg.): Diskurs – Macht – Subjekt. Theorie und Empirie der Subjektivierung in der Diskursforschung. Wiesbaden: VS, S. 69–107.

Keller, R. (2013): Das Wissen der Wörter und Diskurse. Über Sprache und Wissen in der WDA. In: Viehöver, W./Keller, R./Schneider, W. (Hrsg.): Diskurs – Sprache – Wissen. Interdisziplinäre Beiträge zum Verhältnis von Sprache und Wissen in der Diskursforschung. Wiesbaden: Springer VS, S. 21–49.

Keller, R. (2014): Wissenssoziologische Diskursforschung und Deutungsmusteranalyse. In: Behnke, C./Lengersdorf, D./Scholz, S. (Hrsg.): Wissen – Methode – Geschlecht: Erfassen des fraglos Gegebenen. Wiesbaden: Springer VS, S. 143–159.

Keller, R./Truschkat, I. (2014): Angelus Novus. Über alte und neue Wirklichkeiten der deutschen Universitäten. Sequenzanalyse und Deutungsmusterrekonstruktion in der Wissenssoziologischen Diskursanalyse. In: Angermüller, J./Nonhoff, M./Herschinger, E./Macgilchrist, F./Reisigl, M./Wedl, J./Wrana, D./Ziem, A. (Hrsg.): Diskursforschung. Ein interdisziplinäres Handbuch. Bielefeld: transcript, S. 294–328.

Keppler, A. (1994): Tischgespräche. Über Formen kommunikativer Vergemeinschaftung am Beispiel der Konversation in Familien. Frankfurt am Main: Suhrkamp.

Keppler, A. (1997): Familie als Gespräch. Zu Identität und Interaktionsformen familiärer Gemeinschaften. In: Wicke, M. (Hrsg.): Konfigurationen lebensweltlicher Strukturphänomene. Soziologische Varianten phänomenologisch-hermeneutischer Welterschließung. Opladen: Leske + Budrich, S. 143–156.

Kiefl, O. (2014): Familien im Reality-TV. Zur medialen Legitimierung einer Lebensform. Hamburg: Verlag Dr. Kovac.

Kiefl, O. (2013): "We are Family": Erfahrungswissen Familie – Familie im Mitmachfernsehen. Ein Diskurs bewegter Bilder. In: Keller, R./Truschkat, I. (Hrsg.): Methodologie und Praxis der Wissenssoziologischen Diskursanalyse. Band 1: Interdisziplinäre Perspektiven. Wiesbaden: Springer VS, S. 135–161.

Klein, V. (1975 [1946]): The Feminine Character. History of an Ideology. Urbana/Chicago/London: University of Illinois Press.

Knaut, A. (2016): Geschlechterwissen und das soziale Imaginäre. In: Raab, J./Keller, R. (Hrsg.): Wissensforschung – Forschungswissen. Beiträge und Debatten zum 1. Sektionskongress der Wissenssoziologie. Weinheim: Beltz Juventa, S. 562–573.

Knibiehler, Y. (1996): Geschichte der Väter. Eine kultur- und sozialhistorische Spurensuche. Freiburg im Breisgau: Verlag Herder.

Knibiehler, Y. (2012): Leib und Seele. In: Fraisse, G./Perrot, M. (Hrsg.): Geschichte der Frauen. Band 4: 19. Jahrhundert. Berlin: Haffmans & Tolkemitt, S. 373–415.

König, T. (2012): Familie heißt Arbeit teilen. Transformationen der symbolischen Geschlechterordnung. Konstanz: UVK.

Koppetsch, C. (2005): Liebesökonomie. Ambivalenzen moderner Paarbeziehungen. In: WestEnd. Neue Zeitschrift für Sozialforschung 2(1), S. 96–107.

Kostka, K. (2004): Im Interesse des Kindes? Elterntrennung und Sorgerechtsmodelle in Deutschland, Großbritannien und den USA. Frankfurt am Main: Eigenverlag des Deutschen Vereins für öffentliche und private Fürsorge.

Kostka, K. (2006): Alles bestens nach der Kindschaftsrechtsreform? Vaterschaft nach Trennung und Scheidung. In: Bereswill, M./Scheiwe, K./Wolde, A. (Hrsg.): Vaterschaft im Wandel. Multidisziplinäre Analysen und Perspektiven aus geschlechtertheoretischen Sicht. Weinheim/München: Juventa, S. 75–94.

Laing, R. D. (1974): Die Politik der Familie. Köln: Kiepenhauer & Witsch.

Lange, A. (1996): Formen der Kindheitsrhetorik. In: Zeiher, H./Büchner, P./Zinnecker, J. (Hrsg.): Kinder als Außenseiter? Umbrüche in der gesellschaftlichen Wahrnehmung von Kindern und Kindheit. Weinheim: Juventa, S. 75–95.

Lange, A./Alt, C. (2009): Die (un-)heimliche Renaissance von Familie im 21. Jahrhindert. Familienrhetorik versus »doing family«. In: Beckmann, C./Otto, H.-U./Richter, M./Schrödter, M. (Hrsg.): Neue Familialität als Herausforderung der Jugendhilfe. In: Neue Praxis. Zeitschrift für Sozialarbeit, Sozialpädagogik und Sozialpolitik, Sonderheft 9, S. 31–38.

Lange, A./Bräuniger, B./Lüscher, K. (2000): Der Wandel von Familie. Zur Rhetorik sozialwissenschaftlicher Texte. In: Österreichische Zeitschrift für Soziologie 25(1), S. 3–28.

LaRossa, R./Reitzes, D. (1993): Symbolic Interactionism and Family Studies. In: Boss, P. G./ Doherty, W. J./LaRossa, R./Schumm, W. K./Steinmetz, S. K. (Eds.): Sourcebook of family theories and methods. A Contextual Approach. Plenum Press, S. 135–163.

Lenz, K. (2009): Soziologie der Zweierbeziehung. Eine Einführung. 4. Auflage. Wiesbaden: VS.

Lenz, K./Scholz, S. (2013): Das idealisierte Kind. Elter(n)-Kind-Beziehungen in populären Erziehungsratgebern. In: Scholz, S./Lenz, K./Dreßler, S. (Hrsg.): In Liebe verbunden. Zweierbeziehungen und Elternschaft in populären Ratgebern von den 1950ern bis heute. Bielefeld: transcript, S. 257–274.

Leupold, A. (1983): Liebe und Partnerschaft: Formen der Codierung von Ehen. In: Zeitschrift für Soziologie 12(4), S. 297–327.

Ley, K./Borer, C. (1992): Und sie paaren sich wieder. Über Fortsetzungsfamilien. Tübingen: Edition discord.

Liebthal, J. (2004): Die gemeinsame Sorge geschiedener Eltern nach der Reform des Kindschaftsrechts. Frankfurt am Main u. a.: Peter Lang.

Linke, C. (2010): Medien im Alltag von Paaren. Eine Studie zur Mediatisierung der Kommunikation in Paarbeziehungen. Wiesbaden: VS.

Lück, D./Diabaté, S. (2015): Familienleitbilder: Ein theoretisches Konzept. In: Schneider, N./Diabaté, S./Ruckdeschel, K. (Hrsg.): Familienleitbilder in Deutschland. Kulturelle Vorstellungen von Partnerschaft, Elternschaft und Familienleben. Opladen: Barbara Budrich, S. 19–28.

Lüders, C. (1991): Deutungsmusteranalyse. Annäherungen an ein risikoreiches Konzept. In: Garz, D./Kraimer, K. (Hrsg.): Qualitativ-empirische Sozialforschung. Konzepte, Methoden, Analysen. Opladen: Westdeutscher Verlag, S. 377–408.

Lüders C./Meuser, M. (1997): Deutungsmusteranalyse. In: Hitzler, R./Honer, A. (Hrsg.): Sozialwissenschaftliche Hermeneutik. Eine Einführung. Opladen: Leske + Budrich, S. 57–79.

Lüscher, K. (1995): Was heißt heute Familie? Thesen zur Familienrhetorik. In: Gerhardt, U./ Hradil, S./Lucke, D./Nauck, B. (Hrsg.): Familie der Zukunft. Lebensbedingungen und Lebensform. Opladen: Leske + Budrich, S. 51–65.

Lüscher, K. (1997a): Familienleitbilder und Familienpolitik. In: Meier, U. (Hrsg.): Vom Oikos zum modernen Dienstleistungshaushalt. Der Strukturwandel privater Haushaltsführung. Frankfurt am Main: Campus, S. 381–397.

Lüscher, K. (1997b): Familienrhetorik, Familienwirklichkeit und Familienforschung. In: Vaskovics, L. A. (Hrsg.): Familienleitbilder und Familienrealitäten. Opladen: Leske + Budrich, S. 50–67.

Lüscher, K. (2000): Familienberichte. Aufgabe, Probleme und Lösungsversuche der Sozialberichterstattung über die Familie. In: Bien, W./Rathgeber, R. (Hrsg.): Die Familie in der Sozialberichterstattung. Opladen: Leske + Budrich, S. 17–48.

Lüscher, K. (2003): Familie pragmatisch definieren. In: Erwägen, Wissen, Ethik 14(3), S. 539–542.

Lüscher, K./Wehrspaun, M./Lange, A. (1989): Familienrhetorik – Über die Schwierigkeit, Familie zu definieren. In: Zeitschrift für Familienforschung 1(2), S. 61–76.

Maasen, S./Elbersfeld, J./Eitler, P./Tändler, M. (Hrsg.) (2011): Das beratene Selbst. Zur Genealogie der Therapeutisierung in den ›langen‹ Siebzigern. Bielefeld: transcript.

Magerski, C. (2005): Die Wirkungsmacht des Symbolischen. Von Cassirers Philosophie der symbolischen Formen zu Bourdieus Soziologie der symbolischen Formen. In: Zeitschrift für Soziologie 34(2), S. 112–127.

Mahlmann, R. (1991): Psychologisierung des „Alltagsbewusstseins". Die Verwissenschaftlichung des Diskurses über Ehe. Opladen: Westdeutscher Verlag.

Mahlmann, R. (2003): Was verstehst Du unter Liebe? Ideale und Konflikte von der Frühromantik bis heute. Darmstadt: Wissenschaftliche Buchgesellschaft.

Marshall, V./Matthews, S./Rosenthal, C. (1993): The Elusiveness of Family Life. A Challenge for the Sociology of Ageing. In: Annual Review of Gerontology and Geriatrics 13, S. 39–72.

Matthias-Bleck, H. (2002): Soziologie der Lebensformen und der privaten Lebensführung – Anmerkungen zur Werner Schneiders Soziologie des Privaten. In: Soziale Welt 53(4), S. 423–436.

McCarthy, J. R./Edwards, R. (2011): Key Concepts in Family Studies. London: Sage.

McLain, R./Weigert, A. (1979): Towards a Phenomenological Sociology of Family. A Programmatic Essay. In: Burr, W. R./Hill, R./Nye, I./Reiss, I. L. (Eds.): Contemporary Theories about the Family. Volume II. New York: The Free Press/Macmillian Publishing, S. 160–205.

Medjedovic, I./Witzel, A. (2010): Wiederverwendung qualitativer Daten. Archivierung und Sekundärnutzung qualitativer Interviewtranskripte. Wiesbaden: VS.

Métral, M. O. (1981): Die Ehe. Analyse einer Institution. Frankfurt am Main: Suhrkamp.

Meuser, M. (2010): Geschlecht und Männlichkeit. Soziologische Theorie und kulturelle Deutungsmuster. 3. Auflage. Wiesbaden: VS.

Meuser, M. (2009): Vaterschaft und Männlichkeit. (Neue) Väterlichkeit in geschlechtersoziologischer Perspektive. In: Jurczyk, K./Lange, A. (Hrsg.): Vaterwerden und Vatersein heute. Neue Wege – neue Chancen! Gütersloh: Verlag Bertelsmann Stiftung, S. 79–93.

Meuser, M./Behnke, C. (2013): „Aktive Vaterschaft". Geschlechterkonflikte und Männlichkeitsbilder in biographischen Paarinterviews. In: Loos, P./Nohl, A.-M./Przyborski, A./ Schäffer, B. (Hrsg.): Dokumentarische Methode. Grundlagen – Entwicklungen – Anwendungen. Opladen: Barbara Budrich, S. 75–91.

Meuser, M./Sackmann, R. (Hrsg.) (1992a): Analyse sozialer Deutungsmuster. Beiträge zur empirischen Wissenssoziologie. Pfaffenweiler: Centaurus-Verlagsgesellschaft.

Meuser, M./Sackmann, R. (1992b): Vorwort. In: dies. (Hrsg.): Analyse sozialer Deutungsmuster. Beiträge zur empirischen Wissenssoziologie. Pfaffenweiler: Centaurus-Verlagsgesellschaft, S. 7–8.

Meuser, M./Sackmann, R. (1992c): Zur Einführung. Deutungsmusteransatz und empirische Wissenssoziologie. In: dies. (Hrsg.): Analyse sozialer Deutungsmuster. Beiträge zur empirischen Wissenssoziologie. Pfaffenweiler: Centaurus-Verlagsgesellschaft, S. 9–37.

Mills, S. (2007): Der Diskurs. Begriff, Theorie und Praxis. Tübingen/Basel: A. Francke.

Mitchell, J. (1985): Psychoanalyse und Feminismus. Frankfurt am Main: Suhrkamp.

Oevermann, U. (2001a): Zur Analyse der Struktur von sozialen Deutungsmustern. In: Sozialer Sinn. Zeitschrift für hermeneutische Sozialforschung 2(1), S. 3–34.

Oevermann, U. (2001b): Die Struktur sozialer Deutungsmuster – Versuch einer Aktualisierung. In: Sozialer Sinn. Zeitschrift für hermeneutische Sozialforschung 2(1), S. 35–81.

Opitz, C. (2002): Pflicht-Gefühl. Zur Codierung von Mutterliebe zwischen Renaissance und Aufklärung. In: Kasten, I./Stedman, G./Zimmermann, M. (Hrsg.): Kulturen der Gefühle in Mittelalter und Früher Neuzeit. Querelles. Jahrbuch für Frauenforschung, Band 7. Stuttgart/Weimar: J. B. Metzler, S. 154–170.

Ostner, I. (1978): Beruf und Hausarbeit. Die Arbeit der Frau in unserer Gesellschaft. Frankfurt/New York: Campus.

Ostner, I./Pieper, B. (Hrsg.) (1980a): Arbeitsbereich Familie: Umrisse einer Theorie der Privatheit. Frankfurt am Main/New York: Campus.

Ostner, I./Pieper, B. (1980b): Problemstruktur Familie oder: Über die Schwierigkeit in und mit Familie zu leben. In: dies. (Hrsg.): Arbeitsbereich Familie: Umrisse einer Theorie der Privatheit. Frankfurt am Main/New York: Campus, S. 96–170.

Pfadenhauer, M. (2003): Professionalität. Eine wissenssoziologische Rekonstruktion institutionalisierter Kompetenzdarstellungskompetenz. Opladen: Leske + Budrich.

Pfadenhauer, M. (2005): Die Definition des Problems aus der Verwaltung der Lösung. Professionelles Handeln revisited. In: dies. (Hrsg.): Professionelles Handeln. Wiesbaden: VS, S. 9–22.

Pfadenhauer, M./Kunz, A. M. (2010): Professionen. In: Engelhardt, A./Kajetzke, L. (Hrsg.): Handbuch Wissensgesellschaft. Theorien, Themen und Probleme. Bielefeld: transcript, S. 235–246.

Pfau-Effinger, B. (2000): Kultur und Frauenerwerbstätigkeit in Europa. Theorie und Empirie des internationalen Vergleichs. Opladen: Leske + Budrich.

Pieper, B. (1986): Die Familie im Urteil ihrer Therapeuten. Bausteine einer Theorie familialer Arbeit. Frankfurt am Main: Campus.

Pieper, M. (1994): Zwei Schritte vor – ein Schritt zurück: neue Wege ins »Familienglück«. Elternschaft zwischen alten Leitbildern und neuen Lebensformen. In: dies. (Hrsg.): Beziehungskisten und Kinderkram. Neue Formen der Elternschaft. Frankfurt am Main: Campus, S. 9–44.

Plaß, C./Schetsche, M. (2001): Grundzüge einer wissenssoziologischen Theorie sozialer Deutungsmuster. In: Sozialer Sinn. Zeitschrift für hermeneutische Sozialforschung 2(3), S. 511–536.

Poferl, A. (2008): „Das ganz normale Chaos der Liebe". Ulrich Beck und Elisabeth Beck-Gernsheim über die Liebe in der Zweiten Moderne. In: Niekrenz, Y./Villányi, D. (Hrsg.): LiebesErklärungen. Intimbeziehungen aus soziologischer Sicht. Wiesbaden: VS, S. 166–181.

Putz, C. (2011): Verordnete Lust. Sexualmedizin, Psychoanalyse und die ‚Krise der Ehe' 1870-1930. Bielefeld: transcript.

Reichertz, J. (1988): Verstehende Soziologie ohne Subjekt? Die objektive Hermeneutik als Metaphysik der Strukturen. In: Kölner Zeitschrift für Soziologie und Sozialpsychologie 40(1) S. 207–222.

Reichertz, J. (1996): Lassen sich qualitative Interviews hermeneutisch interpretieren? In: Strobl, R./Böttger, A. (Hrsg.): Wahre Geschichten? Zur Theorie und Praxis qualitativer Interviews. Baden-Baden: Nomos, S. 77–92.

Renout, G. (2012): Wissen in Arbeit und in Bewegung. Aktuelle Strategien von „Lebenskünstlerinnen" in Kreativarbeit und zeitgenössischem Tanz. Wiesbaden: VS.

Rerrich, M. (1988): Balanceakt Familie. Zwischen alten Leitbildern und neuen Lebensformen. Freiburg: Lambertus.

Riemann, G. (2000): Die Arbeit in der sozialpädagogischen Familienberatung. Interaktionsprozesse in einem Handlungsfeld der sozialen Arbeit. Weinheim/München: Juventa.

Rinken, B. (2010): Spielräume in der Konstruktion von Geschlecht und Familie? Alleinerziehende Mütter und Väter mit ost- und westdeutscher Herkunft. Wiesbaden: VS.

Röser, J. (1992): Frauenzeitschriften und weiblicher Lebenszusammenhang. Themen, Konzepte und Leitbilder im sozialen Wandel. Opladen: Westdeutscher Verlag.

Sachweh, P. (2010): Deutungsmuster sozialer Ungleichheit. Wahrnehmung und Legitimation gesellschaftlicher Privilegierung und Benachteiligung. Frankfurt/New York: Campus.

Scheiwe, K. (2006): Vaterbilder im Recht seit 1900. Über die Demontage väterlicher Vorrechte, Gleichberechtigung, Gleichstellung nichtehelicher Kinder, alte und neue Ungleichheiten. In: Bereswill, M./Scheiwe, K./Wolde, A. (Hrsg.): Vaterschaft im Wandel. Multidisziplinäre Analysen und Perspektiven aus geschlechtertheoretischen Sicht. Weinheim/München: Juventa, S. 37–56.

Schetsche, M. (2000): Wissenssoziologie sozialer Probleme. Grundlegung einer relativistischen Problemtheorie. Opladen: Westdeutscher Verlag.

Schetsche, M. (2008): Empirische Analyse sozialer Probleme. Das wissenssoziologische Programm. Wiesbaden: VS.

Schetsche, M./Schmied-Knittel, I. (2013): Deutungsmuster im Diskurs. Zur Möglichkeit der Integration der Deutungsmusteranalyse in die Wissenssoziologische Diskursanalyse. In: Zeitschrift für Diskursforschung 1, S. 24–45.

Schimke, H.-J. (1998): Das neue Kindschaftsrecht. Eine Einführung mit den wichtigsten Gesetzestexten. Neuwied: Luchterhand.

Schimke, H.-J. (2003): Auswirkungen des neuen Kindschaftsrechts auf die Jugendhilfe. Materialien zum Elften Kinder- und Jugendbericht. Band 2. München: Verlag Deutsches Jugendinstitut, S. 143–190.

Schlinzig, T. (2017): Identitätspolitiken multilokaler Nachtrennungsfamilien. Praktiken der Vergemeinschaftung im paritätischen Wechselmodell. Online verfügbar unter http://nbn-resolving.de/urn:nbn:de:bsz:14-qucosa-226556 (Zugriff 29.10.2017).

Schmeiser, M. (2006): Soziologische Ansätze zur Analyse von Professionen, der Professionalisierung und des professionellen Handelns. In: Soziale Welt 57(3), S. 295–318.

Schmidt, A. (2008): Profession, Professionalität, Professionalisierung. In: Willems, H. (Hrsg.): Lehr(er)buch Soziologie. Für die pädagogischen und soziologischen Studiengänge. Band 2. Wiesbaden: VS, S. 835–864.

Schmied-Knittel, I. (2008): Satanismus und ritueller Missbrauch. Eine wissenssoziologische Diskursanalyse. Würzburg: Ergon.

Schneider, W. (1994): Streitende Liebe. Zur Soziologie familialer Konflikte. Opladen: Leske + Budrich.

Schneider, W. (2002): Von der familiensoziologischen Ordnung der Familie zu einer Soziologie des Privaten? In: Soziale Welt 53(4), S. 375–396.

Schneider, N./Diabaté, S./Ruckdeschel, K. (Hrsg.) (2015): Familienleitbilder in Deutschland. Kulturelle Vorstellungen zu Partnerschaft, Elternschaft und Familienleben. Opladen: Barbara Budrich.

Scholz, S. (2013): Liebe und Elternschaft auf Dauer? Zusammenfassende Auswertung der Ratgeberanalysen und weiterführende Forschungsfragen. In: dies./Lenz, K./Dreßler, S. (Hrsg.): In Liebe verbunden. Zweierbeziehungen und Elternschaft in populären Ratgebern von den 1950ern bis heute. Bielefeld: transcript, S. 299–340.

Scholz, S./Lenz, K./Dreßler, S. (Hrsg.) (2013): In Liebe verbunden. Zweierbeziehungen und Elternschaft in populären Ratgebern von den 1950ern bis heute. Bielefeld: transcript.

Schütze, F. (1992): Soziale Arbeit als „bescheidene" Profession. In: Dewe, B./Ferchhoff, W./ Radtke, F.-O. (Hrsg.): Erziehen als Profession. Zur Logik professionellen Handelns in pädagogischen Feldern. Opladen: Leske + Budrich, S. 132–169.

Schütze, Y. (1986): Die gute Mutter. Zur Geschichte des normativen Musters „Mutterliebe". Hannover: B. Kleine Verlag.

Schütze, Y. (1988): Mutterliebe – Vaterliebe. Elternrollen in der bürgerlichen Familie des 19. Jahrhunderts. In: Frevert, U. (Hrsg.): Bürgerinnen und Bürger. Geschlechterverhältnisse im 19. Jahrhundert. Göttingen: Vandenhoeck & Ruprecht, S. 118–133.

Schütze, Y. (2003): Zum Wandel des Familienleitbildes durch das Recht. In: Feldhaus, M./ Logemann, N./Schlegel, M. (Hrsg.): Blickrichtung Familie. Vielfalt eines Forschungsgegenstandes. Würzburg: Ergon, S. 83–98.

Schützeichel, R. (2007): Laien, Experten, Professionen. In: ders. (Hrsg.): Handbuch Wissenssoziologie und Wissensforschung. Konstanz: UVK, S. 546–578.

Schützeichel, R. (2010): Kontingenzarbeit. Über den Funktionsbereich der psycho-sozialen Beratung. In: Ebertz, M./Schützeichel, R. (Hrsg.): Sinnstiftung als Beruf. Wiesbaden: VS Verlag, S. 129–144.

Schützeichel, R. (2014): Biographische Reflexivität und professionale Handlungslogik. Zur Soziologie psycho-sozialer Beratung. In: Lorenzen, J.-M./Schmidt, L.-M./Zifonun, D. (Hrsg.): Grenzen und Lebenslauf. Beratung als Form des Managements biographischer Übergänge. Weinheim: Beltz Juventa, S. 24–50.

Schwab, D. (2002): Grundzüge und Folgen des neuen Kindschaftsrechts. In: Schneider N./ Matthias-Bleck, H. (Hrsg.): Elternschaft heute. Gesellschaftliche Rahmenbedingungen und individuelle Gestaltungsaufgaben. Opladen: Leske + Budrich. S. 181–200.

Schwab, D. (2003): Rechtsprechung als Interpretation der Wirklichkeit. Methodische Aspekte der Rechtsgewinnung im Familienrecht. In: Cyprian, G./Heimbach-Steins, M. (Hrsg.): Familienbilder. Interdisziplinäre Sondierungen. Opladen: Leske + Budrich, S. 173–196.

Schwab-Trapp, M. (2008): Methodische Aspekte der Diskursanalyse. Probleme der Analyse diskursiver Auseinandersetzungen am Beispiel der deutschen Diskussion über den Kosovokrieg. In: Keller, R./Hirseland, A./Schneider, W. (Hrsg.): Handbuch Sozialwissenschaftliche Diskursanalyse, Band 2. 3. Auflage. Wiesbaden: VS, S. 171–196.

Schwab-Trapp, M. (2011): Diskurs als soziologisches Konzept. Bausteine für eine soziologisch orientierte Diskursanalyse. In: Keller, R./Hirseland, A./Schneider, W./Viehöver, W. (Hrsg.): Handbuch Sozialwissenschaftliche Diskursanalyse, Band 1. 3. Auflage. Wiesbaden: VS, S. 283–308.

Schwarz, N. (2016): Die Total-Kontroverse oder das Scheitern eines Rassismus-Diskurses. In: Raab, J./Keller, R. (Hrsg.): Wissensforschung – Forschungswissen. Beiträge und Debatten zum 1. Sektionskongress der Wissenssoziologie. Weinheim: Beltz Juventa, S. 94–104.

Sieder, R. (2003): Von Patriarchen und anderen Vätern. Männer in Familien nach Trennung und Scheidung. In: Cyprian, G./Heimbach-Steins, M. (Hrsg.): Familienbilder. Interdisziplinäre Sondierungen. Opladen: Leske + Budrich, S. 129–154.

Soeffner, H.-G. (2000): Gesellschaft ohne Baldachin. Über die Labilität von Ordnungskonstruktionen. Weilerswist: Velbrück.

Soeffner, H.-G. (2004): Auslegung des Alltags – Der Alltag als Auslegung. Zur wissenssoziologischen Konzeption einer sozialwissenschaftlichen Hermeneutik. 2. Auflage. Konstanz: UVK.

Sprondel, W. M. (1979): „Experte" und „Laie": Zur Entwicklung von Typenbegriffen in der Wissenssoziologie. In: ders./Grathoff, R. (Hrsg.): Alfred Schütz und die Idee des Alltags in den Sozialwissenschaften. Stuttgart: Enke, S. 140–154.

Stein-Hilbers, M. (1994): Wem ‚gehört' das Kind? Neue Familienstrukturen und veränderte Eltern-Kind-Beziehungen. Frankfurt am Main/New York: Campus.

Stein-Hilbers, M. (1999): Geschlechterbeziehungen im neuen deutschen Kindschaftsrecht. In: Dausien, B./Oechsle, M./Schmerl, C./Stein-Hilbers, M. (Hrsg.): Erkenntnisprojekt Geschlecht. Feministische Perspektiven verwandeln Wissenschaft. Opladen: Leske + Budrich, S. 270–288.

Stephan, I. (2013): Mythos/Mythen. In: Braun, C. v./Stephan, I. (Hrsg.): Gender@Wissen. Ein Handbuch der Gender-Theorien. 3. Auflage. Köln/Weimar/Wien: Böhlau, S. 391–415.

Stichweh, R. (2013): Wissenschaft, Universität, Professionen. Soziologische Analysen. Bielefeld: transcript.

Strauss, A. L. (1998): Grundlagen qualitativer Sozialforschung. Datenanalyse und Theoriebildung in der empirischen soziologischen Forschung. München: W. Fink.

Strauss, A. L./Corbin, J. M. (1996): Grounded Theory: Grundlagen qualitativer Sozialforschung. Weinheim: Psychologie Verlags Union.

Strübing, J. (2008): Pragmatismus als epistemische Praxis. Der Beitrag der Grounded Theory zur Empirie-Theorie-Frage. In: Kalthoff, H./Hirschauer, S./Lindemann, G. (Hrsg.): Theoretische Empirie. Zur Relevanz qualitativer Forschung. Frankfurt am Main: Suhrkamp, S. 279–311.

Stryker, S. (1974): Die Theorie des Symbolischen Interaktionismus. Eine Darstellung und einige Vorschläge für die vergleichende Familienforschung. In: Lüschen, G./Lupri, E. (Hrsg.): Soziologie der Familie. Kölner Zeitschrift für Soziologie und Sozialpsychologie, Sonderheft 14, S. 49–67.

Tänzler, D. (1997): Die Macht der Intellektuellen über die Herzensangelegenheiten ihrer Mitmenschen. Eine wissenssoziologische Betrachtung der Ehe in der modernen Zeit. In: Wicke, M. (Hrsg.): Konfigurationen lebensweltlicher Strukturphänomene. Soziologische Varianten phänomenologisch-hermeneutischer Welterschließung. Opladen: Leske + Budrich, S. 124–142.

Thomas, W. I./Thomas, D. S. (1928): The Child in America. New York: Knopf.

Thomssen, W. (1980): Deutungsmuster – eine Kategorie der Analyse von gesellschaftlichem Bewusstsein. In: Weymann, A. (Hrsg.): Handbuch für die Soziologie der Weiterbildung. Darmstadt/Neuwied: Luchterhand, S. 358–373.

Tolasch, E. (2016): Die protokollierte gute Mutter in Kindstötungsakten. Eine diskursanalytische Untersuchung. Wiesbaden: Springer VS.

Traue, B. (2010): Das Subjekt der Beratung. Zur Soziologie einer Psycho-Technik. Bielefeld: transcript.

Trepp, A.-C. (1996a): Sanfte Männlichkeit und selbständige Weiblichkeit. Frauen und Männer im Hamburger Bürgertum zwischen 1770 und 1840. Göttingen: Vandenhoeck & Ruprecht.

Trepp, A.-C. (1996b): Männerwelten privat. Vaterschaft im späten 18. und beginnenden 19. Jahrhundert. In: Kühne, T. (Hrsg.): Männergeschichte – Geschlechtergeschichte. Männlichkeit im Wandel der Moderne. Frankfurt/New York: Campus, S. 31–50.

Truschkat, I. (2008): Kompetenzdiskurs und Bewerbungsgespräche. Eine Dispositivanalyse (neuer) Rationalitäten sozialer Differenzierung. Wiesbaden: VS.

Truschkat, I. (2013): Zwischen interpretativer Analytik und GTM – Zur Methodologie einer wissenssoziologischen Diskursanalyse. In: Keller, R./Truschkat, I. (Hrsg.): Methodologie und Praxis der Wissenssoziologischen Diskursanalyse. Band 1: Interdisziplinäre Perspektiven. Wiesbaden: Springer VS, S. 69–87.

Ullrich, C. G. (1999): Deutungsmusteranalyse und diskursives Interview. In: Zeitschrift für Soziologie 28(6), S. 429–447.

Unterkofler, U. (2009): „Akzeptanz" als Deutungsmuster in der Drogenarbeit. Eine qualitative Untersuchung über die Entstehung und Verwendung von Expertenwissen. Berlin: Verlag für Wissenschaft und Bildung.

Unterkofler, U. (2010): Wandel der Vorstellungen von Hilfe in der Sozialen Arbeit. Auswirkungen auf die Problemarbeit im Feld der Drogenhilfe. In: Groenemeyer, A. (Hrsg.): „Doing Social Problems". Mikroanalysen der Konstruktion sozialer Probleme und sozialer Kontrolle in institutionellen Kontexten. Wiesbaden: VS, S. 124–151.

Vinken, B. (2007): Die deutsche Mutter. Der lange Schatten eines Mythos. Frankfurt am Main: Fischer.

Wahl, K. (1997): Familienbilder und Familienrealität. In: Böhnisch, L./Lenz, K. (Hrsg.): Familien. Eine interdisziplinäre Einführung. Weinheim: Juventa, S. 99–112.

Waldschmidt, A. (1996): Das Subjekt in der Humangenetik. Expertendiskurse zu Programmatik und Konzeption der genetischen Beratung 1945–1990. Münster: Westfälisches Dampfboot.

Waller, W. (1938): The Family. A Dynamic Interpretation. New York: The Dryden Press.

Walper, S./Fichtner, J./Normann, K. (Hrsg.) (2013): Hochkonflikthafte Trennungsfamilien. Forschungsergebnisse, Praxiserfahrungen und Hilfen für Scheidungseltern und ihre Kinder. 2. Auflage. Weinheim/München: Beltz Juventa, S. 39–54.

Walter, W. (1993): Vom Familienleitbild zur Familiendefinition. Familienberichte und die Entwicklung des familienpolitischen Diskurses. Arbeitspapier Nr. 5, Universität Konstanz, Forschungsbereich Gesellschaft und Familie.

Wiesner, R. (1998): Die Reform des Kindschaftsrechts – Auswirkungen auf die Praxis der Kinder- und Jugendhilfe. In: Verein für Kommunalwissenschaften e. V. (Hrsg.): Die Reform des Kindschaftsrechts – Auswirkungen auf die Praxis der Kinder- und Jugendhilfe. Berlin, S. 5–40.

Witzel, A./Medjedovic, I./Kretzer, S. (Eds.) (2008): Secondary Analysis of Qualitative Data – Sekundäranalyse qualitativer Daten. In: Historical Social Research / Historische Sozialforschung (HSR) 33(3).

Wolde, A. (2007): Väter im Aufbruch? Deutungsmuster von Väterlichkeit und Männlichkeit im Kontext von Väterinitiativen. Wiesbaden: VS.

Wurzbacher, G. (1954): Leitbilder gegenwärtigen deutschen Familienlebens: Methoden, Ergebnisse und sozialpädagogische Folgerungen einer soziologischen Analyse von 164 Familienmonographien. 2. Auflage. Stuttgart: Enke.

Zaretzky, E. (2006): Freuds Jahrhundert. Die Geschichte der Psychoanalyse. Wien: Zsolnay.

Zimmermann, C. (2010): Familie als Konfliktfeld im amerikanischen Kulturkampf. Eine Diskursanalyse. Wiesbaden: VS.

The manufacturer's authorised representative in the EU is Springer
Nature Customer Service Centre GmbH, Europaplatz 3, 69115 Heidelberg,
Germany. If you have any concerns regarding our products, please
contact ProductSafety@springernature.com

Printed and bound by CPI Group (UK) Ltd, Croydon, CR0 4YY
27/04/2026
02097655-0010